Reihe Philosophie
Band 20

Vico und Bloch

Mythos Geschichte Utopie

Friedemann Haeffner

Centaurus Verlag & Media UG 1996

Das Kapitel »Vicos Welttheater – Versuch zu Konstruktion und Ethik in der Neuen Wissenschaft« hat der Freien Universität Berlin, Fachbereich Philosophie und Sozialwissenschaften II, im Jahr 1995 als Dissertation vorgelegen.

Die Deutsche Bibliothek – CIP-Einheitsaufnahme

Haeffner, Friedemann:
Vico und Bloch : Mythos, Geschichte, Utopie /
Friedemann Haeffner. –
Pfaffenweiler : Centaurus-Verl.-Ges., 1996
  (Reihe Philosophie ; Bd. 20)
  ISBN 978-3-8255-0082-5   ISBN 978-3-86226-493-3 (eBook)
  DOI 10.1007/978-3-86226-493-3
NE: GT

ISSN 0177-2783 * D-188

Alle Rechte, insbesondere das Recht der Vervielfältigung und Verbreitung sowie der Übersetzung, vorbehalten. Kein Teil des Werkes darf in irgendeiner Form (durch Fotokopie, Mikrofilm oder ein anderes Verfahren) ohne schriftliche Genehmigung des Verlages reproduziert oder unter Verwendung elektronischer Systeme verarbeitet, vervielfältigt oder verbreitet werden.

© *CENTAURUS-Verlagsgesellschaft mit beschränkter Haftung, Pfaffenweiler 1996*

Satz: Vorlage des Autors

Vico und Bloch, ein Vorwort

Durch einige Jahre haben mich gleichermaßen die Werke von Ernst Bloch und Giambattista Vico begleitet. Die hier zusammengestellten Arbeiten zu diesen, die erste 1988, die andere 1991/92 geschrieben, entstanden beide aus absichtslos begonnener Lektüre, die mit der Zeit zu einem faszinierten Arbeiten an so gegensätzlichen wie einander ergänzenden Denkweisen geworden ist. In beiden Aufsätzen ging es mir darum, ohne auszuufern, die Autoren auch in vermeintlich nebensächlichen Texten selbst sprechen zu lassen, die großen Bezüge im kleinen kenntlich zu machen, sowie diese vergleichend innerhalb ihrer jeweiligen geschichtlichen Bezüge zu betrachten. Beide haben deutlich ihren historischen Ort, den ich in meiner Deutung zu respektieren versuchte.

In ihrer Gegensätzlichkeit verbindet Vico und Bloch einmal Beginn und vorläufiges Ende des neuzeitlichen geschichtsphilosophischen Denkens. Beide stellen die Bedeutung der Phantasie gegen eine crude rationalistische Aufklärung und ihre absoluten Konstruktionen heraus. Beide halten sie, wenn auch auf ganz unterschiedliche Weise, an den humanistischen Positionen fest, daß die Geschichte von und für den Menschen ist. Als Geschichtsdenker vertreten sie allerdings einander opponierende Auffassungen. *Offene Geschichte* bei Bloch verteidigt Geschichte als Chance und mögliches Gelingen. Vicos Geschichte als Wiederkehr, als *ricorso*, beschreibt die Determination jeder geschichtlichen Existenz. Vico beruft sich angesichts der rationalistischen Geschichts- und Körperlosigkeit auf archaische Geschichte und Mythos, Bloch angesichts der revolutionären psychischen, physikalischen und sozialen Welt des 20. Jahrhunderts auf Geschichte als Utopie. Vico setzte in früher Antwort gegen den naturwissenschaftlichen Rationalismus die Geschichte Roms und eine Theorie der archaischen Gesellschaften als conditio sine qua non der Zivilisation. Bloch war einer der letzten Verteidiger eines dialektischen Weltprozesses und eines Sinns von Geschichte, während die heute gängigen ontologischen, strukturalistischen und postmodernen Theorien ja letztlich ohne historische Vermittlung auskommen. Gerade an den Gegensätzen der Prinzipien ließ sich ein Zusammenhang herstellen, korrespondiert das an seinen historischen Ort gebundene Geschichtsdenken Vicos mit einem späten Erben von Renaissancehumanismus und Aufklärung.

In dem Essay zu Bloch habe ich versucht, dessen ästhetische Motive mit den naturphilosophischen zu vermitteln. Die Ästhetik Blochs ist eng mit der Diskussion um das Ornament verwoben, die Anfang des Jahrhunderts thematisiert worden war. Sie führt zum Begriff des *Tagtraums* als Kern von Kreativität und Utopie. Im Hinausgehen über Funktionalität und Sachlichkeit, der Suche nach einer schöpferischen Identität des Menschen, wurde das zu einem fundamentalen Aspekt dieses Werkes, der schon vom Frühwerk an präsent ist. In der sich wesentlich an der Freudschen Traumarbeit abstoßenden Konzeption des Bewußtseins, das sich gegen die Erinnerungslehren seit Plato wendet, hat Bloch auch Akzente gesetzt, die bisher in ihrer Schlüssigkeit noch gar nicht zur Geltung gekommen sind.

Das Pendant und Korrektiv zu Blochs Phantasietheorie ist der ihm eigentümliche pantheistische Begriff von der *Materie*. Vom antiken Atomismus ausgehend, werden in Blochs Materiebegriff wesentlich die dreihundert Jahre neuzeitlicher Naturwissenschaft und naturwissenschaftlich orientierter Aufklärung reflektiert. Bloch sah den Verlust stofflichen Denkens für die europäische Spekulation schon seit dem Platonischen Idealismus, unter dem ein verdrängter Materialismus nur verborgen weitergärte. Seine Emphase auf dem mythischen und ästhetischen Materialbegriff ist der Versuch, ausgehend von der Kritik am marxistischen Selbst- und Materieverständnis, die naturwissenschaftliche Umwälzung auf soziologischer und ästhetischer Basis für eine Geschichtstheorie brauchbar zu gestalten. Er nutzt vor allem die physikalisch neue Situation des 20. Jahrhunderts: daß nämlich physikalischer Indeterminismus und Relativitätstheoreme den Bruch mit geistesgeschichtlichen Vorgaben erlauben, die seit der Neuzeit gültige Matrix auch der philosophischen Systeme gewesen waren. Diese Spekulation habe ich als zweites wesentliches Moment des ganzen Blochschen Denkens aufgefaßt und es - verglichen mit zeitgenössischen Positionen - als noch immer bedenkenswerte naturphilosophische Orientierung verstanden, die einen Mangel von manchem aktuellen *Diskurs* sichtbar macht.

Die Vicostudie wurde 1992 abgeschlossen und noch im gleichen Jahr als Privatdruck dem Vicoinstitut in Neapel ausgehändigt. Soweit ich seither Material sichten konnte, haben sich die Arbeiten nicht vergleichbar auf Details der Konstruktion eingelassen - die m.E. erst die Schlüssigkeit und Eigenständigkeit von Vicos Denken zeigen - und auch nicht mehr grundsätzlich andere Positionen eingenommen, als die von mir im Text repräsentativ besprochenen. Dieser Stand der Dinge hat mich auch bestätigt darin, daß eine eng geführte Untersuchung der Grundmuster von Vicos Konstruktion und ihrer Relativierung ihre Berechtigung hatte und manches Rätsel von Werk und Autor auflösen kann.

Vico präfiguriert in außergewöhnlicher Weise den modernen Humanwissenschaften. Unter anderem nimmt er soziologische, ethnologische, ästhetische und linguistische Positionen vorweg, ganz ohne deren wissenschaftliche Prämissen zu teilen, natürlich auch ohne deren Verbindlichkeit erzielen zu können. Er steht am Anfang des neuzeitlichen naturwissenschaftlichen Kalküls, mit dem die Frage nach der Differenz des Naturbildes vom Bild der Gesellschaft auch als Mißverhältnis von Konstruktion und Ethik, entstanden ist. Vico steht in entschiedenster Gegenposition zum cartesischen Rationalismus, indem er nach der Naturgeschichte der menschlichen Gesellschaft fragt und die Mythen als Belege von Rechts- und Religionsentstehung in einer naiven und wilden Urgesellschaft liest, deren Nachwirkungen bis in die Zivilisation reichen und diese bedingen. Auch hier - allerdings in einer radikalen Umkehrung der Inhalte des zu Erinnernden - wird der platonische Gedanke der Anamnesis reflektiert, die Sehnsucht nach dem Ursprung mit lukrezischen Motiven umgewendet: Der Mensch beginnt als tumbe Bestie im großen Urwald der Erde. Das Vergessen seiner archaischen Anfänge im Lauf der Entstehung von Gesellschaft und Sprache führt zu einem fragilen Zivilisationsgebäude, das notwendig in einen Naturzustand zurückstürzt. Es ist schon ganz der Gedanke eines gesellschaftlichen Unbewußten, das in dieser Archäologie als Vergessen konzipiert ist. Seine juridisch-soziologische Perspektive steht emphatisch gegen die rein naturwissenschaftliche Aufklärung und antwortet damit auch, allerdings in einem überbordenden, teils ironisch verschlüsselten und fast undurchdringlichen Werk, auf die frühneuzeitliche Naturrechtsdiskussion. Die reichste Anregung durch Vicos teils schlagende und teils groteske Mythologie ist dabei die strikte und naturalistische Deutung mythischer Überlieferung als Stationen einer Vergesellschaftung und Verrechtlichung.

Das Pantheon der griechischen Götter wird als versteinerte Projektion dieser archaischen Geschichte gelesen. Sie sind durch Projektion der irdischen Realgeschichte an den Himmel entstanden, sind eine falsche Einbildung, die aber die notwendigen Geschichtstaten hervorruft. Diese Projektion findet an festen *Orten* der Geschichte statt und ist mit festen historischen *Taten* verbunden, für welche die *cose civili* als Werkzeug des Geschichtslaufes stehen. Das sind die Achsen von Vicos Koordinatensystem der determinierten Menschheitsgeschichte. Spiegelung und Irritation durch verzerrte Spiegelung ist Bestandteil dieser Theorie phantastischer Erkenntnis, die, getüftelt und gebastelt, keine Komplikation ausläßt. Die *göttliche Vorsehung* Vicos ist Inbegriff der Verschränkung von Irrtum und Notwendigkeit. Das Material seiner Synthese ist der griechische Mythos und die archaische römische Rechtsgeschichte.

Vicos Theorie einer immergleichen Geschichte kann dabei in keiner Weise verabsolutiert oder distanzlos beerbt werden. Vico war Zeuge eines großen Umbruchs im Verhältnis von historisch-politischer und Heilsgeschichte. Seine Synthese hat ihre Stimmigkeit für uns in der Kontinuität der Probleme der frühen Neuzeit. Als Philosophie ist diese *Neue Wissenschaft* dabei auch kaum zu begreifen, da Vico den Geschichtsbegriff nicht auf philosophischer Grundlage zu finden versucht. Im Gegenteil findet sich die Philosophie bei Vico als Inbegriff der oben schon genannten Vergeßlichkeit wieder. Von daher versuchte die vorliegende Arbeit auch, den problematischen Begriff Philosophie möglichst zu umgehen und den Akzent auf den neutraleren einer Anthropologie, also einer Lehre vom Menschen zu legen. Die Natur des Menschen wurde von Vico als flexibel innerhalb eines vorgegebenen geschichtlichen Spielraum verstanden. Sie begrenzt das menschliche

Erkenntnisvermögen ebenso wie die gesellschaftliche Existenz. In seiner Anthropologie liegt Grenze und Historizität Vicos. Die Versuche, sich Vico zu vereinnahmen, oder sich seiner zu bedienen, sind so auch stets eklektizistisch gewesen. Letztlich ist Vico kein Moderner. Er hat eine zeitlose Gültigkeit in seiner dramatischen Tiefe und seiner Stimmigkeit, mit der die Fakten ihre Bilder zurückerhalten, die Geschichte ihre Natur. Über notwendige Geschichtsläufe kann er allerdings keine zureichende Wissenschaft geben. Doch mit Hilfe seiner fast alchymischen Geschichtskonstruktion gibt er eine Vorstellung von den immanenten Zwängen und Verwicklungen zivilisatorischer Prozesse, die auch heute noch gültig sind.

Gegenwärtig läßt sich eine klare Ursprungsgeschichte der Menschheit nicht verbindlich beschreiben, geschweige denn der evolutionäre Übergang vom Tiermenschen in menschliche Gesellschaften wirklich erklären. Psychologie, Anthropologie und Biologie sind Konzepte, die den evidenten Zusammenhang des menschlichen Lebens mit der Natur zwar jeweils feststellen können, doch nicht aufeinander zurückführen. Astronomische oder subatomare Phänomene lassen sich - wie bei Blochs Materialismusdiskussion verhandelt - schon gar nicht naturalistisch auf gesellschaftliche Prozesse abbilden. Eine reine Geschichte in vitro ist wissenschaftlich ebenfalls nicht herstellbar, schon gar kein Anfang, der immer mutmaßlich ist oder ideologisch verstellt. Wo Sprache, Symbole, gesellschaftliche Organisation gefunden wurden, war immer Begegnung der Menschen, ob friedlich oder kriegerisch, vorausgegangen. Das Blochsche Postulat einer *offenen* Geschichte erhält vor der Tatsache eines nicht geklärten Beginns sein ganzes Gewicht und kann Vicos Konzeption in diesem Zusammenhang ein brauchbares Gegengewicht geben.

Bloch wie Vico geben je eine Geschichtstheorie und eine Anthropologie auf kontroversen ästhetischen Prämissen. Bei Bloch ließen sich ästhetische mit naturphilosophischen Motiven verbinden, bei Vico gibt es eine ganz entgegengesetzt mythisch-phantastische Ästhetik, die eine Naturspekulation im Sinne der Moderne nicht zuläßt. Wo Bloch Geschichte als *Experiment* behandelt, da gibt Vico eine Welt als *Theater*. Kunst ist primitiver Geist hier, Vorschein eines utopischen Bewußtseins dort. Vico verkehrt mit seiner poetischen Logik die Ethik und Ästhetik in ihr Gegenteil. Sein anamnetisches Modell gibt - noch auf der Schwelle des antiken geschlossenen Kosmos - dem *theatrum mundi* den Vorrang vor einer evolutionären Geschichte, wie sie für uns heute ein selbstverständliches Denkmodell geworden ist. Blochs Tagtraum und experimentell-offene Welterfahrung dagegen affirmieren die klassischen Werte der europäischen Zivilisation als noch unvollendete.

Mögliche Anknüpfungspunkte, die hier nicht definitiv ausgearbeitet sind, bleiben noch zu erwähnen: Vergessen, Erinnerung und Antizipation müssen sich schließlich der Frage nach dem Bewußtsein stellen, als einem nicht mit dem Wissen identischen

Phänomen des menschlichen Geistes. Bei Vico ist das moderne psychologische Begreifen des Unbewußten als Erinnerung und Vergessen präsent, doch nicht formuliert. Bei Bloch wird es im Ungenügen an den anamnetischen Bewußtseinsmodellen in ein *utopisches* Bewußtsein erweitert. Vico bleibt im Gravitationsbereich mythischer und archaischer Vorstellungen, denen er nur seine gelebte katholische Ethik als unberührte Lebens- und Hinterwelt entgegensetzen kann. Er gehört zu einer Aufklärung, die schon mit immanenten Widersprüchen hantiert, welche sich erst im 20. Jahrhundert als *Dialektik der Aufklärung* äußern. Und so sehr diese schmerzliche Erkenntnis sich nun wandelte; daß man heute sogar glaubt, sich darin wohl befinden zu können, daß es nicht die freie Vernunft der Aufklärung gibt: Blochs Sprengung der Ursprünge ist auch bei der Vicolektüre und ihren Kapriolen manchmal ein wohltuendes und nicht schlichtes Gegenargument.

Wenn Vico und Bloch beide in mancher Hinsicht Außenseiter und Unzeitgemäße gewesen sind, spiegeln sie doch deutlich die historischen Umbrüche, in denen ihr Denken nur entstehen konnte. In der gelegentlich von barocker Skurrilität durchsetzten Ironie Vicos liegt tiefe Einsicht in die Funktion von Herrschaft und Knechtschaft. Seine subversive Heroenlehre ist eine Parteinahme für den Menschen in einer Geschichte aus Angst, Projektion und Gewalt. Bei Bloch - in diesem Jahrhundert ohne Illusionen über die Stoffe der Realgeschichte - überwiegt sowieso der prophetische Duktus, der seiner Utopie das Maß gibt.

Der alte Bloch reflektiert schließlich auf die eigenen Voraussetzungen mit einem Buch zur Geschichte und Unabgegoltenheit des *Naturrechts*. Vico hat auf die mit den Religionskriegen des 17. Jahrhunderts neu entstandene Naturrechtsdiskussion mit einer Entstehungsgeschichte der Gesellschaft geantwortet. Daß zum Verhältnis von Mythos, Geschichte und Utopie sowohl die Lehre von der Natur des Erkennens als auch der Kunst als Erkenntnisform gehören, das verbindet schließlich das barocke Welttheater mit der blauen Stunde Blochs.

Inhalt

Traum und Materie - Motive im Denken Ernst Blochs

Einleitung — 17

1. Ein Überblick — 21
   a. die Frühe — 26
   b. Ungleichzeitigkeiten — 31
   c. zur Rezeption Blochs — 34

2. gotisch-ägyptisch — 41
   a. Daß-Grund Hunger — 47
   b. horror vacui — 49
   c. Tagtraum — 51

3. panta rhei — 57
   a. verschwundene Materie — 59
   b. die Renaissancedimension der Materie — 65

4. Rekurs — 71

Vicos Welttheater - Konstruktion und Ethik in der Neuen Wissenschaft

Einleitung — 77

1. Über die Grenzen — 87
   a. ingenii limites definire — 89
   b. anthropomorphe — 98
   c. biographische Notiz — 103
   d. das Frontispiz — 110

2. die Transformationen	113
a. die Imaginationen	118
b. die cose civili	127
c. Tropen, Ungeheuer und poetische Verwandlungen	134
3. theatrum mundi	139
a. Topik	141
b. die Schauplätze	144
c. die Akteure	150
4. Anthropologie und Ethik	155
Literatur	167

Kapitel I

Traum und Materie -
Motive im Denken Ernst Blochs

Einleitung

Sich auf Bloch einzulassen, das heißt auch, den Vorwurf einer gewissen Nostalgie auf sich nehmen zu müssen. Hoffnung ist heute kein adäquates Prinzip, und man mag den historischen Ort von Blochs Denken in den 50er Jahren finden, in denen sein Werk schließlich auch zur Geltung gekommen ist. Es war eine Zeit, die für beide Teile Deutschlands nun Neuanfang und, weg von der jüngsten Vergangenheit, getriebener Wille zur Zukunft bedeutete.

Unsere Gegenwart liebäugelt mit der Erneuerung dieses Elans, nicht zuletzt mit Blick auf die Konjunktur. Doch wo die Zukunft mit größerer Genauigkeit angegangen wird, rückt anderes ins Blickfeld. Der Sättigung und Sicherheit in den westlichen Demokratien steht ein weit und scharf gewordenes Bewußtsein von den Vorgängen in der Welt gegenüber. Entsprechend krasser fallen unsere Hoffnungen und Ängste aus. Ängste, die Rückzug nach Innen, ins Private, Blockierung und Verhärtung einüben. Hoffnungen, die meist nur ein flaches Morgen, einen gefälligen Progreß in planierte seelische Landschaften meinen, die Ängste nicht brechen, sondern verdecken. Mit ein paar Schlagworten allerdings ist dieser Gegenwart, die so offen und vieldeutig ist, so wenig beizukommen wie Blochs Denken. Dieses hat ja auch weitaus mehr im Sinn gehabt, als Verteidigung eines Affekts zu sein. Doch vielleicht läßt sich hier eine Dimension Blochscher Begrifflichkeit verdeutlichen.

Angst ist vor allem ein Raumgefühl, ein räumlicher Affekt. Die größte Enge, das beängstigende Eingesperrtsein, das der ganze Leib mitvollzieht, bis hin zur engen Kehle, Abgeschnürtsein und Atemnot, das sind deutliche Zeichen. Hoffnung ist zuallererst der öffnende Gegenimpuls, und Bloch hat das Offen-Sein, Offen-Machen und Aufbrechen darin aufgegriffen. Das *offene System*, der *aufbrechende Hohlraum*, diese Kernbegriffe Blochs sind an ihrer Basis sehr konkret gemeint.

Blochs Denken als Ganzes zielt ins Offene und Weite. Darin liegt auch seine Unbestimmtheit. Selbst hatte er ein reiches und blendendes Wissen in alle Richtungen parat, das die Interpreten stets verunsicherte. Die Geste der Ubiquität ist uns fast schon suspekt geworden, so unwahrscheinlich ist diese in der Faktenflut, mit der wir heute umgehen. Trotzdem hat Bloch in seinem vielgliedrigen Werk stets wieder dieses Motiv des Aufbrechens, der ihre Schalen sprengenden Kraft, einzubauen verstanden; es ist eines jener Merkmale, die Einheit in der Blochschen Mannigfaltigkeit versprechen. In diesem Sinne wurde versucht, im folgenden einen Überblick über dieses Schaffen zu gewinnen, der natürlicherweise komprimiert und montiert sein muß, ohne sich in den möglichen Details zu sehr zu verlieren.

Einleitend werden kurz die verschiedenen Ansatzpunkte eingeblendet, Frühwerk und Rezeption wird angerissen, Bloch innerhalb seines geistesgeschichtlichen Kontextes dargestellt. Er hat sich auf seine Zeitgenossen eingelassen und seine

Terminologie gegen sie entwickelt, manches auch in Anlehnung an sie modifiziert. Es ist Heideggers *Nichts*, dem Bloch eines entgegensetzt, das *aufbricht,* es nicht bei sich aushält. Es ist Freuds Nachttraum, an dem er sein Konzept des Tagtraums mißt. Verbindungen zu Wilhelm Worringer und Spengler sind augenfällig. Lukaçs und Benjamin stehen im Umkreis Blochs. Habermas, Adorno und Hans Jonas sollen als heute repräsentative Interpreten diskutiert werden.

Blochs Traumtheorie, in künstlerisch-literarischer Tätigkeit erfaßt und als Pendant zur Freudschen Traumlehre konzipiert, zeigt sich in Einheit von begrifflicher Präzision und literarischer Emphase. Ohne den Artisten Bloch, der diese Einheit in seinem Schreiben verkörperte, hätte eine Theorie des Vor-Scheins, wie sie aus dem Konzept des Tagtraums hervorgeht, keine Substanz gehabt. Man kann, bei aller Distanz zu Blochs oft suggestivem Stil, das ästhetische Argument hier bei sich zu Hause sehen. Die Auslenkung dieser Theorie in eine über die ganze Geschichte abendländischen Denkens geführte Attacke gegen den *Bann der Anamnesis* von Plato, Kant bis zu Freud: das ist der große Bogen, den das Prinzip Blochs spannt. Und dieser führt letztlich auf Blochs tiefste architektonische Metapher zurück. Das *Ägyptische*, als versteinerte und falsche Ewigkeit und der Ausbruch daraus, mit dem die Geschichte Israels begann. Das *Denken heißt Überschreiten* läßt sich im Sinne altisraelischer Prophetie ummünzen, und man sollte diese Prägung Blochschen Denkens nicht übersehen, sie aber vielleicht in dem Sinne auffassen, daß Bloch sich den alten Menschheitsbildern und -mythen zu stellen wagte, als dem äußersten Umkreis eines Ansatzes, der diesseitig genug war, um sich nicht darin zu verlieren.

Der Abschnitt über Naturphilosophie ist vorrangig auf Blochs Deutung der modernen Physik ausgelegt, ein vielleicht exotischer Exkurs, in dem jedoch wesentliche Aspekte seines materialistisch-pantheistischen Weltbegriffs ihren auch für uns aktuellen Maßstab finden. Den physikalische Umbruch gegen die Determiniertheit des Kosmos, als Grundmaß 300jähriger mathematisch-experimenteller Naturwissenschaft, hat Bloch häufig aufgegriffen. Für einen zwingenden Ansatz, die Welt als *natura naturans* zu deuten, und Geistesgeschichte am Materiebegriff zu überprüfen, wie es im Spätwerk *Das Materialismusproblem* vorgeführt wird, ist die Betrachtung des heute äußerst Denkbarem als Symptom genauso wie als Chance unabdingbar. Blochs Interpretation ist eine gleichermaßen tiefe wie mutige Stellungnahme zu den heutigen Problemen mit der Materie und ihren Randzonen, die geläufigeren Darstellungen - auch unterhaltsameren - einiges voraus hat.

An der Materialität und Körperlichkeit des Menschen ist eine Mitte zu finden, die von Bloch beachtet wurde. Die Vielfalt menschlicher Natur läßt sich gerade an einem gelegentlich so einseitigen Denker wieder entdecken. Er war sich ihr hinter rein theoretischen Ausführungen gewiß, aber sah sie unterwegs zu Begriffen, als begreifbare Einheit von Mensch und Natur. Sein Pantheismus kippt nicht um in aufdringliche Innerlichkeit, sondern bleibt äußerste Möglichkeit.

Ein kurzer Rekurs sucht schließlich wieder den Überblick, nennt zumindest die sich den hier behandelten Aspekten *Traum* und *Materie* letztlich einfügenden anderen Themen Blochs und die Begrenzungen eines derartigen Entwurfes, bleibt aber Parteinahme für einen noch immer lesenwerten Autor.

Im Text sind viele Belege und Verweise, die Blochs *Leipziger Vorlesungen* betreffen. Diese wurden nach Tonbändern und Mitschriften hergestellt und erst 1985 veröffentlicht. Hier findet sich ein Werkblick, der an Kompaktheit und Plastizität nicht zu übertreffen ist. Vielleicht ist in den gewählten Zitaten die Lebendigkeit und Spannung dieser Vorlesungen noch zu sehen.

1. Ein Überblick

In seiner Fülle und Geschlossenheit steht Blochs Werk fast einzig da in diesem Jahrhundert voller Entwürfe und Fragmente. Es war ihm vergönnt, in einem langen und wechselvollen Leben sein Schaffen abzurunden, zu korrigieren und als Gesamtausgabe selbst herauszugeben. Diese ist Zeugnis eines ruhelosen, enzyklopädischen Denkens, in dem von den ersten gärenden Entwürfen bis ins Alterswerk die gleichen Grundgedanken unermüdlich ausgebaut wurden. Tatsächlich hat Bloch in den Widersprüchen und Umstürzen der jüngsten Geschichte das Grundsätzliche seiner ersten Entwürfe durchgehalten. Vom *Geist der Utopie* bis zum *Experimentum mundi* zieht sich dieses Band. Und zugleich ist dieses umfängliche Werk Dokument einer Vita des 20. Jahrhunderts geworden.

1885 geboren, wuchs er im ausgehenden Kaiserreich auf und war bei Ausbruch des ersten Weltkriegs reif genug, um sich gegen den Fanatismus der meisten seiner Zeitgenossen zu wenden. Bloch erlebte die Weimarer Republik und ihr traumatisches Scheitern. Während des Nationalsozialismus - Bloch war einer der frühesten Warner - emigrierte er in die USA. Es war eine Zeit, die für ihn, im Land des utopischen *unfinished dream*, Armut und schriftstellerisch absolute Erfolglosigkeit bedeutete. Zugleich war es die Zeit der Entstehung des *Prinzip Hoffnung*.

Dieses Land ißt nicht von der metaphysischen Konfitüre,[1] schrieb er an Thomas Mann über das gemeinsame Exil und diese Erfahrungen prägten seine Meinung über den Westen. Über 60jährig kehrt er ins nunmehr geteilte Deutschland zurück, um in Leipzig erstmals in seinem Leben eine Lehrtätigkeit aufzunehmen. Seine Bücher werden veröffentlicht, und in Vorlesungen breitet er sein umfängliches Wissen und seine Theorien eines *offenen Systems* aus. Die Differenzen zwischen dem undogmatischen Marxisten und der Denkart des sich zunehmend totalitär entwickelnden realen Sozialismus waren unausweichlich. Der erst so freundlich empfangene Denker wird geradezu kaltgestellt. 1961, auf dem Höhepunkt des Kalten Krieges, beim Bau der Berliner Mauer, siedelt Bloch spektakulär nach Westdeutschland um, wo er in Tübingen noch einmal zu lehren beginnt.

Die äußeren Stationen von Blochs eigenem Unterwegs-Sein sind als erlebtes Leben tief ins Werk eingegangen. Sie bilden Rückseite, Folie der zentralen Denkbewegung, dem Unterwegs, dem Aufbruch, beständigem Vorwärts und der utopischen Heimat des Menschen. Und sie haben eine Persönlichkeit geformt, ohne die das Werk gar nicht vorstellbar ist. Gerade was seine Rezeption betrifft, so war der Mann über weite Strecken populärer als seine Philosophie. Sein energisches und

---

[1] E. Bloch, Briefe 1903-1975, FM 1985 II, S. 701

geradezu apodiktisches Auftreten fehlt heute dem Prinzip Hoffnung, das als Schlagwort längst ein Eigenleben führt oder Parodie geworden ist. Es ist auffällig, wie zu Blochs Lebzeiten die Literatur über ihn oft mühsam zwischen seiner Anziehung, Überzeugungskraft und Suggestivität, und dem an vielen Stellen so wenig greifbaren Werk balanciert. Allerdings war sein Denken, im Gegensatz zu seinem entschlossenen persönlichen Auftreten, nie eindeutig genug, um ein populärer Maßstab zu werden, wie etwa Herbert Marcuse oder Adorno. Die Komplikationen des trotzdem emphatischen Marxismus, die steten mystisch, pantheistischen Zwischentöne, auch die immense epische Weite Blochs, sie sperren sich gegen die leichte Vereinnahmung.

Die Sprache, der Stil sind unverwechselbar. Ein scharfer Blick aufs Nebensächliche, das Bunte, Laute des Alltags, Gedankensprünge und Querverbindungen, polemische Einschübe und grimmiger Humor kommen zusammen. Aber eine Definition Blochs als Essayist wirkt trotzdem nicht überzeugend.[2] Er hat keine Essays geschrieben. Das Geschmeidige, der stilistische Glanz und Feinschliff, wie ihn Montaigne und Bacon für den modernen philosophischen Essay vorprägten, fehlt ihm. Beläßt man das Wort Essay in der Bedeutung von Versuch, dann ist es das Gegenteil dieses Schreibens: zwar ist die Welt bei Bloch ein Versuch, doch seine Sprache ist apodiktisch.

Kaum jemals wird dramatisiert oder mit rhetorischen Figuren gespielt. Die laute, knorrige Prosa geht allenfalls ins Epische. Blochs Sprache ist meist der Bericht, eine Mitteilung, die summarisch die Konklusion schon als Präludium voransetzt, und die dann mit großer Breite durchgeführt wird. Solche Abschnitte haben den Anspruch, Konzentrat und Kern des Topos zu sein, aus dem die Durchführung zu erwachsen hat. *Immer zur Nähe voran* lautet die Überschrift des folgenden:

> Man weiß nicht, wer wir sind. Nicht, woher wir kommen, wohin wir gehen. Beides muß im ständigen Zusammen gedacht und besorgt werden. Also nicht bloß gedacht werden, sondern jedes Tun und Herausbringen geschieht um des Bringens, folglich um des Tuns willen. Auf das Tun und sein Gelingen verweist letzthin jedes richtig Gedachte, eigentlich Wahre. So hat das genaue kategoriale Denken seiner zwar das erste und auf langhin das zeitgemäße wie allemal räumende Wort, aber auftragsgemäß nicht das letzte, als welches Handeln heißt, Verändern. Kein Verändern geschieht aber ohne Begriff, dieser ist der Generalstab gerade der Umwälzung und also der möglichen Ankunft, damit sie nicht woanders ankomme als in dem Meinen des Rechten gemeint. Dies Meinen selber ist dem Denken und Tun gemeinsam und weist beide wechselseitig, also letzthin ungetrennt aufeinander hin. Der Weg ist parat, das Ziel muß mehr als bloß vor Augen stehen, sonst wird und wäre es keines. Sein Vorhang geht auf, wenn wir selber dahinter treten.[3]

---

2 H. H. Holz, Logos spermatikos, Darmstadt 1975, S. 29f.
3 E. Bloch, Experimentum Mundi, GA XV, FM 1975, S. 239

Dieses kurze Stück aus dem *Experimentum mundi*, einem späten, den Überblick suchenden und abschließenden Werk Blochs, ist ein Stück stark komprimierter Philosophie. *Immer zur Nähe voran* ist eine Variation des Blochschen *Zu nahe dran*: Es gibt einen richtigen Abstand zwischen Subjekt und Objekt; den Willen zum Konkreten und zugleich das Voran in ihm nicht zu vergessen, sind seine Kriterien. Der Text frägt nach dem Wer, dem Woher und dem Wohin. Das *Ich bin* ist für Bloch evident, daran gibt es keinen Zweifel. Doch die Existenz allein ist ungenügend. Das Ich, das nachfragt, es bestimmt sich selbst, bringt heraus, um darauf sein Handeln aufzubauen. Das *Meinen*, gegen Hegels Geringschätzung desselben, ist die vermittelnde, versuchende Funktion zwischen Denken und Tun, das erste Aufscheinen eines möglichen Weges. In seiner Emphase auf der Tat ist Bloch bis ins Spätwerk militant geblieben, doch ohne eindeutig marxistisch ökonomische Orientierung. Sein Tatbegriff geht auf die faustische Tat. Das Handeln in der Geschichte meint für Bloch eine gerechte Gesellschaftsordnung, aber die Utopie mündet in ein rätselhaftes Werden. In das große Bild der Hegelschen Phänomenologie, den Vorhang betreffend, setzt er menschliches Tun.[4]

Eine andere Stelle aus der Grundlegung im Prinzip Hoffnung faßt Blochs Tätigkeitsbegriff leitmotivisch zusammen.

> Wer aber treibt in uns an? Einer, der sich selbst nicht innehat, noch nicht hervorkommt. Mehr ist auch jetzt nicht zu sagen, dies Innen schläft. Das Blut läuft, das Herz schlägt, ohne daß dies zu verspüren ist, was den Puls in Gang setzt. Ja, tritt keine Störung hinzu, so ist überhaupt nichts unter unserer Haut spürbar. Was in uns reizfähig macht, reizt sich selber nicht. Das gesunde Leben schläft, als in sich webend. Es steckt ganz in dem Saft, worin es kocht.[5]

Die Frage nach dem innersten Antrieb, dem *Daß-Grund* der organischen Existenz, führt letztlich in eine Situation des *Noch-Nicht*. Der Organismus und seine biologischen Kreisläufe sind *in sich webend*. Störung, Krankheit, Berührung von außen wecken das Leben. Was in diesem Zitat nur als Störung gefaßt ist, wird insgesamt bei Bloch einem allumfassenden Hungerbegriff zugeordnet, der Antrieb des Einzelnen genauso wie Ausdruck einer nach Zukunft hungernden Gegenwart ist.

---

4 vgl. G.W.F. Hegel, Phänomenologie des Geistes, GW III, FM 1973, S. 135: "Es zeigt sich, daß hinter dem sogenannten Vorhange, welcher das Innere verdecken soll, nichts zu sehen ist, wenn wir nicht selber dahintergehen, ebensosehr damit gesehen werden kann, als daß etwas dahinter sei, das gesehen werden kann." Bloch steht Hegels Frühwerk sehr nahe. Das Prinzip Hoffnung ist parallel den Abschnitten der Hegelischen Phänomenologie aufgebaut. Vgl. auch Blochs Interpretation in Subjekt-Objekt, GA VIII, S. 103: "Das große Anliegen der Phänomenologie ist und bleibt die reale Selbsterkenntnis als Erkenntnis der Erzeugung des Menschen durch seine Arbeit und Geschichte."

5 Das Prinzip Hoffnung, GA V, S. 334

Diese Bewußtlosigkeit ist auch *das Dunkel des gelebten Augenblicks,* das zu wenig Distanz besitzt zu dem *Saft, worin es kocht.*

> Das Dunkel des gelebten Augenblicks ist abbildlich für das Dunkel des objektiven. Also für das Sich-nicht-Haben jenes intensiven Zeitelements, das sich noch nicht selbst in die Zeit und den Prozeß als inhaltlich manifest entfaltet hat.[6]

Subjektives Dunkel korrespondiert mit dem objektiven. Mit dem Entstehen von Bewußtsein und dem Eintritt in den Prozeß der Geschichte nähert sich das Leben nicht einem Absolutum an, sondern produziert dieses aus sich heraus. Der Grundgedanke eines wechselseitigen und spiralförmigen *Herausdrehen* ist ein plastisches Bild der Dialektik, die Bloch entwickelt. Es meint ein Werden, das nicht ein Werden auf Sein zu ist, sondern dieses Sein als Möglichkeit in sich trägt. Diese Konzeption einer Dialektik ist entelechetisch. Die Verschmelzung des aristotelischen Entelechiebegriffes mit einer anderen Gewichtung der Materie kommt erst an zweiter Stelle hinter einer grundsätzlichen Undeutlichkeit, die Konturen erhält, wenn man sie mit einer von Walter Benjamins Geschichtsthesen zusammenzieht. Zwischen Bloch und Benjamin bestand seit 1918 eine komplizierte Freundschaft, voller Parallelen in der Denkperspektive. Beide hatten den gleichen Blick auf das Alltägliche, Abseitige, und der bei Benjamin offensichtliche Messianismus ist bei Bloch ein latentes, doch stets wiederkehrendes Motiv. Benjamin notiert in seiner ersten These:

> Bekanntlich soll es einen Automaten gegeben haben, der so konstruiert gewesen sei, daß er jeden Zug eines Schachspieler mit einem Gegenzug erwidert habe, der ihm den Gewinn der Partie sicherte. Eine Puppe in türkischer Tracht, eine Wasserpfeife im Munde, saß vor dem Brett, das auf einem geräumigen Tisch aufruhte. Durch ein System von Spiegeln wurde die Illusion erweckt, dieser Tisch sei von allen Seiten durchsichtig. In Wahrheit saß ein buckliger Zwerg darin, der ein Meister im Schachspiel war und die Hand der Puppe an Schnüren lenkte. Zu dieser Apparatur kann man sich ein Gegenstück in der Philosophie vorstellen. Gewinnen soll immer die Puppe, die man 'historischen Materialismus' nennt. Sie kann es ohne weiteres mit jedem aufnehmen, wenn sie die Theologie in ihre Dienste nimmt, die bekanntlich heute klein und häßlich ist und sich ohnehin nicht darf blicken lassen.[7]

Der Glaube an den Automaten entspräche einem mechanischen Materialismus, der sich in der Illusion wiegt, eine Mechanik zu verstehen, die ihn aber narrt. Diesem Aberglauben gilt der Spott Benjamins, der hinter der Mechanik verborgen die eigentliche und lebendige Kraft am Werk sieht. Versonnene Bilder dieser Art standen Bloch nicht zur Verfügung. Doch ähnelt er Benjamin in der Weise jeder Ablehnung mechanistischen Denkens. Bei Bloch jedoch kommt die Kraft nicht von außen, wie

---

6 ebenda, S. 262
7 W. Benjamin, Illuminationen, FM 1977, S. 251

bei Benjamin. Wollte man im Bilde bleiben, so müßte gemäß Bloch jener *bucklige Zwerg* erst mit den Zügen entstehen. Er *dreht sich heraus*, wird in dem Maß er selbst, wie er ziehen muß. Eine zwangsläufig unanschauliche Konstruktion, die sich einer Bildlichkeit wie bei Benjamin entzieht. Trotzdem beruft Bloch sich stets auf Bilder, auf Kunst vor allem, als ideale Beispiele des Werdens. Fidelio, Faust, die Gebrüder Karamasow und die Mythen sind die Metaphern Blochs. Zugleich verarbeitet und überträgt er naturwissenschaftliche Erkenntnisse. Der *dunkle Augenblick* Blochs hat ein Pendant im menschlichen Auge, das dort blind ist, wo der Sehnerv in die Netzhaut eintritt.

Die problematischen Berührungspunkte von Bloch und Benjamin zeigt auch folgende Stelle aus dem Umkreis der Geschichtsthesen. Benjamin konnte nur Blochs frühe Werke kennen, hat aber aus ihnen einen charakteristischen Zug festgehalten, der sich ins Spätwerk fortpflanzt. Denn hinter dem immanenten Ziel einer Geschichte allein ist Platz für apokalyptisches Geschehen. Benjamin legt Wert auf diese Trennung, die bei Bloch nur als Nebenthema Erwähnung findet.

> Erst der Messias vollendet alles historische Geschehen, und zwar in dem Sinne, daß er dessen Beziehung auf das Messianische selbst erst erlöst, vollendet, schafft. Darum kann nichts Historisches von sich aus sich auf Messianisches beziehen wollen. Darum ist das Reich Gottes nicht das Telos der historischen Dynamis; es kann nicht zum Ziel gesetzt werden. Historisch gesehen ist es nicht Ziel, sondern Ende. Darum kann die Ordnung des Profanen nicht am Gedanken des Gottesreiches aufgebaut werden, darum hat die Theokratie keinen politischen, sondern alleine einen religiösen Sinn. Die politische Bedeutung der Theokratie mit aller Intensität geleugnet zu haben, ist das größte Verdienst von Blochs 'Geist der Utopie'.[8]

Der Satz, daß die Theokratie des Leugnens bedarf, ist schon das Problem dieser Haltung selbst. Eine kategorische Scheidung der historischen von der Erlösungssphäre hat Bloch nicht gemacht, doch ist sie im Hintergrund erkennbar. Unbestreitbar hat er sich gegen jede Legitimation von Herrschaft gestellt. In den späteren Werken, im *Prinzip Hoffnung* und in *Atheismus im Christentum* wird eine Religiosität gefordert, die sich an Hegels folgenreichen Satz anschließt, daß dem Menschen zukomme, was an den Himmel verschleudert sei.[9] So naheliegend der Vergleich zu Benjamin ist, so sehr kann er hier nur als Aperçu dargestellt werden. Eine Stelle aus einem Brief Blochs an Benjamin sei hier zitiert, die leichthin streift, was zwischen ihnen stand:

---

8 ebenda, S. 262
9 vgl. Das Materialismusproblem, GA VII, Kap. 16, bes. S. 323

Sie sind ein Problem, während ich eine ziemlich gleichmäßig brennende Lampe sein dürfte (wenn auch im nichteuklidischen Raum).[10]

a. die Frühe

Beim Blick auf die Anfänge Blochs, auch auf sein eben schon anklingendes nichteuklidisches Selbstverständnis, sollte ein Dokument aus dem Jahre 1903 nicht vergessen werden, das einzige Relikt eines Briefwechsels zwischen dem 18jährigen Bloch und dem Physiker und Philosophen Ernst Mach. Als Physiker ist Mach für die Entstehungsgeschichte der Relativitätstheorie von Bedeutung, als Philosoph vertrat er den sogenannten Empiriokritizismus: nur die erfahrbaren Sinneseindrücke wie z.B. Farben, Töne, auch Raum und Zeit zählen als primäre Qualitäten, während rein gedankliche Kategorien zu Scheinwahrheiten ohne wissenschaftliche Verifizierbarkeit erklärt werden. Gegen diesen Empirismus wendet sich schon der junge Bloch mit einer Vektive gegen den physikalischen Körperbegriff:

> Wo die Naturwissenschaft mit dem Körperbegriff als letztem selbstverständlichen Resultat ihrer Reduktion rechnet, da erst sieht die Philosophie ihr tiefstes Problem. Der Stoffbegriff, die Materie als Untergrund aller Erscheinungen kann nur psychologisch überwunden werden.[11]

Wie diese Psychologisierung von Bloch gemeint war, geht aus dem Brief nicht hervor, aber die für ihn später wesentlichen Begriffe von *Stoff* und *Materie* tauchen schon hier auf. Mit Rutherfords Atommodell fiel dann auch 1911 der physikalische Körperbegriff. Das *selbstverständliche Resultat* wich auch naturwissenschaftlich neuen und großen Problemen.

Auch der Briefwechsel mit dem gleichaltrigen Georg Lukács verdient eine kurze Erwähnung. Der Einfluß des Freundes, der schon *Geschichte und Klassenbewußtsein* veröffentlicht hatte, ist in den brieflich skizzierten großen Plänen Blochs zu spüren.[12] Damit verschränkt sind ausführliche Meditationen Blochs über finanzielle Engpässe und eine notwendige lukrative Partie, die er rigoros und offen darlegt. Das sich hier zeigende innige Verhältnis von Lukács und Bloch trübte sich später sehr. Lukács distanzierte sich stark von seinen frühen Positionen, die Bloch nachhaltig inspiriert hatten. Bloch wiederum polemisierte zunehmend gegen den

---

10 E. Bloch, Briefe II, S. 652
11 ebenda I, S. 17
12 G. Lukács nannte 1967 im Vorwort einer Neuauflage seine eigene Denkungsart in der Zeit von *Geschichte und Klassenbewußtsein* sektiererisch. Vgl. Geschichte und Klassenbewußtsein, Darmstadt 1968, S. 11

Jugendfreund, dem er später *Das Materialismusproblem* gewidmet hat. Zunehmend hat Bloch in Lukács jenen Materialismus gesehen, den er überwinden wollte.

1918, mitten im 1. Weltkrieg, konnte Blochs erstes Buch erscheinen. Mittlerweile hatte er Else von Stritzky geheiratet, der er den *Geist der Utopie* widmete. Diese erste Fassung, ein heute fast unleserliches Buch, wurde in die Gesamtausgabe nur als Dokument der Anfänge Blochs im unveränderten Nachdruck übernommen. Die wenige Jahre später erschienene zweite Fassung enthält Veränderungen, die wesentliche Einflüsse dieser Zeit erkennen lassen. Doch schon die erste Ausgabe ist ganz Wille zur Ubiquität. In einem expressionistisch wild dahineilenden Stil wird Bestandsaufnahme des Vorhandenen in Kunst, Musik, Literatur und Philosophie beschworen als das, was über die Zerstörung des Krieges hinausführen kann. Bloch gehörte zu jenen wenigen, die im Krieg weder Bewährung noch Ausbruch aus der maroden wilhelminischen Gesellschaft suchten. Er sah nur den *Triumph der Dummheit, beschützt vom Gendarm, bejubelt von den Intellektuellen*.[13] Und die Sprache folgt expressionistisch dem, was sie ausdrücken möchte. Holzschnittartig wird angerissen und konturiert. Kritik und Polemik umschließen ein Denken voller dunkler Zwischenräume, die, nicht zu Ende gedacht, in Schlaglichtern das spätere Werk vorzeichnen. Zwischen der Kritik am Irrationalismus jener Zeit und der eigenen literarischen Praxis entsteht Blochs Kontrapunkt eines *Noch-nicht-Bewußten*. Den Eindruck, den das Buch damals gemacht hat, kann man an einer Erinnerung Adornos abschätzen.

> Der 'Geist der Utopie' sah aus, als wäre er von des Nostradamus eigener Hand geschrieben. Auch der Name Bloch hatte diese Aura. Dunkel wie ein Tor, gedämpft dröhnend wie ein Posaunenstoß, weckte er die Erwartung des Ungeheuren, die mir rasch genug die Philosophie, mit der ich studiert bekannt wurde, als schal und unterhalb ihrer eigenen Begriffe verdächtig machte.[14]

Früh entstehen auch die ersten *Spuren*, Miniaturen, die als Auswahl der Gesamtausgabe zur Einführung vorangestellt sind. Das Moment der Innerlichkeit, das mystisch Verbrämte, wird einem dezidiert draußen Suchenden gegenübergestellt. Erfahrungen, Momente, die aus dem Leben beobachten, Situationen, die über sich selbst hinausweisen, werden vorgestellt. Auch diese kleinen Geschichtchen sind innig verwoben mit Blochs philosophischem Anliegen. *Blume und Antiblume* heißt ein Text daraus:

> Einige können ihr Ich in einem Äußeren aufgeben, ohne sich darin zu verlieren, im mindesten verlassen. Vorausgesetzt, daß sie mit der Sache draußen auf gutem Fuße

---

13 Geist der Utopie, 1. Fassung, GA XVI, S. 17
14 Th. W. Adorno, Noten zur Literatur, Blochs Spuren, Schriften 11, FM 1973, S. 557

stehen, so gestern wie heute wie besonders morgen. Als am 80. Geburtstag Monets ein Kameramann zu ihm aus Paris kam, antwortete ihm der Maler:'Kommen Sie im nächsten Frühjahr und photographieren sie meine Blumen im Garten, die sehen mir ähnlicher als ich.' Anderen wiederum hätte ein vertrauter alter Schrank im Zimmer den selben Dienst geleistet. Dann gehörte auch gerade Anti-Blume, nämlich Unverwesliches ins Stilleben, gestilltes Leben zwischen Mensch und Natur.[15]

Der Abstand zwischen Mensch und Ding ist das Thema, eine andere Beziehung zwischen Subjekt und Objekt. Der große Künstler sieht sich im Draußen und nicht in derjenigen Spiegelung, die dem Apparat möglich ist. Über die schlagende Pointe Monets gegen die Identitätsvorstellung einer Abbildproduktion, wie sie die Technik nun ermöglicht, zieht Bloch das Thema in den Alltag eines Gebrauchsgegenstandes: ein Stück bearbeitete Natur wird über die Funktion hinaus Träger der Identität. Fast unvermittelt - eine von Blochs typischen Zäsuren - wird es zur *Anti-Blume*. Das ist keine Abwertung, meint hier Stilleben als übers organische Leben aufgehobene, und betont das Tun des Menschen: daß es eine Tätigkeit auch außerhalb künstlerischer Abbildung geben kann, die keine platte Identität, sondern Nähe zwischen Mensch und Ding herstellt. Die *Spuren* stecken voller derartiger Episoden, die unterschiedlich intensiv mit gedanklichen Auflösungen spielen, sie aber stets unter dem Vorrang des Erzählens belassen.

Mit der zweiten Fassung vom *Geist der Utopie* hatte Bloch eine deutlichere Richtung eingeschlagen, die sich gerade am Kontrast mit der ersten genialisch hingeworfenen Version vergleichen läßt. Die Jahre zwischen den beiden Fassungen des *Geist der Utopie* waren von großen biographischen Umbrüchen gezeichnet. Schon der Briefwechsel mit Lukaçs (s.o.) dokumentiert die Zeit. Mit seiner ersten Frau Else von Stritzky emigrierte Bloch während des Krieges unter schwierigen Lebensumständen. In den Ergänzungsband *Tendenz, Latenz, Utopie* ist das *Gedenkbuch für Else Bloch von Stritzky* aufgenommen worden. Sie starb 1921. Hier wird eine Seite Blochs aufgeschlagen, die er später nie mehr gezeigt hat. Privat, voll Stillstand und Gelöstheit, die man anzutasten scheut. Aber es ist sicher nicht verfehlt, wenn man annimmt, daß sich in dieser Zeit Blochs literarische Konturen endgültig ausprägten.

Inhaltlich besser strukturiert, mit gegliederten Abschnitten, läßt sich hier nicht zuletzt die intensive Auseinandersetzung Blochs mit seinen Zeitgenossen ablesen, die er selbst an den wenigsten Stellen kenntlich gemacht hat.

Ein auffälliges Beispiel dazu sind die Bücher Wilhelm Worringers. Vor allem *Abstraktion und Einfühlung* war Anfang des Jahrhunderts sehr populär und

---

15 Spuren, GA I, S. 160

wirksam. Der Kerngedanke Worringers war eine Dualität von künstlerischem Abstraktions- und Einfühlungsdrang.

> Wie der Einfühlungsdrang als Voraussetzung des ästhetischen Erlebens seine Befriedigung in der Schönheit des Organischen findet, so findet der Abstraktionsdrang seine Schönheit im lebensverneinenden Anorganischen, im Kristallinischen oder allgemein gesprochen in aller abstrakter Gesetzmäßigkeit und Notwendigkeit.[16]

Am Anfang der Kultur, bei naturnahe lebenden Völkern, sieht Worringer den Abstraktionsdrang gegen eine beunruhigende, undurchschaubare Welt vorrangig wirksam. Er kehrt sich im Verlauf der Geschichte um. Es gibt eine Dualität ästhetischen Erlebens, dessen gemeinsames Zentrum *das Bedürfnis nach Selbstentäußerung*[17] sei. Im Objekt finde der Mensch Erlösung vom individuellen Sein und gehorche damit einem tiefen Trieb. Das Ornament, dessen Verteidiger Bloch im *Geist der Utopie* ist, definierte Worringer so:

> Im Ornament verläßt das Einfühlungsvermögen den ihm zugewiesenen Bereich des Organischen und bemächtigt sich der abstrakten Formen.[18]

Der Dualismus von Organischem und Kristallinem, lebensbejahender und lebensverneinender Form wird vom Ornament als Bindeglied durchbrochen. Das gotische Ornament, für das Bloch Partei ergreift, ist dann - Worringers Prinzip der *Selbstentäußerung* entsprechend - die Äußerung des über sich hinausgehenden Lebens. Worringer führte die Trias Griechisch, Ägyptisch, Gotisch vor, die bei Bloch in der ersten Fassung vom *Geist der Utopie* noch als *kunstgeschichtlicher Exkurs* übernommen wurde, und in der Überarbeitung mit ganz anderem Akzent nun *Hintergründe des Kunstwollens* betitelt wird.[19]

Auffällig ist dann auch die Parallele zu Oswald Spenglers Buch *Der Untergang des Abendlandes*, das von Bloch nun registriert und kategorisch als *Romantik neuerer Reaktion* abgelehnt wird.[20] Bei Spengler taucht die gleiche Scheidung *apollinischer, magischer und faustischer* Naturelle wieder auf, die als konkrete Mentalitäten verschiedener Hochkulturen dargestellt werden. Auf solchen Scheidungen wollte Spengler eine Geschichtsdeutung aufbauen, die gleichermaßen berühmt wie berüchtigt geworden ist. Spengler hat ein Werk von globalem Zuschnitt vorgestellt, das darin zwangsläufig dilettierte, sich mit Blochs Maßstäben aber doch

---

16 W. Worringer, Abstraktion und Einfühlung, München 1917[7] (1907), S. 4
17 ebenda S. 31
18 ebenda S. 64
19 vgl. die Kapitelüberschriften der beiden Fassungen.
20 Der Geist der Utopie. Zweite Fassung, GA III, S. 12

immerhin berührte. Eindringlich werden bei Spengler die Charakteristika seiner Kulturkreise herausgearbeitet. Seine Deutung Ägyptens gibt ein gutes Beispiel:

> Die ägyptische Seele sah sich wandelnd auf einem engen und unerbittlich vorgeschriebenen Lebenspfad, über den sie einst den Totenrichtern Rechenschaft abzulegen hatte. Das war ihre Schicksalsidee.[21]

Bloch hatte ähnliche Vorstellungen von der Determiniertheit dessen, was bei ihm allgemein das *Ägyptische* wurde. Dies hat eine so tragende Bedeutung, daß die Herleitung eines Kontextes zu Blochs Verwendung seine Berechtigung hat. Bloch selbst gibt sie nicht. Er gibt auch selbst kein Anschauungsmaterial dazu, sondern eine Reflexion, die diese Motive verselbständigt. Die konkret vom Kunststil, Architektur und bildender Kunst abgezogenen Beobachtungen werden zur Metapher von Leben und Tod. Bloch ist auf der Seite des Gotisch-Faustischen als dem organisch sich äußernden Lebens, und er ist Gegner des versteinert Kristallinen, wie es sich in den Pyramiden des alten ägyptischen Reichs verkörpert. Nicht die Polarität von Leben und Tod, von Ruhe und Bewegung wird als Bedingung einer Dialektik genannt, sondern Einspruch gegen eine Seite wird vorangestellt. An einem seiner Fußpunkte zeigt sich Blochs Denken bereits als Entscheidung.

Eine andere Auseinandersetzung beginnt ebenfalls hier. Bloch hatte sich mit Freuds frühen Schriften zu Traumdeutung und Unbewußtem beschäftigt. Gegen Freuds Traumverständnis setzt sein Konzept ein davon qualitativ verschiedenes Träumen. Freuds Verständnis ist ihm zu einseitig.

> Das Unbewußte, wie es in dieser Art von Traum durchbricht, sich bewußtseinsfähig macht, hat als Triebfeder, Triebkraft den Geschlechtswillen oder den Machtwillen.[22]

Und dem ist zu widersprechen:

> Die einzelwissenschaftliche Gegebenheit selber jedoch: entdeckt vom entspannten Ich an sich, unter uns gedreht und sich selber im gottverlassenen Automatismus unter uns drehend, unabhängig vom erlebenden, auffassenden, aktuellen Subjekt, - ist nicht einmal Chiffer, sondern bloßer Schematismus, in dem die Toten das Tote begraben, ihm seine Ordnungen und Gesetze aufschreibend.[23]

Blochs Einspruch beruft sich auf ein Verständnis der Welt als Prozeß, einer Entwicklung gemäß dem schon eingangs erwähnten Spiralenmotiv, das mit einer kreatürlichen Triebtheorie nicht verstanden werden kann. Die Theorie Freuds ist ihm zu einseitig auf Relikte und Ruinen des Weltprozesses bezogen und nicht auf den

---

21 O. Spengler, Der Untergang des Abendlandes, München 1986 (1918[1], 1923[2]), S. 242.
22 GA III, S. 12
23 ebenda S. 240

Überschuß in ihm. Emphatisch setzt Bloch den Tagtraum des gleichen erhaltenenen Subjekts, des nicht entspannten Ichs dagegen, der die Keimzelle des schöpferischen Menschen sei, und der mit Blochs Hoffnungsbegriff korrespondiert:

> Anders steht es mit dem Hoffen, das das Erlebte vorauf dreht, vor allem mit jenem, das in uns als 'stillste', 'tiefste' Sehnsucht lebt, das uns als Wachtraum irgend einer Entzauberung, irgend einer namenlosen Erfüllung begleitet.[24]

Für Bloch ist der Mensch eben nicht an seine Herkunft gebunden. Er ist aufgebrochen, in der doppelten Bedeutung des Aufbrechens als Bewegung und Öffnung. Statt der Determination durch Vergangenheit ist er an die Zukunft gebunden. Aufbruch heißt Blochs Gegenmotiv, dem alles eingereiht wird. Aus dieser Perspektive entstand die Deutung Freuds, die natürlich einseitig ausfallen mußte. Und sie ist weniger Gegenentwurf gegen die unleugbaren realen Komplikation in der Gesellschaft, welche die Psychoanalyse aufgreift, als Feststellung ihrer Begrenztheit.

Bloch selbst hat versucht, der Determinierung durch Vergangenheit mit dem später kaum mehr berührten Thema der *Ungleichzeitigkeit* Rechnung zu tragen, das den Gedanken einer mehrschichtigen Dialektik einführt. Das soll im folgenden kurz umrissen werden. Die eigentliche Auseinandersetzung mit Freud aber findet im *Prinzip Hoffnung* statt, dessen *Grundlegung* im zweiten Kapitel besprochen wird. Doch vorerst geht es nur darum, grundsätzliche Haltungen im Frühwerk dort aufzuweisen, wo sie als Bodensatz offensichtlich weiterführten. Im Frühwerk sind Blochs ästhetische, psychologische und naturphilosophische Gedanken ineinander fließend und kaum voneinander abgegrenzt. Die Bezugspunkte zur zeitgenössischen Literatur boten einen besseren Anhalt für ein Verständnis der Ursprünge Blochs als eine pauschale Historisierung, wie sie prominent in Jürgen Habermas' Deutung als *marxistischer Schelling* steckt,[25] eine historische Beglaubigung, die Bloch selbst auch nie abgestritten hat, doch die nicht die wesentlichen Kategorien verstehen läßt, die er im Kontext seiner Zeit entwickelt hat.

b. Ungleichzeitigkeiten

In *Erbschaft dieser Zeit* ist ein Abschnitt enthalten, der im Zusammenhang mit Blochs vehementer und früher Kritik am Nationalsozialismus entstanden ist, und auf den er später nur gelegentlich rekurrierte, ohne ihn letztlich weiter ausgeführt zu haben. Die Gedanken zu einer historischen Ungleichzeitigkeit sind jedoch

---

24 ebenda S. 241
25 vgl. unten S. 35/6

eingegangen in die globale Kritik an den anamnetischen Modellen von Plato bis Freud und ihr Umkippen in einen Archetypenkult.[26]

Bloch gehörte zu den frühesten Warnern vor Hitler. Wenn auch tatsächlich der *Geist der Utopie* in vieler Hinsicht so ambivalente Züge besitzt wie den Heimatbegriff und die oft überschäumende Innigkeit: Blochs Haltung ist eindeutig.[27] Oben, im Zusammenhang mit Freud wurde vom *entspannten Subjekt an sich* gesprochen, das hinter dem *aktuellen Subjekt* zurückbleibt. Vom Primat eines Geschichtsdenkens her präzisiert er nun.

> Nicht alle sind im selben Jetzt da. Sie sind es nur äußerlich, dadurch, daß sie heute zu sehen sind. Damit aber leben sie noch nicht mit den anderen zugleich. Sie tragen vielmehr ein Früheres mit, das mischt sich ein. Je nachdem wo einer leiblich, vor allem klassenhaft steht, hat er seine Zeiten. Ältere Zeiten als die heutigen wirken in älteren Schichten nach; leicht geht oder träumt es sich in ältere zurück.[28]

Hier nennt Bloch das Bauerntum, in dessen Lebensgewohnheiten sich alte Traditionen gegen das Vordringen der städtisch-industriellen Gesellschaft behaupten konnte. Ungleichzeitigkeit wird darin sogar als beerbbar gesehen. *Unabgegoltenes* kann auf höherer Ebene wiederzugewinnende Wirklichkeit werden; der zugestandene Pluralismus in einer einheitlichen Menschheitsgeschichte kann bereichernd sein. Das ist ein Argument, das Bloch vor allem auf die Künste anwendet, die nicht zeitlos, sondern *unabgegolten* und *nachreifend* sind.

Ganz anders jedoch stand Bloch jene Ungleichzeitigkeit vor Augen, wo eine komplexe Gesellschaft nicht mehr weiter will und kann, wo, wie in der ausgehenden Weimarer Zeit, *eine verelendete Mittelschicht (...) bloß Heimweh nach Gewesenem erzeugt,*[29] da entsteht jene Ungleichzeitigkeit, die Bloch so deutlich durchschaut.

> Ältere Seinsarten kehren derart geradezu städtisch wieder, ältere Denkart und Haßbilder dazu, (...) Überbauten, die längst umgewälzt schienen, wälzen sich wieder zurück und stehen als ganze mittelalterliche Stadtbilder im Heutigen still.[30]

---

26 Dazu auch Leipziger Vorlesungen, FM 1985 (im folgenden abgekürzt LV), Bd. 4, S. 296f. *Bann der Anamnesis*. Speziell S. 298: "Es hebt das Wissen mit der Empfindung an, aber es entspringt nicht aus ihr. Ohne diese mythische, total apriorische Form bleibt für das Wissen, auch für das nichtphilosophische, die Formel für Hegel einschließlich, bei sehr vielen vielleicht noch bis heute, daß das Wissen sich nur auf Vergangenes beziehen kann, denn nur was vergangen ist, hält still und kann gewußt werden."
27 vgl. auch H. Reinicke, Materie und Revolution, Kronberg 1974, S.16
28 Erbschaft dieser Zeit, GA IV, S. 104
29 ebenda S. 108
30   "   S. 109

Diese Wahrnehmung läßt Bloch 1932 sehr klar urteilen:

> Es ist sehr die Frage, ob Deutschland seiner Kraft nach noch ungewordener, gar vulkanischer ist als etwa Frankreich; sicher aber hat es die kapitalistische Ratio nicht entfernt so gleichzeitig durchformt und ausgeglichen. Eben dies relative Chaos nun wälzte dem Nationalsozialismus 'Unzeitgemäßes', Ungleichzeitiges auch aus noch 'tieferer' Zurückgebliebenheit, nämlich aus Barbarei zu; und es hätte in Deutschland keines Nietzsches bedurft, um die Antithesen Blut gegen Geist, Wildheit gegen Moral, Rausch gegen Vernunft zu einer Verschwörung gegen die Zivilisation werden zu lassen.[31]

Hier ist eben nicht nur *unerledigte Vergangenheit*,[32] sondern ein im Zusammenhang mit ökonomischen Gegebenheiten gesehenes Zerbrechen der Geschichte, das über die historische Problematik ein ganz Anderes enthält: Es ist *Verschwörung gegen die Zivilisation*, die *Bedürfnisse und Bestände der Vorzeit wie Magma durch eine dünne Kruste*[33] brechen läßt.

Die sichere Aussonderung aus der Dialektik der Geschichte, die Bloch vornimmt, bei aller Scharfsicht gegenüber dem Kommenden, bleibt beim gleichen Bild des Aufbrechens: *Wie Magma durch eine dünne Kruste,* das ist der gleichen Vorstellung entlehnt wie der aufbrechende Hohlraum der Hoffnung. Es ist eine Aporie des systematischen Denkens gegenüber dem realen Grauen des Nationalsozialismus, das Bloch nach dem zweiten Weltkrieg auch nicht mehr über die marxistischen Erklärungsmuster hinaus thematisiert hat. Doch Bloch differenziert hier vorrangig, um ein Geschichtsprinzip weiterführen zu können, welches das Scheitern der Geschichte überwindet.

> Gerade also um des möglicherweise noch echt Fortwirkenden und Unvergangenen an der Vergangenheit willen (welche noch einen Stern zu gebären haben), wird sich die Totalität mit bloßen Scheinnebeln, undeutlichen und längst gewordenen Sternhaufen nicht beschweren; ob sie auch den Nebelflecken so ähnlich sehen wollen wie die Schollenphrase der neuen Erde oder das Dritte Reich dem Zukunftsstaat.[34]

Und das wird noch komplizierter differenziert:

> Zu unterscheiden war: der falsche und der echt ungleichzeitige Widerspruch, dieser und der gleichzeitige, in beidem wiederum der subjektive und der objektive Faktor des Widerspruchs. Der subjektiv ungleichzeitige Widerspruch ist gestaute Wut, der objektiv ungleichzeitige unerledigte Vergangenheit; der subjektiv gleichzeitige die freie revolutionäre Tat des Proletariats, die objektiv gleichzeitige die verhinderte, im

---

31 ebenda S. 115
32 "   S. 122f.
33 a.a.O.
34 ebenda S. 125

Jetzt enthaltene Zukunft, die verhinderte technische Wohltat, die verhinderte neue Gesellschaft, womit die alte in ihren Produktivkräften schwanger geht.[35]

Ein subjektiv ungleichzeitiger Faktor, die falsche Emotion, das Potential des Menschen zu entgleisen, stehen für Bloch einer historisch fälligen Tat gegenüber, die subjektive Gleichzeitigkeit mit einer idealen Geschichte bedeutet. Dem subjektiven Reagieren entsprechen objektive Konstellationen. Die unerledigte Vergangenheit, hier politisch gedeutet, ist der gleiche Gedanke, der Blochs Ästhetik des Vor-Scheins bestimmt. Die verhinderte Gegenwart wäre eine Evolution der Gesellschaft und der ihr adäquaten Produktion.

In seinen Scheidungen ist Blochs Geschichtsbild konsequent. Subjektiver, verfälschbarer Antrieb, Komplexität von Gegenwart und historischer Gebundenheit geben einen Begriff von dieser Geschichtstheorie. Aber es gibt eben nicht exakte Konturen eines wie auch immer kalkulierten Weltlaufs. Das subjektive Urteil, vielleicht gar eine Beliebigkeit der Wertung, was nun gleichzeitig sei, durchbrechen das Konzept. Dem Vertrauen auf eine Objektivität der Phantasie stehen die Realität und ihre Zwänge gegenüber. Die Einebnung von Individualität, die Eigendynamik totaler Herrschaftsverhältnisse haben bei Bloch keine Aufnahme gefunden. Er hat sie erfaßt, aber nicht zum Maß seines Denkens gemacht. Die Diktatur in Deutschland hat denn auch seine düsteren Ahnungen noch weit übertroffen. Und schließlich, bei seiner Rückkehr aus dem amerikanischen Exil, fand er sich im Stalinismus wieder. Hier war Bloch nicht mehr Ankläger. Lange Zeit hat er sich noch blind zu Stalin bekannt und, nach dem eingesehenen Scheitern dieser politischen Utopie, ihn schließlich auch nur an den Rand seines Werkes ausgeblendet.

c. zur Rezeption Blochs

Es gibt eine stattliche Anzahl von Arbeiten zu Bloch. Sie lesen sich meist widersprüchlicher als er selbst, und wenige führen über allgemeine Einwände und Anmerkungen hinaus. Das ist sicherlich mitverursacht durch die oft immense Breite von Blochs eigener Legitimation, die alle Detailuntersuchungen, ob zu Ästhetik, Utopie oder Materialbegriff stets dadurch behindert, daß sie ineinander verwoben sind. Schließlich läuft man auch Gefahr, sich von der suggestiven Terminologie Blochs einfangen zu lassen, ohne die nötige Distanz zu wahren. Es ist nicht verwunderlich, daß ein Schlagwort wie Hoffnung zahllose Mißverständnisse hervorrufen konnte. Die Dimension einer Kategorie wie Latenz, die sich aufs Verborgene beruft, mißrät sehr schnell zu einem Vexierbegriff. Eine Rezeption

---

35 ebenda S. 122

Blochs als Marxist, Theologe oder Kunsttheoretiker mußte jeweils verkürzen und ist stets nur ungefähr. Und letztlich ist auch das Epische an Bloch wortstarkes Milieu von dem, was vor der Kritik dann leicht problematisch wird.[36]

Will man vorsichtig sein bei der Interpretation, sich aber trotzdem auf Bloch einlassen, dann ist der Blick auf die geistige Situation, die ihn prägte, eine Möglichkeit, ihn aus dem Kontext zu verstehen. Bloch wuchs mit den wirkungsvollsten Gedanken heran, die noch die Gegenwart prägen. Oktoberrevolution in Rußland, die enorme Wirkung der Psychoanalyse, und der von Bloch immer neu aufgegriffene Umbruch im physikalischen Weltbild haben deutlich auf ihn eingewirkt.

Doch was am Anfang des Jahrhunderts noch nebeneinander zu stellen war - Bloch hat es in einem monistischen Weltprozeß verschmolzen -, das ist heute, bei unendlicher Ausdifferenzierung von Einzelwissenschaften mit immer speziellerer Terminologie, oberhalb von simpler New Age Prophetie nicht denkbar. Die Bevölkerung des ganzen Planeten steht gegenwärtig vor Problemen, die Bloch ganz einfach nicht geläufig waren. Das Zerstörungswerk der von ihm so gepriesenen Großtechnologien, die Auswirkungen von neuen Medien und Vernetzungen als über die jeweiligen Machthemisphären hinausreichende Strukturen fehlen noch. Für ihn war der Gedanke einer nicht kapitalistisch beherrschten Gesellschaft verbunden mit einer zwangsläufig veränderten Produktionsmentalität, die eben in *Allianztechnik* mit der Natur produzieren würde. Der heutige schwerfällige Kurswechsel in den sozialistischen Ländern ist die späte Reaktion auf einen programmatischen Irrtum, der nicht mit den freigesetzten Machtverhältnissen und ihrem totalitären Charakter gerechnet hat.

Scheinbar ist es nicht schwer, daraufhin die Kriterien Blochs als nebensächlich beiseite zu schieben. Daß es nicht so leicht ging, dafür sollen hier stellvertretend drei Kritiker stehen, deren Einwände ein breites Spektrum möglicher Kritik darstellen. Habermas, Adorno und Hans Jonas sind auch Kritiker, die eher als andere in der Lage waren, der charismatischen Gestalt, die stets freigebig mit Spott und Polemik auszuteilen verstand, adäquat zu antworten. Doch auch hier kann man einige Male am Umschlag in Witzeleien den verlorenen Abstand bemerken; dem *Zu nahe dran* ist man auch Bloch selbst gegenüber leicht ausgeliefert.

Habermas möchte - und das ist die Überschrift seines Textes - Bloch als *marxistischen Schelling* deuten. Ein epigonales Gemisch, dem Bloch selbst nicht widersprochen hätte, doch noch einige andere Stammväter mehr hinzugefügt haben könnte. Das historisierende Konzept ist auch aktuellen Konstellationen ausgeliefert.

---

36 Insgesamt ist die Literatur zu Bloch uneindeutig und problematisch. H. H. Holz und H. Reinicke (s.o.) geben jeweils einen guten Überblick.

Habermas' Aufsatz durchzieht ein feiner Riß, der in der Zeit des kalten Krieges nicht wenig wiegen konnte. Denn mitten im Text ist Bloch

> unerwartet unter dem Bonner Himmelsstrich aufgetaucht und hat die gewohnte Topographie durcheinander gebracht.[37]

Habermas bleibt trotzdem gleichermaßen den aktuellen wie den philosophischen Komplikationen Blochs auf kritischer Distanz. Für ihn ist die Konzeption eines *offenen Systems* qualitativ nicht verschieden vom mystischen Wiederkunftsdenken. Entsprechend legt er das Gewicht seiner Deutung, mit Verweis auf Schelling, in eine *neoplatonische Tiefendimension*.

> Blochs Materialismus bleibt spekulativ, seine Dialektik der Aufklärung schreitet über die Dialektik hinaus zur Potenzenlehre fort. (...) Die Philosophie der Natur wird zur Natur seiner Philosophie.[38]

Eine Naturphilosophie sei aber den Anforderungen der Praxis in einer Industriewelt nicht gewachsen. Sie argumentiere eschatologisch, wo ein Konflikt zwischen menschlicher Natur und dem historisch erreichten Stand der Gesellschaft anderes verlangt.

> Das eschatologische Denken setzt auf die Wiederkunft eines mythologischen Zeitalters, gleichviel ob es diese durch andächtige Evokation eines Seinsgeschicks oder durch eine botanisierende Philosophie der Erdgeschichte beschleunigen möchte.[39]

Utopisches Denken sei demnach chancenlos in einer Welt, die mit neuen Industrie- und Kommunikationsformen Kompromisse erfordert, die diskursiv anzugehen seien, und nicht antizipierend.

Einen aus weitaus tieferer Vertrautheit mit Bloch stammenden Einblick findet man bei Adorno, der eine Besprechung zu Blochs *Spuren,* mit Blick aufs Gesamtwerk, als einen der interessantesten Kommentare zu Bloch überhaupt lieferte. Auch bei Adorno findet sich ein - virtuos gestaltet - ironisch doppelter Boden gegen den *Revisionsprozeß in Sachen Ikarus.*[40] Er schätzt dabei den Blochschen Grundgedanken, der gegen die *Immergleichheit von Schicksal und Mythos*[41] gerichtet ist, und der gegen die Verstrickung in einen determinierten Naturzusammenhang argumentiert. Die Aporie Blochs sieht Adorno darin, daß jener gesellschaftliche Entfremdung und religiöse Abgetrenntheit ineinander denke,

---

37 J. Habermas, Theorie-Praxis, Neuwied 1967 (1963), S. 342
38 ebenda S. 351
39   "   S. 339
40 T.W. Adorno, Noten zur Literatur, Schriften 11, FM 1972, S. 238
41 a.a.O.

Weltgeschichte als Heilsgeschehen deute, ohne Vermittlung zwischen den beiden durchaus disparaten Maßen. Er sieht zwei Aspekte von Nichtidentität, wo Bloch Religiosität in einfacher Verlängerung des gesellschaftlichen Selbst denkt.

> Der eine ist der materialistische: daß Menschen in einer universalen Tauschgesellschaft nicht sie selber sind, sondern Agenten des Wertgesetzes (...) Der andere Aspekt ist der mystische: daß das empirische Ich, das psychologische, auch der Charakter nicht das jedem Menschen gemeinte Selbst, der geheime Name sei (...) Schutzlos bietet solcher Dualismus dem Einwand sich preis. Die Unvermitteltheit des Kontrasts zwischen dem metaphysischen Selbst und dem herzustellenden gesellschaftlichen schert sich nicht darum, daß alle Bestimmungen jenes absoluten Selbst dem Umkreis menschlicher Immanenz, dem gesellschaftlichen Ich entstammen; leicht wäre der Hegelianer Bloch dessen zu überführen, daß er an zentraler Stelle die Dialektik mit theologischem Gewaltstreich abschneidet.[42]

Doch stecke darin, gegen die Fixierung auf Sachzwänge, eine Chance. Der Gewaltstreich ist Befreiungsakt.

> Nichts was ist, wird um seiner Notwendigkeit willen vergötzt, Spekulation geht gegen Notwendigkeit selber als eine Figur des Mythos an.[43]

Sieht Adorno auch das Befreiende an Blochscher Denkart für legitim an, sein Einwand ist an die Begrenztheit *menschlicher Immanenz* gerichtet, die, wo geleugnet, hinter die Kantische Absage an das Geistersehen zurückfällt.[44] Das ist auch in Karl Löwiths allgemeinem Argument gegen die dem Marxismus innewohnende Heilsgeschichte enthalten. Doch sieht man hier, daß Bloch sie nicht einmal leugnet. Gerade an ihn wendet er sich in den Leipziger Vorlesungen im Gegenzug.

> Das ist die Säkularisierungshypothese, die die unterirdische Tradition der Revolution wohl erkennt, aber auf diese Weise entgiftet, aus der Welt schafft und den ungeheuren Enthusiasmus, der darin steckt, vernichtet.[45]

Es ist mehr als nur Enthusiasmus, den Bloch meint. Sein ständiger Rekurs auf die Bauernkriege, die Interpretation der Bibel als von der paulinischen Kreuzestheologie zugedeckte Revolutions- und Aufbruchsgeschichte meint Untrennbarkeit von religiöser und gesellschaftlicher Bewegung. Das gipfelt im *Selbsteinsatz* des Menschen ins Absolute, das eine Angelegenheit dieser Welt ist, welche in sich selber

---

42 a.a.O.
43 a.a.O.
44 I. Kant, Träume eines Geistersehers, WA II, FM 1968
45 LV I, S. 489; vgl. K. Löwith, Weltgeschichte und Heilsgeschehen, Sämtliche Schriften II, Stuttgart 1981

transzendiert. Eine geradezu hybride Konstruktion, die polemisch gegen jede Art von *deus absconditus* den *homo absconditus* anführt, wäre da nicht jene Blochsche Selbstverständlichkeit, die Theologie ohne Theokratie zu denken. Gleichen Sinnes erkennt das auch, säkulär gewendet, der Kritiker Adorno an.

> Er ist einer der ganz wenigen Philosophen, die vorm Gedanken an eine Welt ohne Herrschaft nicht zurückbeben: unvorstellbar, daß er aus approbierter Tiefe die Abschaffung von Übel, Sünde und Tod verleumdete.[46]

Gegen diese Lesarten, gegen Habermas' Unglaube und Adornos sympathisierende Skepsis, sei hier ein Autor erwähnt, der die entschiedenste Position gegenüber Bloch eingenommen hat, was ernsthafte Rezeption angeht. 1984, knapp 30 Jahre nach dem *Prinzip Hoffnung*, erschien ein Buch von Hans Jonas, das im Titel schon Antwort sein will. Sein *Prinzip Verantwortung* ist mehrfach interessant: weil es pragmatisch aktuelle Themen aufgreift und zugleich, eine Summe möglicher Einwände gegen Bloch geworden, gerade mit der Verspätung der Kritik, die eine intensive Auseinandersetzung eingesteht.

Jonas schreibt über die Aufgaben, die eine in Ost und West gleichermaßen dominierende technische Zivilisation stellt, welche eine Umwertung und Neuorientierung fordert, will man das Humane in ihr nicht verlieren. Gerade das heutige Denken, historisches Wissen und Dimension des technisch Machbaren, fordert die Abwendung von Geschichtsphilosophie und ihren Implikationen.

> Sicher ist, daß wir keiner 'immanenten Vernunft der Geschichte' mehr trauen können, daß von einem selbstwirksamen 'Sinn' des Geschehens zu reden schierer Leichtsinn wäre; daß wir also ohne gewußtes Ziel den vorwärts treibenden Prozeß auf ganz neue Weise in die Hand nehmen müssen.[47]

Jonas' Buch ist ein etwas spröd moralisch eingefärbtes Alterswerk des Philosophen, der hier Bilanz zieht, auch Bilanz - den Titel als Addresse gelesen - gegen die Verlockungen eines groß dimensionierten Geschichtsdenkens. Auch Jonas bleibt einem Prozeß der Welt verbunden, doch im Bewußtsein, daß er nicht Maßstab menschlichen Tuns ist. Von daher ist für Jonas der Marxismus *noble Versuchung*, die Utopie müsse zugunsten eines unverstellten Blicks auf die Gegenwart aufgegeben werden. Das bedeute vor allem von den technischen Utopien Abschied zu nehmen. Der Umbau der Natur, eine von Bloch geradezu unvorsichtig gehandhabte Maxime, schlägt unübersehbar zurück durch die Zerstörung der Natur als menschlichem Lebensraum. Die Natur, die der Mensch als *homo faber* bearbeitet, ist ihm fremder als er meint, wenn er glaubt, sie humanisieren zu können.

---

46 Adorno, ebenda S. 249
47 H. Jonas, Das Prinzip Verantwortung, FM 1984, S. 230

> Von Anfang an war es eine marxistische These, von Marx selbst geprägt, daß der Mensch durch seine Arbeit die Natur 'humanisiert': das sollte die bisherige Zweckarbeit der Menschheit an der Natur, organischer wie inorganischer, insbesondre natürlich die Bodenkultur zu bezeichnen. (...) Mit diesem brutalen Zwecksinn ist daher die 'Humanisierung der Natur' eine hypokritische Schönrednerei für totale Unterwerfung unter den Menschen zwecks totaler Ausbeutung für seine Bedürfnisse. Da sie dazu radikal umgewandelt werden muß, ist die humanisierte Natur die sich entfremdete Natur.[48]

Zur Kritik an der Geschichtsphilosophie tritt die Kritik an der Menschförmigkeit der Technik, wie sie heute den ganzen Planeten betrifft. Es ist die Evidenz nicht der humanisierten, sondern der zerstörten Natur, die Jonas ausspricht. Diese Kritik aber will Jonas auch auf die von Bloch mit Vor-Schein ausgestattete Kunst übertragen: Eindringlich wehrt er sich gegen die Utopisierung der Künste, deren Aufgabe nicht in den Zusammenhang einer Humanisierung der Natur zu bringen ist.

> Und was dies Menschenwerk festhält, ist absolute Gegenwart an sich - keine Zukunft, kein Versprechen, keine Nachfolge, ob besser oder schlechter, nicht Vorschein von irgendetwas, sondern zeitloses Scheinen in sich. Das ist die 'Utopie' jenseits allem Noch-Nicht, verstreute Augenblicke der Ewigkeit im Fluß der Zeit, und Bloch wußte darum.[49]

Und Bloch wußte darum. Wieder, und bei Jonas manifest, wird Bloch Leugnen vorgeworfen. Die Zusammenbindung von Kunst und Realgeschichte wird in *verstreute Augenblicke der Ewigkeit* und in den *Fluß der Zeit* aufgelöst, Ästhetik als Transzendenz verstanden. Die Kritik zielt auf Blochs Domäne. Doch mit welchem Recht? Bloch hat in alle historische Vorläufigkeit sein *nunc stans* gedeutet, in die Abgetrenntheit des Menschen das *Dunkel des gelebten Augenblicks*. Die verdeckte Ewigkeit und Unabgegoltenheit von Kunst hat Bloch, der auch in offene Geschichte letztlich apokalyptische Elemente trug, nicht unterschieden.

Blochs Kunstblick wie seine Ästhetik sind ohne Zweifel tief und lehrreich. Was Jonas in seinem Einspruch gegen den Vor-Schein zeigen kann, ist die Beliebigkeit eines Anspruchs objektiver Kunstdeutung vor den Fakten. Die Ohnmacht jeder Artistik gegenüber dem technologischen Gebrauch des Verstandes ist offensichtlich. Dampfmaschine einst wie heute der Computer formen die Gesellschaften tiefgreifend um, der technische Fortschritt gehorcht anderen Gesetzen als die künstlerische Produktion. Das Unbehagen an Blochs Berufung auf die Künste ist sinnfällig beim Blick auf die Aktualitäten. Jonas überträgt seinen Einspruch von daher auf die

---

48 ebenda S. 370
49 "   S. 381

Anthropologie der Utopie. Der vorhandene, nicht der mögliche Mensch allein, ob antiquiert oder zukunftsträchtig, zählt in seiner Zweideutigkeit.

> Diese selbst beheben zu wollen, heißt, den Menschen in der Unergründlichkeit seiner Freiheit aufheben wollen. (...) Der wirklich eindeutig gewordene utopische Mensch kann nur der schmählich zum Wohlverhalten und Wohlbefinden konditionierte, bis ins Innerste auf Regelrechtheit abgerichtete Homunculus sozialtechnischer Futurologie sein.[50]

Eine solche Argumentation spricht uns heute in unseren aktuellen Sorgen an. Sie sieht genauer auf eine gesellschaftliche Problematik, die Bloch - wenn auch selbst nonkonform und vieldeutig - nicht genannt hat. Jonas' Argumente, konkret und direkt, messen pragmatisch die Distanz zu Bloch aus, die den Bedingungen der rapide sich wandelnden Welt angemessen ist. Angemessen bleibt eine Haltung mit Skepsis vor der Blochschen Totalität. Doch verkürzt jede kritische Zuspitzung auch die unauflösbare Einheit von Ästhetik, Anthropologie und Geschichtsphilosophie in Blochs Denken. Deren Ineinander soll in den folgenden Kapiteln nachgezogen werden. Einige greifende Einwände hier davorgesetzt zu haben, das mag, mit eingeschlagener Richtung der Fragen, vielleicht den besseren Zugang zu Blochs Werk freigeben.

---

50 ebenda S. 382

2. gotisch - ägyptisch

Die Frage nach der *conditio humana* hat auch angesichts des von Bloch noch gefeierten *Umbaus des Planeten Erde* und des gesellschaftlichen Umbaus der Medien- und Industriewelt an Relevanz nichts verloren. Ob die menschliche Natur Produkt der Gesellschaft ist, ob sie den Menschen als Mängelwesen oder deformierte Animalität versteht, das ist von einer Gesellschaftstheorie stets schon vorausgesetzt. Bloch hat auf die Frage nach diesen Voraussetzungen eine Antwort versucht, und es ist eine akzentuierte Gegenposition gegen jeden *Bann der Anamnesis* geworden. Jedes Wissen vom Menschen, das sich anamnetisch, abkunfts- und ursprungsbezogen legitimiert, fällt unter Blochs Verdikt. Ein längeres Zitat aus den *Leipziger Vorlesungen,* in denen sich so manches plastisch und komprimiert dargestellt findet, was zum großen Rahmen gehört, führt den Bogen über das, was Bloch darunter verstand:

> Der Dämon, der Hegel herumjagt, ihn buchstäblich im Kreise herumjagt, oder in einem Kreis von Kreisen, ist uns wohlbekannt, er begleitet die ganze Geschichte der Philosophie bis Hegel einschließlich. Es ist die platonische Anamnesis, die Wiedererinnerung, zuerst dargestellt in dem Dialog 'Menon', wo Sokrates einem Sklaven ein geometrisches Problem aufgibt, der es durch reine Besinnung lösen kann, obwohl er noch nie etwas von einem Kreis gehört hat oder von einem Dreieck. Gehört hat er schon, aber er hat nicht bedacht, was es sei. So ist alles Wissen nach der Platonisch-Sokratischen Lehre Wiedererinnerung an das, was die Seele vor ihrer Geburt als Reigenphänomen seliger Geister im Ideenhimmel gesehen hat und woran sie sich hier im Leben langsam wieder erinnert. Und Wissen ist Wiedererinnerung an ein Vorhergehendes, das schon einmal gewußt war. Aus der Welt läßt sich nichts lernen, die Welt kann uns nur darauf bringen, Stichworte werden gegeben. Es hebt das Wissen mit der Empfindung an, aber es entspringt nicht aus ihr. Ohne diese mythische, total apriorische Form bleibt für das Wissen, auch für das nichtphilosophische, die Formel bis Hegel einschließlich, bei vielen vielleicht noch bis heute, daß das Wissen sich nur auf Vergangenes beziehen kann, denn nur was vergangen ist, hält still und kann gewußt werden. Was bewegt ist und gar, was zukünftig ist, kann nicht gewußt werden, ist gestaltlos.[1]

Ob als *Dämon*, die La Placesche Fiktion des Allwissen, eine Ganzheit ausgedrückt wird, ob in platonischer Ewigkeit oder als Kantische transzendentale Subjektivität, die der Empfindung der Sensualisten ihr Apriori entgegenhält: *aus der Welt läßt sich*

---

1 LV IV, S. 296, auch LV I, S. 146/7: "Im Betrachten steckt also ein Haß gegen das Leben, gegen das Werden, denn nur das, was stillhält, kann bei dieser Belichtung photographiert werden."

nichts lernen, sie gibt nur Stichworte, die ihre Ausgänge markieren. Darin ist das anamnetische vor allem im Gegensatz zum experimentellen und naturwissenschaftlichen Denken, das aus der Welt lernt, um sich in ihr einzurichten und über sie zu herrschen. Darüber hinaus noch will Bloch die Aufmerksamkeit auf das lenken, was eben nicht stillhält, was keine fixierte Gestalt besitzt. Die Behauptung, daß menschliches Denken sein Wissen aus dem Stoff der Zukunft baut, steht gegen jeden Idealismus von Platon bis Kant.[2] Der Einspruch gegen das anamnetische Denken, das nur *im Kreis herumjagt,* zieht sich noch in die Auseinandersetzung Blochs mit Freud und dessen Erinnerungslehre, die in der Verlängerung der anamnetischen Tradition interpretiert wird, wenn auch Freuds Psychoanalyse naturwissenschaftliches Selbstverständnis besitzt.

Verkörperung für Anamnesis war Bloch stets jenes schon oben erwähnte *Ägyptische,* eine Formel, auf die er selbst Plato zu bringen verstand, der nach des Sokrates Tod mehrere Jahre in Ägypten verbracht haben soll.[3] Und tatsächlich läßt sich von Blochs Adaptation der Diskussion um gotische und ägyptische Kunst, Ornament und Sachlichkeit, das Leitmotiv von Blochs späterer Grundlegung zur Affektlehre nachvollziehen. *Blochs Lieblingsgleichnis fürs mystische Selbst ist das Haus,* schrieb Adorno einmal.[4] Und der junge Bloch war von der Gotik fasziniert wie einmal der junge Goethe vom Straßburger Münster. Die Hommage an Goethe ist unübersehbar: Gotisch war für Bloch faustisches Streben, das gotische Studierzimmer des Faust. Aber Gotik war für ihn zugleich verwandt mit der kulturellen und künstlerische Größe der Renaissance.

> Faust sowohl wie Prometheus gehören zum Renaissancewesen, (...) Faust am Pult, Goethe gab ihm seine Renaissancedimensionen wieder.[5]

Kunstgeschichte war für Bloch Metapher, Sinnbild für seine klaren Dichotomien. Er suchte nicht die Auseinandersetzung mit ihrem Inhalt, sondern die Verkörperung von Gegensätzen, die sich in diesen Begriffen bündelten. Blochs Renaissance-Gotik ist Zeugenschaft für die Existenz *ragender* Gestalten voll Diesseitigkeit, deren Individualität und Intensität ein menschliches Tun verkörpert, das, über die Epoche

---

2 vgl. KdrV, WA III, FM 1968, S. 45. In das Kantische Postulat, daß Erkenntnis zwar mit Erfahrung anhebt, nicht aber aus ihr entspringt, setzt Bloch sein antizipatorisches Vermögen ein. Dazu wieder Blochs Interpretation, LV IV, S. 50: " Es muß also in beiden, in der Sinnlichkeit und im Verstand nach dem Rechten gesehen werden. (...) Die beiden gehören zusammen, und Kant hat sein Werk hindurch die Vermutung, daß Sinnlichkeit und Verstand, die beiden Stämme, eine einzige Wurzel haben."
3 vgl. LV I, S. 136
4 T.W. Adorno, Noten zur Literatur, Schriften 11, FM 1972, S. 239
5 Zwischenwelten in der Philosophiegeschichte, GA XII, S. 179 u. 182

hinausweisend, sich im Blochschen Sinn als die promethische Schubkraft im Weltprozeß deuten läßt.

Das entscheidend *Gotische* und eine plastische Hintergrundkategorie war im Anschluß an Worringer das Ornament. Es sollte Lebenskraft, *Lebensbaum,* gegen eine kühle Sachlichkeit oder Innerlichkeit sein.

> Nicht anders kann das nach außen gebrachte Innere, mithin das Organische höherer Stufe geschehen, das exzessive Ornament und das leise Wiedersehen des Ich mit dem Ich, der Ich sein werde: als gotische Entelechie der gesamten bildenden Kunst.[6]

So schrieb Bloch schon im *Geist der Utopie.* Das *exzessive Ornament* stand auch gegen die zeitgenössische Sachlichkeit, gegen das angeblich überflüssig gewordene Ornament. Es stand gegen die Vorstellung vom geschlossenen Gehäuse, das versteinert überdauert wie die Pyramiden des Alten Reiches.[7] Im kahlen Stein sah Bloch das Symptom einer abgelaufenen Epoche ohne dieseitige Kraft: denn verdinglichte Zweckformen, industrielle Produktion mit der ihr eigentümlichen Nüchternheit waren für den jungen Bloch nicht Träger des Lebens. Worringer hatte ja schon in einem Satz das Ornament genau in dem Sinn benannt, in dem es für Bloch gilt:

> Im Ornament verläßt das Einfühlungsvermögen den ihm zugewiesenen Bereich des Organischen und bemächtigt sich der abstrakten Formen.[8]

Entsprechend sah Bloch im Verlust des Ornaments den Verzicht des Organischen, sich zu äußern und über sich hinaus in die Welt zu werden. Der Verzicht bedeutet Erstarrung, Versteinerung und Zerstörung. Und diese Versteinerung in Monumentalität hatte sich als wesentlicher Zug der Bürgerlichkeit um die Jahrhundertwende gezeigt. Ebenso erwiesen sich die neuen Technologien als ein militärische Potential, das schon im ersten Weltkrieg mit seiner ungeheuren Zerstörungsmacht sämtliche Erwartungen übertraf. Darin hatte Bloch sich keineswegs auf romantische Technikfeindlichkeit zurückgezogen, sondern deren für

---

6 Geist der Utopie. Zweite Fassung, GA III, S. 39
7 Worringer hat diese Themen auch in weiteren Büchern wieder aufgegriffen. Dazu Worringer, Formprobleme der Gotik, München 1910, und Die Kunst Ägyptens, München 1927. In dem Ägyptenbuch soll der Mythos um Ägypten gelüftet werden. Die geheimnisvollen Hieroglyphen haben sich als schlichte Verwaltungslisten entpuppt, ohne die oft beschworenen tiefen Geheimnisse. Der Faden durch das Buch ist eine ablehnende Parallelisierung Ägypten-Amerika. Kommentarlos findet sich ein kanadischer Getreidespeicher neben einem ägytischen Monument. Das ist erwähnenswert, weil es das emphatische Aufgreifen einer uns heute nicht mehr geläufigen Metaphorik bei Bloch aus einem historischen Zusammenhang einsichtig macht.
8 vgl. oben S. 29

uns heute evidente Zweideutigkeit im Bereich seiner Ägyptenmetapher immerhin genannt. Diese aus der Zeit geschöpften Metaphern und Darstellungen finden sich in der späteren naturphilosophischen Begründung Blochs nicht mehr ausgeführt, gehören aber doch zum Bodensatz seiner Vorstellungen von Technik und Natur. Das Gotische und sein Ornament sind Äquivalente für das Organische. Die Lebenskraft des Lebendigen ist

> dieselbe Kraft, die sich in der Lava, dem Bleisturz im kalten Wasser, der Holzmaserung und zuhöchst in der zuckenden, fetzenartigen oder sonderbar geballten Gestalt der inneren Organe auswirkt.[9]

Das Körperliche, organisch Wirre, darf nicht weggeschlagen werden. Die ungeordneten Formen der Natur sind das Lebendige. Animalität hatte bei Bloch nicht den Kontext, der den Kern der Freudschen Theorie ausmacht. Die Spannung zwischen Ich und Libido - beim späten Freud zwischen Lebens- und Todestrieb -, welche die Zivilisation als schwierigen und kaum je zu meisternden Balanceakt versteht, existiert für Bloch nicht, wenn nicht als *Ungleichzeitigkeit*. Bedrohlich ist für Bloch nicht das triebhaft Organische, sondern sein Verlust. Gegen die Nähe zu einem vitalistischen Denken jedoch wehrt er sich vehement.[10] Unter dem Aspekt eines dynamischen Ichs gibt es keine ichfremden Antriebe. Das *erhaltene Ego* des Tagtraums ist unabdingbare Kondition einer produktiven seelischen Aktivität. Schon hier steht Bloch kontrovers zu Freuds Definition:

> Die Macht des Es drückt die eigentliche Lebensabsicht des Einzelwesens aus. Sie besteht darin, seine mitgebrachten Bedürfnisse zu befriedigen. (...) Die Kräfte, die wir hinter den Bedürfnisspannungen des Es annehmen, heißen wir Triebe.[11]

Die Struktur der Antriebe, im Verständnis der Psychoanalyse, ist konservativer Natur. Sie suchen den Ausgleich, sie sind das eigentliche Anliegen des Individuums, dessen gesellschaftliche Existenz nur überlebensnotwendige Fassade vor den darunterliegenden eigentlichen Kräften ist. Sexualität ist Triebmittelpunkt, der im Verlauf des Kulturprozesses eingeschränkt wurde. Das *Unbehagen an der Kultur* sitzt an den Fundamenten. Von ihm sagte Freud,

---

9 GA III, S. 36
10 GA III, S. 258: "Ebenso fern sei hier die Methode, im Gefolge Bergsons oder Nietzsches den Geist, in dem gerade solche Evidenzen am gründlichsten offenbar werden, unterschiedslos zu verleugnen und ein laxes Ergriffensein oder einen Rauschzustand, der gegen Begriff und Vernunft die enthusiastische Nähe gibt, an Stelle mystisch reiner Geistigkeit zu setzen."
11 S. Freud, Abriß der Psychoanalyse, GW XVII, FM 1940, S. 60

daß vieles von unserem hochgeschätzten Kulturbesitz auf Kosten der Sexualität durch Einschränkung sexueller Triebkräfte erworben wurde.[12]

Die Einschränkungen des Trieblebens im zivilisatorischen Prozeß führen nicht zu seiner Beseitigung, sondern zur Verdrängung aus dem gesellschaftlich bewußten Leben. In der Tiefenschicht des Unbewußten bleiben sie erhalten. In der Deutung von ichfremden, spontanen Gedankenproduktionen, Träumen, Fehlleistungen, wird diese Tiefenschicht zugänglich gemacht, die sich sonst nur bei versagendem Ich als Neurose oder Psychose äußert. In dieser unbewußten Schicht, der Ebene des Traums, kehrt der Mensch zurück zu einer phylogenetisch früheren Denkform, dem *Reich der Unlogik*, welches das Entsagen des zivilisierten Menschen kompensiert und, gedeutet, die Quelle menschlicher Antriebe freilegt.

In der wachen Erinnerung präsentiert sich dann ein manifester Trauminhalt, hinter dessen Symbolen, Verschiebungen und Verdichtungen sich das wirklich Geträumte vor der Zensur des Bewußtseins zurückzieht.[13] Das einzige Gesetz des Traumes - die Gesetze zeiträumlicher Erfahrung und Kausalität werden hinter ihm zurückgestellt, sind also nicht gültig - ist nach Freud die Wunscherfüllung. Selbst in Angstträumen soll die Angst nur in den Traum hineinragende Zensur sein.[14] Der späte Freud allerdings verweist selbst auf Probleme, die aus der Traumlehre entstehen, dem Angelpunkt der ganzen Psychoanalyse. Er nennt die in Träumen wiederkehrenden schmerzlichen Erinnerungen, psychische Traumata und die theoretische Komplikation, daß doch gerade die Traumata frühkindlicher Sexualität, das tragische Erleben einer noch ichschwachen kleinen Persönlichkeit über die Traumdeutung rekonstruiert werden soll. Freud führt hier *mißglückte Träume* ein.[15] Qualitative Verschiedenheit von Träumen, wie Bloch sie zwischen Tag- und Nachttraum diagnostizierte, hat Freud nie zugestanden.

Einen stärkeren Einschnitt innerhalb der Freudschen Theorie hat die Konstruktion einer Bipolarität von Lebens- und Todestrieb gemacht.[16] An diesem Punkt läßt sich auch Freuds Verwurzelung in seiner Epoche zeigen. Der Wandel in der Theorie ist auch die Konstruktion einer nicht rein auf sexueller Libido beruhenden Triebstruktur gewesen, wie es Erich Fromm in dezidiertem Anschluß an Freuds spätes Triebmodell weiterführte.[17] In einem aufschlußreichen Büchlein zu Freuds Psychoanalyse schreibt Fromm:

---

12 ebenda S. 132
13 S. Freud, Vorlesungen zur Psychoanalyse, GW XI, S. 28/9
14 ebenda S. 222f.
15 S. Freud, Neue Folge der Vorlesungen, GW XV, S. 29
16 Erich Fromm, Sigmund Freuds Psychoanalyse - Größe und Grenzen, München 1981, Kap. 4f.
17 E. Fromm, Anatomie der menschlichen Destruktivität, Reinbek 1977; Fromm analysiert die Trieb- und Instinktlehren vor allen von Skinner, Lorenz und Freud. Er argumentiert gegen das

> Freud hatte seine ältere Theorie auf ein wissenschaftliches Modell aufgebaut, das leicht zu verstehen ist: das mechanistisch-materialistische Modell seines Lehrers von Brücke und des ganzen Kreises mechanischer Materialisten wie Helmholtz, Büchner und anderer gewesen war. Sie sahen im Menschen eine Maschine, die durch chemische Vorgänge angetrieben wird: Gefühle, Affekte und Emotionen erklärten sie als durch spezifische und identifizierbare physiologische Prozesse bedingt. Die meisten hormonologischen und neurologischen Entdeckungen der letzten Jahrzehnte waren diesen Männern noch unbekannt, trotzdem bestanden sie voll Mut und Geschicklichkeit auf der Richtigkeit ihrer Auffassung [18]

Fromm sah den Umbruch im naturwissenschaftlichen Denken, der am gleichen Punkt ansetzt wie Blochs unermüdliche Kritik am mechanistischen Denken. Fromm betont den Traum von der *Maschine Mensch* bei Freud, der im Verein mit dem Wandel der Naturwissenschaften in eine völlig neue Theorie mündet:

> Die neue Theorie folgt nicht diesem mechanistischen, 'physiologisierenden' Modell. Sie kreist um eine biologische Orientierung, bei der die fundamentalen Kräfte des Lebens (und seines Gegenteils, des Todes) zu den Urkräften werden, die den Menschen motivieren. (...) Die neue Theorie stand vielleicht einer vitalistischen Auffassung näher als der Auffassung der deutschen Materialisten. Aber, wie schon gesagt, Freud war sich dieser Wandlung nicht klar bewußt: Daher versuchte er immer wieder, seine physiologische Methode auf die neue Theorie anzuwenden, und er mußte bei seinem Versuch, den Kreis zu quadrieren, notwendigerweise scheitern.[19]

Dementsprechend sah sich Fromm vor die Aufgabe gestellt, die Psychoanalyse zu erweitern und zu korrigieren, ohne die grundsätzlich revolutionierende Denkweise Freuds als Fundament in Frage zu stellen. Auch Herbert Marcuse, der vor allem den grundsätzlichen Gedanken Freuds retten wollte, hat seine Aufmerksamkeit auf den Todestrieb gelegt. Er fand darin die Schuldgefühle von Repräsentanten repressiver Ordnungen. Anders als Freud sieht er jedoch Vernunft und Trieb in möglicher Einheit gegen irrationale Autorität. Freud bedürfte in einem solchen Ansatz nur der Befreiung vom Pessimismus als von seinem geschichtlichen Ort vorgegebener Determination:

> Die Vorstellung, daß eine Kultur ohne Unterdrückung unmöglich sei, gehört zu den Grundsteinen der Freudschen Theorie. Aber seine Theorie enthält Elemente, die diese

---

biologische Hydraulikmodell einer Aggression, die sich für Fromm als gesellschaftliche Funktion mehr denn als Naturgesetz begreifen lassen.
18 E. Fromm, Sigmund Freuds Psychoanalyse, S. 108/9
19 a.a.O.

Rationalisierung durchbrechen: sie erschüttern die vorherrschende Tradition westlicher Denkweise und lassen vielleicht sogar eine Umkehrung zu.[20]

Beide hier an Freuds Theorie vorgetragenen Kritiken waren für Bloch evident. Zu den ihm geläufigen Argumenten gehört der Umbruch der Naturwissenschaften, vor allem im physikalischen Weltbild, ebenso wie der selbstverständliche Einsatz gegen jede Form von Autorität. Doch gerade bei subtileren Untersuchungen bemerkt man die polemische Haltung Blochs sehr deutlich, der - um einiges jünger als Freud - sich mit seiner Ästhetik des Tagtraums eines starken Gegenarguments sehr gewiß war. Wenn Blochs Traum- und Trieblehre auch die suggestivere, ebenso literarisch die reichere Durchführung ist, darf trotzdem nicht vergessen werden, worauf er gar nicht eingeht. Die Entdeckung einer frühkindlichen Sexualität als ontogenetisch bedingter Konstante ist nicht bestreitbar. In dieser liegt eine *Ungleichzeitigkeit* körperlicher und geistiger Reifung, die immer neu bewältigt werden muß. Ebenso ist die Bedeutung der Freudschen Lehre vom Unbewußten als Werkzeug gegen falsche Moral und Heuchelei nicht gering zu schätzen. Der große Bogen, den Bloch unter der Kategorie *Bann der Anamnesis* gezogen hat, läßt das nicht zu. Die Intuition vom Tagtraum als antizipatorischer und objektiver Phantasie, ebenso vom Schein der Kunst als Vor-Schein, kann nicht Triebersatz auf sublimer Stufe sein, sondern nur adäquates Tun des schöpferischen Menschen. Und parallel dazu ist die Vehemenz, mit der sich Bloch gegen jedes Denken einer Schuld, ob Urschuld oder Sündenfall, sperrt, während man gerade in Freuds Theorie vom Vatermord die schockierende säkularisierte Konkretisierung eines Urschulddenkens erblicken kann. Der von Bloch eingesetzte Urgrund *Hunger*, die ins Leben treibende Leere, kennt jedenfalls keinen Schuldzusammenhang. Das sei als Prämisse genannt. Ihre Berechtigung muß aus dem geschlossen werden, was sie zu leisten vermag

a. Daß-Grund Hunger

Das Erste im Leben ist ein *Drang* ohne Richtung. Er ist Hohlraum, Empfindung, die ihren Grund nicht kennt: *Daß man lebt, ist nicht zu empfinden. Das Daß, das unten als lebendig setzt, kommt selber nicht hervor.*[21] Aber es bleibt eine Frage, die an den Leib gebunden ist. Fragestellungen nach einem Anfang, nach dem ersten Grund und einer ontologischen Differenz von ihm wird kein Raum gegeben, wenn auch Bloch häufig die Unterscheidung zwischen Real- und Erkenntnisgrund als Kritik der Erkenntnis des Grundes erwähnt. Die Existenz des Dranges ist gewiß, *vom Drang*

---

20 H. Marcuse, Triebstruktur und Gesellschaft, FM 1965 (1955)
21 Im folgenden, soweit nicht gekennzeichnet, Das Prinzip Hoffnung, GA V, Kap. 9.

des Drängens kommt kein Lebender los, so müde er auch geworden sein mag, doch die Empfindung setzt erst mit der Wendung nach Außen ein. Die Bewußtlosigkeit, das Gärende, der Gedanke des Kreißens darin, ist in direktem Anschluß an Schellings Naturphilosophie nachvollzogen.[22]

Das Drängen wiederum äußert sich als *Streben*. Das *Wühlen* in sich bricht aus und keimt in alle Richtungen auf. Sein Schweifen wird zum *Suchen*, ist ein gezieltes Treiben. Wie die Pflanze sich zur Photosynthese dem Licht zuwendet, wird von Bloch der Trieb als *Bedürfnis* bezeichnet. Bloch will hinter einen objektgerichteten, schon *festgestellten* Trieb zurück. Das organische Werden der Pflanze ist die naheliegende Anschauung: der Trieb ist erst Zwischenstadium zwischen Keim als reiner Potentialität und Blüte. Es sind ineinander umschlagende Stufen des Werdens, die ganz analog Hegels Bild von Knospe, Blüte und Frucht zusammengehören, aber nur durch Erfahrung im zeitlichen Verlauf als zusammenhängend erkennbar sind.[23]

Dieser Triebexistenz, die auf ihrer Ebene als daseinsberechtigt und daseinsbestimmend anerkannt wird, ob als Trieb nach Nahrung, Sexualität oder Macht, wird als wiederum qualitativ höhere Stufe das übergeordnete Vermögen des Individuums entgegengestellt. Das *Wünschen*, die Wunschkraft des Menschen ist hier das Maß.

> Aber hierbei ist das Wünschen, so heftig es auch sei, vom eigentlichen 'Wollen' durch seine passive, dem Sehnen verwandte Art unterschieden. Dennoch läßt sich letzthin nichts anderes wollen als das Gewünschte.[24]

Der Wunsch als Kategorie der Phantasietätigkeit, die über den subjektlosen Instinkten angesiedelt ist, fixiert sich also zum *Wollen*. Wunscherfüllung ist Bloch Anlaß des Wollens und - darin ist er Freuds Lustprinzip gleichermaßen treu wie es verkehrend - Wunscherfüllung muß nicht Regression auf Triebe sein. Als weitreichende Instanz der Triebe setzt Bloch allenfalls einen Selbsterhaltungstrieb, die Priorität von *dringendem Bedarf* als moralisches Argument gegen den von der Psychologie ausgelassenen Durst und Hunger des Menschen, der nicht die vom Subjekt verdeckte eigentlichere Existenz darstellt, sondern in dessen Auftrag steht.

---

22 LV IV, S. 230: Bloch selbst nennt Schellings Urgrund Hunger, der das *Daß* im Sinne einer scholastischen *quodditas* setzt. Für Bloch beginnt mit Schelling eine Orientierung gegen Verdinglichung durch das Einsetzen seines Naturbegriffs.
23 G.W.F. Hegel, Phänomenologie des Geistes, GW III, FM 1973, Vorrede, S. 12
24 GA V, S. 51

b. horror vacui

Ein Aspekt von Blochs Hunger geht gegen das existentialistische *Nichts*. Das Nichts, wenn es auch eine philosophische Kategorie ist, die seit den Anfängen der abendländischen Spekulation präsent ist: als statischen, verabsolutierten Begriff wehrt Bloch es ab. Dazu wieder ein Auszug aus den Leipziger Vorlesungen, der die Vielfältigkeit von Blochs Argument des Nichts spiegelt. In ihm findet sich die mythologische Vorstellung vom Chaos und vom *Tohuwabohu*, dem Wüsten und Leeren des hebräischen Schöpfungsmythos, dessen Nichts nach Bloch erst durch die spekulative Umdeutung des Mittelalters die moderne Dimension erhält.

> Das Verhinderte, das Störende, dies alles kommt schon antik also vor, aber nicht mit der Schärfe, mit der das Nichts bei Campanella sich einsenkt. Im Mittelalter zwar erscheint das Nichts mythologisch als Widersacher in großer Stärke, doch die Überwelt macht es überall unschädlich, hebt es auf. Erst im Spätmittelalter wird ja mit Erinnerung der spätantiken Patristiker Tertullian und Augustin das Nichts ein erhaltener Bestandteil der Weltschöpfung aus Nichts selber, indem das a nihilo des Satzes 'Deus mundum a nihilo creavit' nun nicht mehr nur nihil bedeutet, das Tohuwabohu, die Wüstheit und Leerheit am bloßen Anfang, die mit der Schöpfung aufgehoben sind, sondern vor allem zum ex nihilo umgedeutet wird, das heißt zum Nichts als einem in allen Weltgestalten erhaltenen Rohstoff.[25]

Dieses *nihil,* das von den archaischen Kosmogonien, über die Hegelische Dialektik, bis zur Heideggerschen Ontologie umgeht, fügt Bloch nun mit seinem versöhnlicheren Noch-Nicht zusammen. Das Nichts ist Keimform, potentielles Sein. Im Noch-Nicht wird die Negation, das Verhindernde und Störende, zur Möglichkeit. Und in der Renaissance sah Bloch das mittelalterliche *ex nihilo* zu einer neuen und brauchbaren Kategorie werden, die ihren Auftakt bei Cusanus gefunden hatte:

> 'Alteritas ex nihilo orietur', die Andersheit entspringt aus dem Nichts. Mit eigenem Bezug der Andersheit, der alteritas zum Nichts, taucht so zum ersten Mal wieder seit Platon und zum Teil seit Augustin die Kategorie des Nichts auf, die bei unseren jonischen Naturphilosophen als das Gähnende, das Chaos, das Leere, das aufgerissene hohle Maul erschien.[26]

Das Bedrohliche, das in der Metapher des gierigen Abgrundes bei den jonischen Naturphilosophen am deutlichsten sichtbar ist, wird bei Bloch mit Bezug auf die Renaissance entschärft. Die *alteritas* ist nicht mehr bedrohlich, sondern brach liegender Rohstoff, der selbst im Horror vor der eigenen Leere in eine Bewegung aus dem Nichts heraus ausbricht.

---

25 LV II, S. 159
26 LV I, S. 118

Unschwer ist darin die vehemente Gegenposition zu Heidegger zu sehen. Blochs gegen die Angst stehende Ausgrenzung hat ihr Gegenstück im *nichtenden* Nichts.

> In der Angst liegt ein Zurückweichen vor, (...) das freilich kein Fliehen mehr ist, sondern eine gebannte Ruhe. Dieses Zurück vor (...) nimmt seinen Ausgang vom Nichts. Dieses zieht nicht auf sich, sondern ist wesenhaft abweisend. Die Abweisung von sich ist aber als solche das entgleiten lassende Verweisen auf das versinkende Seiende im Ganzen, als welche das Nichts in der Angst das Dasein verdrängt, ist das Wesen des Nichts: die Nichtung. Sie ist weder eine Vernichtung des Seienden, noch entspringt sie einer Verneinung. Die Nichtung läßt sich auch nicht in Vernichtung und Verneinung aufrechnen. Das Nichts selber nichtet.[27]

Wortfugen hatte Karl Löwith mit einer respektvollen Distanzierung die Philosophie seines früheren Lehrers gelegentlich genannt.[28] Die Fähigkeit der Angst, zur *Ruhe* zu bannen, steht in Korrespondenz zu einem Abgrund *Nichts*. Er weist ab, doch nicht vorwärts. In der Angst gerät man neben das Dasein, in ein Schweben über jenen nicht endenden und *nichtenden* Abgrund, wie über das *aufgerissene, gähnende Maul*. Heideggers Sätze, enigmatisch und beunruhigend, stehen in Opposition zu Bloch, der ihn, unübersehbar, gleich im Vorwort zum *Prinzip Hoffnung* bedacht hat:

> Hierbei muß, gegen allen schal-statischen Nihilismus beherzigt werden: auch das Nichts ist eine utopische Kategorie, wenn auch eine extrem gegenutopische.[29]

Statik der Ontologie, ihre Zugehörigkeit zu einem Nihilismus, das ist das klare Urteil. Das Nichts dagegen - ohne philosophisch zwischen absoluter und dialektischer Negation zu unterscheiden - ist als Möglichkeit, in der Blochschen Kategorie, als *Latenz* existent:

> Es geht im Prozeß der Welt um, aber sitzt ihm nicht auf; beide: Nichts wie Alles - sind als utopische Charaktere, als drohende oder erfüllende Resultatsbestimmungen in der Welt noch keineswegs entschieden.[30]

Sowohl von der Unentschiedenheit der Welt her, als auch der selbstverständlichen Bevorzugung der besseren Möglichkeit, wird die Orientierung an der Hoffnung als kognitiver Akt verstanden:

---

27 M. Heidegger, Was ist Metaphysik, FM 1969, S. 34
28 K. Löwith, Denker in dürftiger Zeit, Sämtliche Schriften, Stuttgart 1981, Bd. 8. Löwith gibt die souveräne Kritik aus der Sicht des ehemaligen Schülers, wo Bloch mit seinem Beharren auf einem geschichtsphilosophischen Konzept, das Weltgeschichte und Heilsgeschehen nicht trennt, so derart in Opposition zu Heidegger steht, daß er nicht die geringste Gefahr läuft, sich in dessen eigenwilliger Sprachkunst zu verheddern.
29 GA V, S. 11
30 a.a.O.

(...) diese wird dann nicht nur als Affekt genommen, als Gegensatz zur Furcht (denn auch Furcht kann ja antizipieren), sondern wesentlicher als Richtungsakt kognitiver Art (und hier ist dann der Gegensatz nicht Furcht, sondern Erinnerung).[31]

Hoffnung soll gleichermaßen Gegenaffekt gegen Angst und Furcht sein, aber auch tätiger Einspruch durch ihr antizipatorisches Moment. Diese Antizipation führt dann zu dem ästhetischen Primat, unter dem Bloch sagen konnte, daß er das Prinzip seiner Hoffnung als eine Theorie des Traumes verstehe.[32]

Traum, gegen Erinnerung gewandt, auf Wunscherfüllung zielend, stellt die Frage nach dem Bewußtsein dieser Wünsche und dessen Verhältnis zum Tun. Aus dieser Verbindung versteht sich auch die Problematik von Blochs oft feierlich beschworenem Marxismus. Er pochte auf das humanistische Pathos und den von Marx an entlegener und hegelianisierender Stelle beschworenen Traum einer besseren Welt, wie ihn Bloch nicht müde wurde zu zitieren.[33] Traum als Ausgangspunkt einer schöpferischen Natur des Menschen findet sich hier mit der Kritik der Ökonomie. Die Methode wird in den Dienst einer Bewußtseinstheorie genommen. So gewiß Bloch sozialistische Positionen vertreten hat, gegen ihre Totalität hat er Individuelles als das Schöpferische vorangestellt. Das führt zu der ganz elementaren und eigenständigen Auffassung des produktiven Wachtraumes.

c. Tagtraum

Bloch hatte vom Frühwerk an die Psychoanalyse rezipiert und dabei stets und gerne gegen Freud polemisiert. Gleichwohl ist der Widerspruch gegen Freuds Zuordnung des Tagtraums als Vorstufe zum Nachttraum sehr genau und argumentativ geführt.[34] Zudem kann er auf philosophisches Material verweisen, das seinen eigenen Entwurf von den vier Charakteren des Tagtraums absichert, und diesen im Kontext der neuzeitlichen Geschichte der Aufklärung verstehen kann. Für die Entstehungsgeschichte der neuzeitlichen Bewußtseinstheorien und einem darauf gründenden Begriff des Noch-Nicht-Bewußten weist er zurück auf den Beginn der *Aufhebung der uralten Gleichsetzung von seelischem Leben und Bewußtsein*[35] bei Leibniz, der in seiner Einleitung zu den *Nouveaux Essais* geschrieben hatte:

---

31 a.a.O.
32 ebenda S. 9
33 vgl. K. Marx, Frühschriften, Stuttgart 1971, S. 171, Brief an Ruge: "Es wird sich dann zeigen, daß die Welt längst den Traum von einer Sache besitzt, von der sie nur das Bewußtsein besitzen muß, um sie wirklich zu besitzen."
34 S. Freud, Vorlesungen zur Einführung in die Psychoanalyse, ebenda S. 95f.
35 LV III, S. 156/7

> Übrigens gibt es gar viele Anzeichen, aus denen wir schließen müssen, daß es in jedem Augenblick in unserem Inneren eine unendliche Menge von Perzeptionen gibt, die aber nicht von Apperzeption und Reflexion begleitet sind, sondern lediglich Veränderungen in der Seele selbst darstellen, derer wir uns nicht bewußt werden, weil diese Eindrücke entweder zu schwach und zu zahlreich oder zu einförmig sind, so daß sie im einzelnen keine hinreichenden Unterscheidungsmerkmale aufweisen. Nichtsdestoweniger können sie im Verein mit den anderen ihre Wirkung tun und sich in der Gesamtheit des Eindrucks, wenigstens in verworrener Weise geltend machen.[36]

Diese *petites perceptiones* sind das bewußtseinstheoretische Pendant zur Differentialrechnung.[37] An der unteren Grenze der Wahrnehmungsfähigkeit stehen kleine Perzeptionen, die sich erst summieren müssen, um sich der Wahrnehmung und damit der Reflexion zugänglich zu machen. Dieses monadische Kontinuum reichert sich an, bis die unbewußte, noch nicht bewußte Vorstellung ins Bewußtsein umschlägt. Das Fortarbeiten ungelöster Probleme, der Einfall, der plötzlich begreifen läßt, was dumpf schon anklang, die Entdeckung von längst Vorhandenem, das nicht wahrgenommen wurde, gehört hierzu. Auch in der Psychoanalyse, die das Verhältnis von Unbewußtem und Bewußtem eigentlich als ein gebrochenes bestimmte, wird ein bis ins Unbewußte reichendes Ich angenommen, nur nicht mit der Gewichtung, die Bloch vornimmt.[38] Diese übersteigt sogar noch die monadischen Wahrnehmungen bei Leibniz:

> Wie ist das nun aber mit dem Gären und Aufsteigen ins Bewußtsein? (...) Da bildet sich doch etwas heraus, aber es ist doch nicht petite perception, das ist doch nicht unbewußt, das ist doch nicht hinabgesunken, sondern das ist eine Dämmerung nach vorwärts, das ist ein Träumen nach vorwärts, nicht eins nach rückwärts. (...) Was sind denn das für Bewußtseinszustände? Das sind selbstverständlich keine unterbewußten. Es sind auch keine überbewußten. Das würde heißen, daß sie noch heller sind als das Bewußtsein. Nein, auch sie sind Dämmerung und sind Gärung, Ich habe mir freundlichst gestattet, diese Bewußtseinszustände auszuzeichnen als das Noch-nicht-Bewußte, das dem Noch-nicht-Gewordenem in der Welt korrespondiert und es abbildet, es heraufbildet.[39]

So hat Bloch seine Theorie vom Tagtraum im Originalton der *Leipziger Vorlesungen* geschildert. Der Traum kann die Front des Bewußtseins sein, sich klärender Absud. Und diesen verteidigt Bloch mit aller Schärfe gegen die Regressionstheorien. Im

---

36 G.W. Leibniz, Nouveaux Essais, Paris 1966, S. 38 (dt. nach LV III, S. 160)
37 Bloch schreibt die Erfindung Leibniz zu. Die Übereinstimmung mathematischer und psychologischer Entdeckung hat ihn wohl veranlaßt, Leibniz gegen Newton als Erfinder zu bevorzugen. Newton hatte die Methode ebenfalls entwickelt.
38 Freud, Neue Folge der Vorlesungen, ebenda, S. 67
39 LV III, S. 155

Prinzip Hoffnung wurden die Qualitäten dieses Träumens nach vorn genauer gefaßt. Diese Qualitäten sah man direkt an Freuds Terminologie gemessen: Entscheidend ist, daß Träume im Wachen und ohne Zensur stattfinden, der Träumer muß sich nicht vor sich verbergen, und seine Trauminhalte stehen im Zusammenhang mit dem aktuellen und gelebten Leben, nicht mit der Regression in Infantilität:

> Das Ego ist hier allemal in erwachsener Kraft, als erwachsene Einheitserfahrung bewußter seelischer Vorgänge erhalten; mehr noch: es ist das Leitbild dessen da, was ein Mensch utopisch sein und werden möchte.[40]

Der Tagträumer regrediert nicht, sondern inspiriert sich am Gegenwärtigen und den sich aufdrängenden Möglichkeiten. Bloch nennt das die Charaktere der *freien Fahrt* und des *erhaltenen Ego*. Die Intention ist auf Fortschritt zum Besseren gerichtet, ist darin charakterisiert als *Weltverbesserung*, und ist schließlich final ausgerichtet: *Fahrt bis ans Ende* ist das letzte Charakteristikum des Tagtraums.

Doch eine simple manichäische Unterscheidung sieht Bloch selbst vielfach durchbrochen. Die Trennung von Tag und Nacht ist nicht das Kriterium der *blauen Stunde*. Wie er das Umkippen der Intention des Tagtraums in Projektenwahn, zur Paranoia als *verrückter Minerva* zugestand, griff er auch die Überschneidung von blauen und schwarzen Stunden in Romantik und Surrealismus auf. Blochs Metapher vom Haus wird wieder eingesetzt, mit den verschiedenen Bewußtseinsetagen vom Keller bis zur Dachstube, die der Sitz des Noch-nicht-Bewußten sei. Nicht alles, was im Keller haust, gehört zum *Haus der Menschheit,* doch:

> Soweit es dessen Souterrain bildet, kann Archaisches mit Wachphantasie kommunizieren, (...) weil auch manches Nachtstück noch nicht abgegolten oder fertig ist, und deshalb Tagtraum Vorwärts-Intention verlangt.[41]

Diese Art von Phantasie verlangt nicht nach Deutung, sondern Verwirklichung. Der Mensch ist nicht Objekt, das von sich selbst zu heilen sei, sondern Täter seiner Träume. Das mitschwingende Volkstümliche und Märchenhafte, mit dem Bloch selbst gerne spielte, nimmt dem Konzept etwas von der theoretischen Schwere. Doch bei genauem Hinsehen zeigt sich der Ansatz als in sich stimmig, und er greift auch präzise und scharf in die aktuellen Theorien ein: Der Ausfall des Wünschens führt erst in die Bereiche der Psychoanalyse oder die Grundgestimmtheit der Langeweile, in der Bloch ebenfalls den Ausfall des Wunschcharakters diagnostizierte, denn *Angst als existentielle Grundgestimmtheit prozessiert nicht.*[42]

---

40 GA V, S. 101
41 ebenda S. 115
42 vgl. oben S. 40

Der Tagtraum zielt allerdings nicht auf die Beliebigkeit von künstlichen Paradiesen, die sich heute mehr denn je in die Freiräume des Alltags drängen. Tagtraum als Kern von Kunstschaffen führt zu einer ästhetische Theorie, die sich an einem intensiven und radikalen Kunstsinn gebildet hat. Einen ihrer stärksten Einwände fand sie an der Dürftigkeit oder Erklärung von Kunstschaffen im Kontext von Sublimation und Lebensersatz. In gewisser Hinsicht hat Bloch auch eine Differenz theoretisiert, mit der sich gerade von Freud inspirierte Künstler wie die Surrealisten, wenn sie sich auch auf ihn beriefen, von dessen Lehre längst weit entfernt hatten.[43]

Bloch selbst hat immer auf der Welt als Prozeß beharrt. Und in einer Aufnahme der epikuräischen ursachlosen Freiheit sah er den Menschen, wo er seinen Grund nicht kennen kann, an diesen nicht mehr gebunden als an seine Zukunft, die er im ergriffenem Tag gestaltet. Als das Epikuräische an Bloch wurde die demokritische Naturlehre schon genannt, die über Epikur und Lukrez bis in die Renaissance wirkte, und die er über eine Kritik der neuesten Physik aufgriff. Die Verbindung zu den Naturwissenschaften war immer wichtig für Bloch. Das *peri physeos* der Antike ist Basis bei der Entwicklung seines Materiebegriffes. Er ist das objektive Gegenlager des Tagträumens. Und zwischen Traum und Materie mag wieder ein Zitat aus den *Leipziger Vorlesungen* vermitteln.

> Wir haben eine um uns gänzlich unbekümmerte, zu uns disparate Welt, und in ihr gibt es eine kleine Schimmelschicht, die sich auf einem winzigen Brocken namens Erde gebildet hat. Pilz, Schimmel oder Aussatz, wie man das nennen will, das heißt Leben, und es läßt sich mit einer kleinen Daumenbewegung sofort von der Erde wegwischen, so wenig ist das. Eine sonderbare, ganz belanglose, im kosmischen Maßstab so gut wie nicht vorhandene Materie, in ungeheuer kleinen Quanten, und um die bekümmert sich gar niemand. Es vergehen etliche Milliarden Jahre, dann ist die Geschichte erloschen und es geht mit dem heißen oder kalten Dunst eben weiter. Das ist eine doppelte Buchführung. Auf der einen Seite haben Sie die Herstellung des Reichs der Freiheit und auf der anderen den heißen oder kalten Dunst, und beides hat gar keine Beziehung zueinander.[44]

---

43 Beispielhaft dafür die Wirkung auf den französischen Surrealismus bei A. Breton, Die Manifeste des Surrealismus, Reinbek 1986, S. 16/7: "Mit vollem Recht hat Freud seine Kritik auf das Gebiet des Traumes gerichtet. Es ist in der Tat völlig unzulässig, daß dieser beträchtliche Teil der psychischen Tätigkeit (...), daß der Traum noch so wenig Aufmerksamkeit gefunden hat. (...) Warum sollte ich vom Traum-Hinweis nicht noch mehr erwarten als von einem täglich wachsenden Bewußtseinsgrad? Kann nicht auch der Traum zur Lösung grundlegender Lebensfragen dienen? (...) Ich werde älter, und vielleicht ist es - mehr noch als diese Wirklichkeit, der ich mich unterworfen glaube - der Traum, meine Gleichgültigkeit ihm gegenüber, die mich altern läßt."

44 LV IV, S. 214

Die conditio humana, die das moderne Bewußtsein wahrnehmen kann, ist nur in *doppelter Buchführung* zu begreifen. Bloch, der die Disparatheit der unendlichen und der menschlichen Welt aufzugreifen und vorzuführen verstand, hat seine Naturphilosophie an ihr gemessen. Dieser naturwissenschaftliche Materialismus ist Gegenstück zur phantastischen Produktion der Welt. Er soll im nächsten Abschnitt nachgezogen werden.

3. panta rhei

Die naturphilosophische Dimension in Blochs Werk, die ihm gelegentlich, wie z.b. durch Jürgen Habermas,[1] als willkürliche Entgleisung aus dem erreichten historischen Ort vorgeworfen wurde, durchzieht in Aspekten schon das Frühwerk. Deutlicher ist der Impetus auf Materie und einem anderen Materialbegriff, einem qualitativen Naturverständnis, wie es einem im Blochschen Sinne dialektischen Materialismus wohl anstünde, in den *Leipziger Vorlesungen* zu sehen. Schon betroffen von der Enge das marxistisch-materialistisch einseitig geratenden realen Sozialismus, wehrt sich Bloch mit der Zuspitzung der Kritik von Dialektik und mechanischem Materialismus naturphilosophisch. Das Thema hat aber erst in dem 1972 veröffentlichten Band VII der Gesamtausgabe eine großangelegte Durchführung gefunden. *Das Materialismusproblem, seine Geschichte und Substanz* geht auf Vorarbeiten zum *Prinzip Hoffnung* zurück, in dessen epischen Rahmen solche Akzente nicht entsprechend zum Tragen kommen.[2] Die Widmung des Bandes an seinen Jugendfreund Georg Lukács gilt wohl nicht zuletzt dessen materialistischer Gegnerschaft, unter der die anfängliche Freundschaft beider gelitten hatte.

Blochs umfangreicher Band, der den Materiebegriff vom Altertum bis in die Gegenwart nachzieht, kündigt schon im Titel an, daß Materialismus als Problem noch unbewältigt, und die Geschichte der Materie als Substanz der Geschichte ungeklärt ist. Der Begriff der Materie entsteht aus dem Umgang mit ihr. Mit dem wissenschaftlichen Begreifen wandelt sich das Verhältnis des Menschen zu seiner Welt. Unter der Prämisse, einen latenten Materialismus als Tiefenschicht durch die ganze Philosophiegeschichte auszumachen, führt Bloch diese Geschichte von Demokrit über Epikur, Stoa, Bruno, Schelling in die Gegenwart. Einmal, um die alte Frage nach den Universalien, dem Verhältnis von Einzelnem und Allgemeinen, von Individuum und Totalität symptomatisch für das Verhältnis zur Materie zu betrachten; zum zweiten, um einen latent längst vorhandenen pantheistischen Stoffbegriff, mit Materie als Trieb- und Lebenskraft, wieder freizulegen. Der Akzent liegt denn auch auf *mater*-Materie, einem mythischen Materialbegriff, der für den Aufklärer einem mechanistischem Denken vorzuziehen sei:

> Die Auslassung der uralten Tiefe im Materiebegriff selber hat sich auf die Dauer auch aufklärend nicht bewährt, allein schon könnte zu bedenken geben, daß das Wort Materie von mater herstammt, also vom fruchtbaren Weltschoß und seinen durchaus

---

1 vgl. auch oben Kap. 1.c.
2 vgl. Briefe der Zeit 1936/37. Bloch erwähnt häufig die Arbeit an einem Manuskript über die Problematik der Materie (z.B. Briefwechsel mit Schuhmacher, Briefe, FM 1985, Bd. 2)

experimentierenden Formen, Figuren, Daseinsgestalten, Auszugsgestalten voll unabgeschlossener Tendenz, unerfüllter Latenz. Gerade die Immanenz nicht nur der Vorhandenheit, sondern vor allem der objektiv-realen Möglichkeit in der Welt ist jetzt materialistisch neu zu erlernen.[3]

Bloch sieht seine Kategorien Tendenz, Latenz, auch Immanenz auf jener mythischen Tiefe aufbauend, die nicht das mythische Denken verdrängt, sondern gerade hier adäquat im materialistischen Denken fortfährt. Das klingt geradewegs wie ein Gegenentwurf zum 20. Jahrhundert, das sich von Natur als machbarer, verfügbarer Natur nährt und damit zugleich die Anschauung und Erfahrbarkeit des Natürlichen verloren hat.

Doch von solchen Aspekten flankiert, findet in einem der spannendsten Kapitel im *Materialismusproblem* die Auseinandersetzung Blochs mit der neuen Physik des 20. Jahrhunderts statt. Gerade diese physikalische Problematik, mit der Bloch gewissermaßen aufgewachsen ist, markiert einen epochalen Umbruch auch im spekulativen Denken. In vieler Hinsicht kam sie Blochs *offenem System* zugute, das sich das Aufbrechen des Newtonraumes durch die Relativitätstheorie zunutze machte. Ebenso revolutionierten der wissenschaftliche Nachweis einer atomaren Wirklichkeit und die paradoxen Ergebnisse der Quantenphysik eine Denkwelt, die Bloch - wieder einmal in den *Leipiger Vorlesungen* - sehr vergnüglich schildert:

> Das war eine sonderbare Schulbuben- und Schulmeisterfreude, daß es etwas fertig Abgeschlossenes gäbe, das man auswendig lernen könnte. Man sagte: Die ganze Mathematik und die ganze Physik und die ganze Chemie ist fertig, und ihr Philosophen streitet euch herum, ob es Bewegung gibt, ob es Erkenntnis in dieser Welt gibt (...). Ja meine Damen und Herren, als dann aber wieder Bewegung ins Konto kam, da war die Physik noch gar nicht fertig, um 1900 ging es los, und so in den Fugen gekracht hat die Philosophie nie wie die Physik.[4]

Wie weit Bloch selber tatsächlich detailliert Naturwissenschaft betrieben hat, kann von heute aus schwer nachvollzogen werden. Aber allein die lange Reifezeit von *Das Materialismusproblem* ist ein Hinweis auf seine Zurückhaltung, was diese radikale Deutungen angeht. Unmittelbar jedoch hat er jedenfalls die Auswirkungen von Elektrizität, Motor, Radio und das ungeheure Vernichtungspotential der in den Weltkriegen entfesselten Technologien als Entwicklung erlebt, der ein Denken, das die Welt verstehen will, wohl oder übel standhalten muß. Eine Entwicklung von Produktivität und technischem Wissen hatte stattgefunden, die die marxistische Kritik der Ökonomie nicht vorausgesehen hatte. Allenfalls in Utopien, Märchen und Mythen war sie phantasiert worden.

---

3 Das Materialismusproblem, GA VII, S. 17
4 LV I, S. 27

Über seine Naturphilosophie hat Bloch den Gedanken einer anderen Technik, einer *Allianztechnik,* wachgehalten. Ursprünglich hatte er im Gefolge des dialektischen Materialismus wohl gedacht, daß eine andere Ökonomie eine andere Technik bewirken müsse, die wiederum eine andere künstlerisch-wissenschaftliche Mentalität hervorbrächte, wie Bloch sie schon in den Genies der Renaissance vorausgehen sah, und die - noch im mechanistischen Weltall Newtons - in Goethes künstlerischem Wissenschaftsbegriff noch einmal aufgelebt war.

Diesem Traum einer anderen Technik steht heute die Realität weltweiter Industrien unisono gegenüber. Die ökologische Dauerkrise einer aus dem Gleichgewicht gebrachten Natur, das Zerstörungswerk der Großtechnologien, ist in Blochs Denken nicht mehr entsprechend eingegangen. Doch findet sich in ihm eine Mitte, die die Chancen der technischen Moderne offenhält. Blochs zum Teil mystischer Materiebegriff kippt nicht um in falsche Spiritualität und bleibt in Kontakt mit einem durchgebildeten Geschichtsbewußtsein. Die Zusammenhänge zwischen Kopernikanischer Wende und dem Bewußtsein, die Verbindung von pantheistischem Credo und dem Aufbrechen der mittelalterlichen Sphärenhimmel bei Bruno, Differentialrechnung und Monadenlehre bei Leibniz, wo sich Mathematik und Psychologie überkreuzte; sie beschäftigten Bloch, doch ohne daß er den Fehler jener Art philosophierender Naturforscher teilt, die ihre Ergebnisse zum Absolutum einer Weltdeutung machen. Bloch maß die Moderne an ihren Möglichkeiten, ohne einen Glaubenssatz daraus zu machen, daß ein Kompendium von Formeln Maß einer Wendezeit oder Urteil ihrer Vergeblichkeit sei. Das spekulative Denken seit der antiken Naturphilosophie hat sich immer wieder auf inhaltliche Ergebnisse der messenden Wissenschaften bezogen, suchte darin die Vermittlung von Konstruktion mit Erfahrung. Daraus ergeben sich neue Probleme: Denn wer erfährt schon, daß sich die Erde um die Sonne dreht? Man weiß es einfach. Zwischen der täglichen die Sprache prägenden Erfahrung und dem konstruierten Wissen, daß es anders ist, findet sich die Kluft, die zu Spekulationen, wie Bloch sie hier anstellt, geradezu herausfordert.

a. verschwundene Materie

Blochs Gedanken zu einem anderen Materialverständnis, das er, seit Demokrit durch die Geistesgeschichte hindurch, als stets latent vorhanden ansieht, sind wesentlich gebunden an den Umbruch im Fundament der Physik, der mit Faraday, Maxwell und Hertz begann. In Relativitäts- und Quantentheorie gelangte man zu völlig neuen Einsichten über den Aufbau der physikalischen Welt. An den Säumen des messend Erfahrbaren zeigen sich gedankliche Paradoxe, die als rein quantitative Operationen außerhalb jeder menschlichen Erfahrung stehen. Die Verschmelzung eines vierdimensionalen Raumzeitkontinuums ist dem in Raum und Zeit stattfindenden menschlichen Leben fremd. Ebenfalls die Quantentheorie, deren universale Gültigkeit der Physiker nicht abstreiten mag, die aber, um das folgende Beispiel von C.F.v. Weizsäcker in Blochs Sinne im voraus zu kritisieren, mit den Lebensumständen einer Brüllaffenfamilie qualitativ inkompatibel ist:

> Man zweifelt heute nicht daran, daß die gesamte Chemie der Quantentheorie genügt, daß also alle überhaupt möglichen chemischen Verbindungen Lösungen der Schrödingergleichung sind. So legt die Quantentheorie 'im Prinzip' alle Verbindungen fest; gleichwohl lernt man die Verbindungen leichter durch Erfahrung kennen als durch Computerprogramme. Wenn der Physikalismus korrekt ist, so ist auch eine Brüllaffenfamilie im Urwald 'im Prinzip' eine Lösung der Schrödingergleichung; niemand wird versuchen, sie rechnerisch aus der Gleichung abzuleiten.[5]

Die Kopernikanische Wende war einmal eine Vereinfachung der in komplizierten Epizyklen die Erde umkreisenden Planetenbahnen gewesen, die für diese Vereinfachung den denkerischen Mut erfordert hatte, die Erde und den Menschen aus dem Mittelpunkt des Universums zu nehmen und darin eine Geborgenheit aufzugeben, die religiöses wie profanes Leben umschloß. Die neue Physik hat dagegen eine ungeheure Komplizierung im Rechnen geschaffen, die nur wenigen zugänglich und zudem völlig unanschaulich ist. Gleichwohl haben ihre Gesetze das philosophische Selbstverständnis tief getroffen. Bloch kennzeichnete sie als eine Befreiung von Mechanismus und Determinismus, mit der Möglichkeit, die Kantischen Kategorien von Raum und Zeit abzustreifen, den neuen Grenzen des physikalisch Denkbaren neue Anschauungen abzugewinnen, aber zugleich auch, den neuen Physikalismus als Symptom einer erreichten Grenze des Denkens zu sehen. Er wies auf den geschichtlichen Ort dieses Denkens hin. Die Lichtgeschwindigkeit war schon von Galilei als begrenzt vermutet worden und von O. Römer (1644-1710) immerhin versuchsweise bestimmt worden. Das Gedankenexperiment zur Relativitätstheorie wäre bei einmal bestimmter Lichtgeschwindigkeit jederzeit möglich gewesen.[6] Prinzipiell wehrt Bloch sich jedoch gegen die Projektionen der physikalischen Gesetze in den *Mesokosmos* der menschlichen Existenz:

> In summa aber: die Gesetzmäßigkeiten makroskopischen Ausmaßes sind durchaus andere als die mesokosmischen auf der Erde und bis jetzt auch andere als die mikroskopischen in der Atomwelt. (...) Der Raum ist einer den Kräften der Materie gegenüber nachgiebigen Wesenheit geworden; und die Kräfte der Materie - als ob sie selber eine dreifache wären - schaffen den drei Welten also ganz verschiedene 'Verhältnisse'.[7]

---

5 C.F. v. Weizsäcker, Aufbau der Physik, München 1985, S. 628
6 vgl. GA VII, S. 340
7 ebenda S. 337

Während Bloch verschiedene *Verhältnisse* zugesteht, beharrt er auf einem *als ob*, was die Einheitlichkeit des Materialen betrifft. Es ist Postulat und Prämisse einer durch die instrumentellen Medien, die allein die physikalischen Grenzbereiche sichtbar machen können, nicht faßbaren Einheitlichkeit. Trotzdem ist die Scheidung der *drei Welten* substantiell:

> Die mittlere Welt blüht als Blume (oder auch Antiblume) zwischen zwei Abgründen; die untere Welt einer undurchsichtigsten Intermittenz, die obere Projektion einer außermenschlichen Raumzeitunion.[8]

Mit dem Wachstum der Kenntnisse von der Natur haben sich für das moderne Bewußtsein jene Abgründe aufgetan, die auch die moderne existentialistische Nichtigkeit und ihren Schwindel hervorbrachten. Doch Bloch grenzt davon eine blühende, lebende Welt ab, die außerhalb des von der instrumentellen Vernunft herstellbaren Zusammenhanges steht. Diese Bestimmung des Lebens als irdischem ist für Bloch programmatisch, bedient sich aber einiger Denkanstöße, die aus *undurchsichtigster Intermittenz* und *außermenschlicher Raumzeitunion* gewonnen werden können. Denn zwischen diesen beiden *Abgründen* besteht naturwissenschaftlich keine ausreichende Vermittlung, und es bleibt zweifelhaft, ob sie je zu finden sein wird. Bloch, dessen monistisches Denken sich nicht mit einer Kantischen Kritik des Erkennbaren zufriedengeben kann, spürt hier den qualitativen Aspekten nach, mit denen er eine ästhetische Differenz darin sichtbar machen kann:

> (...) weil sich die Relativitätstheorie durch weit größere Klarheit und Geschlossenheit, durch eine ganz neue Art von kosmischer Harmonie von der Quantentheorie unterscheidet.[9]

Einsteins Theorie gründet sich auf der Unmöglichkeit einer absoluten Gleichzeitigkeit bei fixer Lichtgeschwindigkeit. Masse und Energie als Äquivalente, ihre Abhängigkeit von der Geschwindigkeit haben aus den Gesetzen der Optik heraus die Mechanik Newtons und Galileis zum Spezialfall degradiert. Die Verschmelzung von Zeit und Raum, sowie die daraus folgenden Paradoxa haben schon bei Einstein eine mehr als nur wissenschaftliche Bedeutung gehabt. Bekannt ist, wie dieser sich gegen die Quantentheorie gesträubt hat, den Indeterminismus in der Atomphysik nur als Notlösung akzeptierte, *als unvollständige Darstellung der wirklichen Gebilde*.[10] Ilya Prigogine und Isabelle Stengers haben Einsteins Drama im Leugnen der Zeit gesehen, mit dem er seinen *Glauben der Physiker* an eine

---

8 a.a.O.: Bloch benutzt hier die gleiche Metaphorik von Blume/Antiblume wie anläßlich der Beschreibung von Monets Kunstverständnis, vgl. oben Kap. 1, Zit. und Anm. 16
9 GA VII, S. 336
10 A. Einstein, Aus meinen späten Jahren, FM 1986 (1936)

physikalische Ewigkeit retten wollte, daß nämlich Vergangenheit, Gegenwart und Zukunft nichts seien als eine Illusion:

> Es ist nämlich Einstein, der mit aller Kraft die Absicht verkörpert, die Zeit zu eliminieren. Und das gegen alle Kritiken, gegen alle Proteste und allen Ärger, den seine absoluten Behauptungen hervorriefen.[11]

Die heutige Physik könne dagegen die Zeit nicht mehr leugnen. Die irreversible Entwicklung zur Entropie, die Entdeckung eines pulsierenden Universums haben, wie die mikroskopische Zeit der Atomphysik, alle Vorstellungen einer zeitlosen Himmelsmechanik überholt.

> Wir haben heute die Gewalttätigkeit des Universums entdeckt, wir wissen, daß die Sterne explodieren und daß die Galaxien geboren werden und sterben. Wir wissen, daß wir nicht einmal mehr die Stabilität der Planetenbahnen garantieren können. (...) Heute leugnet die Physik die Zeit nicht mehr. Sie erkennt die irreversible Zeit der Entwicklungen zur Entropie [equilibre], die rhythmische Zeit der Strukturen, in der die Schwingung [pulsion] sich von der Welt die sie durchquert, ernährt.[12]

Es gibt nicht mehr das geordnete Universum der Mechanik für die Gegenwart. Doch so elegant sich die Astrophysik in lebendigen Bildern darstellen läßt, so paradox bleibt die Mikrophysik. 1925 hatte Werner Heisenberg die mathematischen Grundlagen zur Quantentheorie entdeckt, die zu den noch gültigen paradoxen Resultaten führte. Vor ihm hatte Max Planck festgestellt, daß im Atom Energie nicht fließt, sondern in bestimmten Abständen quantenweise freigesetzt wird. Es war eine für den physikalischen Ordnungsgedanken völlig unerwartete Diskontinuität. Das hatte ihn zu einer Feststellung veranlaßt, die dem eine Naturdialektik suchenden Bloch bedeutsam war:

---

11 I. Prigogyne/I. Stengers, La Nouvelle Alliance, Paris 1979, S. 174 [dt. F.H.]. Der Titel bezieht sich auf die Kernthese von J. Monod, Zufall und Notwendigkeit, München 1969, der von der zerbrochenen Allianz des Menschen mit der Natur spricht. Der Biochemiker Monod hatte existentialistisch die Zufälligkeit des menschlichen Lebens mit molekularbiologischen Argumenten behauptet. Dem können Prigogyne/Stengers widersprechen. Der Mensch steht in einer Welt, die ihm nicht fremd ist. Wo er es ist, hat er mit seiner eigenen Natur gebrochen. Die Wissenschaft ist *offen* und in ihr eine *référence à l'homme*. Und einen Verbindungspunkt zwischen Naturwissenschaft und subjektivem Denken kann man neu entdecken im "Versuch, von der Welt zu sprechen, ohne das Kantische Tribunal zu passieren, ohne ins Zentrum eines Systems von ihm das menschliche Subjekt zu stellen, das von seinen intellektuelle Kategorien definiert ist, ohne ihr das als Kriterium unterzulegen, was legitimerweise ein solches Subjekt denken kann." (S. 285)
12 ebenda S. 268/275

Die Natur scheint in der Tat Sprünge zu machen und zwar solche höchst sonderbarer Natur.[13]

Ein Atommodell entstand, das die sprunghafte Absorption und Strahlungsabgabe statistisch nach der Anzahl der Quantensprünge messen konnte, doch nicht zugleich den Ort eines Elektrons im Atom. Ein mikrophysisches Objekt ließ sich entweder als Korpuskel oder als Welle ohne festen Ort betrachten. Heisenberg hatte mit seiner Unschärferelation diese beiden Möglichkeiten als einander ausschließende festgestellt. Über das rein physikalische Denken hinaus reicht dabei das Postulat einer grundsätzlichen Ungültigkeit des Kausalprinzipes im atomaren Raum, das durch Wahrscheinlichkeitsbestimmungen ersetzt werden muß, sowie das Faktum, daß grundsätzlich die einmal getroffene Art der Beobachtung über das Ergebnis der Messung entscheidet. Ein Laplacescher Dämon, ein objektives Allwissen, ist physikalisch damit widerlegt. Die Subjektivität des Betrachters entscheidet über das Ergebnis.

Ans Fundament der physikalischen Erfahrung treten so die Begriffe wie *Wahrscheinlichkeit* und *Paradox*, die Räumlichkeit und Zeitlichkeit in der Mikrowelt überhaupt in Frage stellen. Natürlich reizten solche Operationen von Anfang an zur Übertragung in psychische oder philosophische Theorie. Für den Physiker Weizsäcker geht das sogar direkt; wobei der Akzent darauf liegt, daß es nicht gilt, die Errungenschaften der modernen Weltbilder zu stürmen, sondern sich ihrer Lizenzen bewußt zu werden.

> Von den heutigen Kenntnissen der Physik her steht also einer Philosophie nichts im Wege, welche es wagen würde, die Wirklichkeit, auf die sich das quantentheoretische Mehrwissen bezieht, als eine essentiell seelische oder geistige Wirklichkeit aufzufassen. (...) Die Quantenphysik erscheint demnach zunächst einmal offen für eine 'nahe Metaphysik'. Sie wird bereit sein, seelische Erfahrungen anzuerkennen, die jenseits der klassisch beschreibbaren sinnlichen Erfahrungen der Körperwelt liegen. Solche Erfahrungen waren der Menschheit vor der Ära der Naturwissenschaft immer vertraut. Es bedeutet aber etwas anderes, sie anzuerkennen, nachdem die Wissenschaft ein kohärentes Weltbild aufgebaut hat; und zwar sie anerkennen nicht als Leugnung oder Sprengung dieses Weltbildes, sondern als Voraussetzung seiner Möglichkeit.[14]

---

13 GA VII, S. 323, vgl. dazu auch Leibniz, ebenda S. 40: "Rien ne se fait tout d'un coup, e c'est une des mes grandes maximes et des plus verifiées que la nature ne fait jamais des sauts." (Nichts geschieht ganz plötzlich, und es ist eine meiner großen Maximen wie auch einer am meisten bestätigten, daß die Natur keine Sprünge macht.) Der Gedanke der Stetigkeit hatte auch die monadische Lehre der *petites perceptions* [vgl. oben S. 52] hervorgebracht, welche ohne Brechung sich zu einem Bewußtsein summieren. Es mag als Beispiel dafür dienen, wie Weltbild und Selbsterkenntnis letztlich zusammengehören, und wie verschieden in beiden Aspekten unsere Epoche von früheren ist.
14 Weizsäcker, ebenda S. 637/8

Auch Weizsäcker sieht von einer Naturwissenschaft aus einen Weg in eine *nahe*, eine evidente Metaphysik gangbar, daß Metaphysik also nicht mehr gegen naturwissenschaftliche Erfahrung steht. Die Physik ist auf Phänomene gestoßen, die sich der menschlichen Rationalität nicht einordnen lassen. Blochs Deutung, doch mit Priorität einer Sozial- und Geschichtstheorie, ist verwandt im Willen, diese Erkenntnisse ernst zu nehmen und eine Verbindung zwischen naturwissenschaftlichem Modell, Geschichte und ästhetisch-pantheistischem Weltbild zu finden. Diese Bestimmung - auch von daher ist es sinnvoll, zeitgenössische Deutungen dagegen zu halten - ist in Blochs Urteil von ganz anderer, auch distanzierender, Konsistenz:

> Kurz, die gesamte moderne Physik ist auf dem Weg zu einer Art Elektrifizierung der Materie, auf einem physikalisch großartigen Weg - mit dem freilich nicht zu begründenden Nebeneffekt, daß dadurch die Materie überhaupt zu verschwinden scheint. (...) Nicht die Materie ist verschwunden, wie es der abstrakte Formalismus nahelegt, sondern es ist ungeheures Material geliefert zu ihrem immer noch ausstehenden dialektisch-physikalischen Begriff.[15]

Materie als Energie oder Kraft zu sehen, ist soweit zu begrüßen, als es die sinnliche, qualitative Seite nicht als den wirklich *näheren* und evidenten Zugang zur Welt wegschlägt. Die geschichtliche Dimension aller Erkenntnis verlangt, die unbestrittenen objektiven Resultate dem danach fragenden Subjekt gegenüberzustellen:

> Allemal war die Beobachtung, gar das Experiment eine Frage an die Natur, und eben die Gesellschaft, die diese Fragen an die Natur stellt, hat sich geändert, mit ihr der Raum des Erfahrbaren, der hörbaren Antwort. Es ist ein Hohlraum geworden, nämlich ein eingestürztes Haus, durch dessen Spalten ungeahnt frische Außenwelt eindringt.[16]

Über die reinen, sich verabsolutierenden Forschungsergebnisse hinaus, will Bloch den Zusammenhang des Wissen mit der Gesellschaft gewahrt wissen. Die Metapher vom Hausbau findet auch hier wieder Eingang. Für Bloch hat eine neue Wissenschaft mitgewirkt, einer Epoche den Abschied zu geben, die keine Antworten mehr für das Heraufkommende hat. Hier zeigt sich die ganze Konsequenz eines sich in seiner Zeit verstehenden Denkens, das damit natürlich abzieht von Effektivität und Leistung einer Naturwissenschaft, aber ihr einen Ort in der Geschichte zu geben vermag.

> Steht die neue Physik nicht genauso am Ende der bürgerlichen Gesellschaft, wie das ptolemäische System am Ende der feudal-ständischen, und haben die kühn-

---

15 GA VII, S. 322
16 ebenda S. 341

komplizierten 'Epizyklen' (Schleifen) der damaligen Planetenbahnen nicht manche Ähnlichkeiten mit den Flicken und Neuheiten auf dem alten, reißenden Rock von heute? (...) Und ist die Frage nicht berechtigt, welche Kategorien eben für Shakespeare und Michelangelo übrig bleiben oder nötig werden, wenn bereits die atomistische Grundlage Matrizen oder n-dimensionale Konfigurationsräume in Anspruch nimmt.[17]

Diese Bündelung und Wertung, die gleichzeitige Evozierung von formal-quantitativen Bestimmungen und ästhetischen Kategorien ist provokant. Bloch provoziert mit Blick auf seine aus dem Tagtraum entwickelte Theorie des Vor-Scheins das Mehr in Natur und Mensch, das nicht in Gleichungen aufgeht. Er fordert das Verständnis selbst der geschlossensten Theorien unter dem Vorbehalt der Geschichte. Wiederum sieht er die Bestätigung seines Denkens im Dualismus Teilchen-Welle und Feld-Materie, deren Unauflösbarkeit der Wink sei eines *dialektischen Forschungsmaterials, von dem die Hegelianer kaum zu träumen gewagt hätten.*[18] Seine Fragen sind nicht auf das Machbare gerichtet, das diesen Forschungen entsprungen ist. Die Effizienz und Bedrohlichkeit dieser Techniken ist evident. Was er anspricht, betrifft das Denkbare. Er hat einen Bogen zu spannen vermocht zwischen philosophischer Intuition und Naturwissenschaft, der das heraklitische Moment des Gestaltwandels trägt:

> Energetik nicht als Auflösung der Materie, sondern als ein neues panta rhei, als ihre sich immer wieder umgestaltende Daseinsweise auch außerhalb der menschlichen Gesellschaft.[19]

b. die Renaissancedimension der Materie

Blochs eigener Materialbegriff basiert nicht auf physikalischen Naturbildern. Diese waren ihm Indiz und Exempel, an denen er das Axiom einer Materie als Trieb und Lebenskraft erprobte. Innerhalb ihrer Ungestaltung, ihres *panta rhei*, verstand er den Menschen als Produkt dieser Materie ohne eine transzendente Ursache.

Seine Korrektur am Materialismus war, sich nicht mit mechanisch-kausalen Erklärungen zufriedenzugeben. Materie ist im Sinne Blochs vor allem *Möglichkeit*. Sie enthält nicht nur aktuelles Sein, sondern ist selber entwicklungs- und wandlungsmächtig. In diesem Naturbegriff, dessen qualitatives, aber auch dialektisches Moment derart Fruchtbarkeit ist, steckt eine Referenz an das mythische Denken. Naturspekulation sieht Bloch als vom Mythos her beerbbar, doch ohne die Zwieschlächtigkeit eines *fruchtbaren Weltschoß* zu übernehmen. Folgt man Blochs

---

[17] ebenda S. 343/4
[18] ebenda S. 355
[19] ebenda S. 351/2

Konzeption, so hatte dieses Materialverständnis immerhin ein Fortleben bis in die Renaissance, und ist erst in den 300 Jahren neuzeitlicher Wissenschaft mit dem mechanischen Kalkül verdeckt worden.

Blochs Argumentation - die Sixtinische Kapelle war ihm gleichwertige Kategorie gegen Physikalismus und Biologismus - geht von seinem Materiebegriff in ein ursächliches Vertrauen in die Künste über, die diesen tieferen antiken Naturbegriff in der Renaissance wieder aufgenommen hatten. In dieser Epoche, wenn auch voll Vor-Schein und sichtbar gemachter Identität, traten im Verein mit Frühkapitalismus und der Expansion Europas die Naturwissenschaften auf den Plan. Im Zeichen von Galilei und Newton hatte der Aufbruch aus dem System der Sphären begonnen, den Bloch düster und in seiner Notwendigkeit geschildert hatte:

> Es kam aber erst recht die Leere des Weltalls selber, eine Heimatlosigkeit im kosmischen Sinne: keine Entsprechung in diesem riesigen Objekt mit dem menschlichen Sinn.[20]

Die kühne Verbindung von Mathematik und Natur, die Freilegung gültiger Naturgesetze ließ die ehemaligen Sphären aufbrechen und einen *leeren Raum* als Hohlraum entstehen, der trotzdem nicht ganz von der Anschauung der antiken Naturphilosophie freikommt:

> Der leere Raum ist zugleich ein statischer Raum, eine von allen Dingen entleerbare Umfassung. Das geht zurück auf den Begriff des Leeren bei den antiken Naturphilosophen und noch bei Platon, wo, wenn von allem abstrahiert wird, was den Raum erfüllt, der Raum selber in der Vorstellung übrigbleibt in der Gestalt eines Behälters.[21]

Aber auch die naturphilosophische Spekulation, ebenso wie andere jede Wissenschaft, hat einen Zusammenhang mit der Gesellschaft, in der sie stattfindet.

> Newton legte den astronomischen Grund für den französischen mechanischen Materialismus, der nicht nur dem irdischen Thron und Altar die Legitimation wegnahm.[22]

Damit trat die *Renaissancedimension der Materie* natürlich beiseite. Sie war von noch ungetrennten religiösen, psychischen und naturphilosophischen Kategorien geprägt, deren alchymischer Einheit Bloch ein liebevolles Kapitel im *Prinzip Hoffnung* gewidmet hatte. Die Alchymie wich dem *homo faber* der Neuzeit, seinen Produktions- und Herrschaftsformen, und dem Cartesischen *Riß*, der völligen

---

20 LV II, S. 152
21 ebenda S. 218/9
22 a.a.O.

Trennung von Geist und nunmehr mechanischer Materie, die den ehemaligen Naturzusammenhang ganz durchbrach.

> Descartes nämlich, indem er die Materie gänzlich auf Ausdehnung beschränkt, bricht ihr zur Welt des Lebens, Bewußtseins, Geistes jede denkbare Verbindung ab. Ein totaler Anspruch des Kalkül- und Maschinendenkens ließ noch die Tiere, ja Menschenleiber als Mechanismen erscheinen, doch gerade indem die Natur völlig mechanisiert wurde, trennten sich Leib und Seele, Materie und Bewußtsein mit einem Riß, wie er selbst im Mittelalter unerhört war. (...) Die Ausschaltung der Kraft aus der Materie, die Gleichung Materie-Ausdehnung, die daraus resultierende Schärfe der Zwei-Substanzen-Lehre haben Physik und Metaphysik (bereits die Psychologie wird von Descartes so genannt) auseinandergerissen.[23]

Gegen diese Grundbestimmung der Neuzeit gerichtet, gegen ihren substantiellen Riß zwischen Materie, Körperlichkeit und Geist, gibt Bloch eine materialistische Version, die auch den ganzen Bogen europäischer Denkgeschichte nachvollziehen kann. Für den Vorsokratiker Demokrit hegte er große Wertschätzung, die er polemisch gegen jeden kruden Materialismus überzieht. Er feiert ihn als *Wunderkind ionischer Naturphilosophie*, mit dem eine Tradition des Denkens begründet wurde, die nur leider sogleich vom sokratischen *gnóti seautón*, dem Erkenne dich selbst, überlagert wurde,

> Kein großer Philosoph nach Demokrit hat die Wahrheit seiner Zeit und der Welt anders als in idealistischer *Hülle* gesehen und ausgedrückt.[24]

Bekannt ist, daß Sokrates nicht nur der Tragödie fernblieb, sondern auch von den Bäumen nicht lernen wollte oder konnte.[25] Bloch sah hier schon den Verlust stofflichen Denkens, das, unter den Bann der Anamnesis geraten, dann als verdrängter Materialismus weitergärte. Zwei voneinander getrennte Fragestellungen ergänzen sich so in der Behandlung des Problems der Materie. Die erste ist Durchführung des Universalienstreites als Problem von Gegensätzen, die sich für den Dialektiker gegenseitig bedingen: Individuum - Kollektivität, Freiheit - Gesetz; dazu kommt die *alteritas* in den Gassen, die Bloch niemals ausläßt. All dieses verlangt nach konsequent materialistischem Denken, um der idealistischen Komplikationen Herr zu werden, die sich stets ergeben.

> Gewissermaßen ist die alte Crux hier mit dem ebenso alten 'Skandal' der Philosophie verbunden, nämlich mit dem Fremdkörper der Materie innerhalb der idealisierenden Philosophie. Kant hatte die Unbeweisbarkeit der existierenden Außenwelt als Skandal

---

23 GA V, S. 168
24 ebenda S. 138 (kursiv Bloch)
25 Platon, Phaidros 230 d/e

der Philosophie bezeichnet, Schelling die Undefinierbarkeit der Materie; der Marxismus, dem diese beiden Arten des 'Skandalon' (Falle) fremd sind, will für sich Skandal und Crux zugleich aufheben.[26]

Auffällig ist hier wieder, wie stark Bloch den Marxismus als naturphilosophisch einzig stringente Denkart auffaßt. In dieser Perspektive wird das Scheitern der Gesellschaftstheorie mit ihrem universalen Konzept als ein Scheitern an der Natur verstanden. Häufig hat Bloch vom humanistischen Auftrag des Marxismus gesprochen. Dabei geht es ihm in erster Linie um ein Verständnis vom zwingenden Charakter des gefaßten Weltbildes. So wird der Transport des Atomismus als einer weltimmanent bleibenden Theorie, über Epikur, Lukrez, schließlich von Gassendi aus in die Renaissance gedeutet. Der wird mit einer an die *aristotelische Linke* geknüpften Umdeutung des aristotelischen Entelechiebegriffes, aufgenommen. Denn bei Aristoteles wurde der Stoff, gegen Platos Entwirklichung, zum *hypokeimenon*, zur Entelechie:

> Ja, der aristotelische Stoff ist nicht nur das Tragende, sondern das jeden gestaltenden Aufstieg in den Erscheinungen Begünstigende, das heißt hier begünstigend Determinierende des katà tò dynatón, welches jeweils den Fahrplan der entelechetischen Verleiblichungen bestimmt, und zwar in aufsteigender Linie.[27]

Die Aristotelische Materie sieht Bloch über den Transport durch die arabische Philosophie von Averroes und Avicenna, die für die komplizierte Überlieferungsgeschichte der lange verschollenen Werke des Aristoteles von Bedeutung sind, nun schon materialistisch-pantheistisch gewendet, bei Giordano Bruno vorliegen. Das atomistische Weltbild, verflochten mit der entelechetischen Materie, begreift Bloch als Keimboden, als die *Renaissancedimension der Materie*, ein somit sorgsam zusammengewobenes rotes Band, das von hier aus in die dreihundert Jahre Experimentalwissenschaft und Kapitalismus unterirdisch einfließt. Nur im Naturdenken eines Goethe oder Schelling - Bloch meint stets den jungen Schelling - oder im Alterswerk von Friedrich Engels taucht der Materialismus auf, den er meint. Engels, von Bloch als Korrektiv des orthodoxen Marxismus genommen, hatte Elemente einer Verbindung der Materie, die mehr sei als Mechanik, zum Bewußtsein gedeutet.[28]

Bloch interpretiert hier, und man kann ihm vorwerfen, daß er überinterpretiert. Er setzt die historischen Akzente um. Er verweigert den Cartesischen Riß zwischen *res extensa* und *res cogitans*, in dem ein handelndes Bewußtsein sich einer leblosen Materie gegenübersieht. Er verweigert dem Anamnetischen und Apriorischen jede

---

26 GA VII, S. 114
27 ebenda S. 143
28 vgl. Bloch GA VII, Kap. 39

Relevanz und setzt dafür sein breit fundiertes pantheistisch-materialistisches Gegenmodell an, das auf alle historischen Denkbewegungen mit der Einheit von Materie und träumerisch antizipierendem Geist antwortet.

Bei großer begrifflicher Zuspitzung ist das trotzdem ein künstlerischer Entwurf, den Bloch als selbstverständlichen Teil seines Werkes angesehen hat. Blochs Verständnis von Dialektik trägt das mit. Es ist nicht der Hegelsche Dreischritt von Thesis, Antithesis und Synthesis. Mit Blick auf diese *alteritas* und das vielstimmige Durcheinander in den Gassen *konkreter Dialektik*, welche Ungleichzeitigkeiten und Disparates mit einschließt, ist es ein eher musikalisches Bild. Rhythmus und Mehrstimmigkeit sind ein Moment von Blochs Dialektik, die er als logische Modelle überschreitendes musikalisches Prinzip anführt. In den Leipziger Vorlesungen wird das angestimmt.

> Daß immer nur Walzer gespielt wird, das ist natürlich falsch. Es gibt viele Taktformen in der Musik, wie sehr erst in der dialektischen Bewegung.[29]

Von daher ist es nicht zufällig, daß das Schlußkapitel des *Materialismusproblems* den Titel *Kunst, die Stoff-Form entbindend* trägt. Kunst ist Bloch adäquates Handlungsvorbild. Sie ist nicht Mimesis, sondern Maieutik einer zu gewinnenden Natur. Mit dieser endet natürlich die logische Konstruktion. Man muß die Autorität des Kenners und seine Versicherungen gelten lassen. Der Gleichgestimmte wird Ähnliches erfahren, der Kritiker jedoch läuft ins Leere, wenn er nicht Blochs Ästhetik an den Theorien vom Ornament, vom Tagtraum und der Materie mißt.

Die Einbindung der Ästhetik in einen Natur- und Wissenschaftsentwurf, eine große Unvereinbarkeit unserer Moderne, ist nicht unverbindlich gemeint. Bloch selbst hat fruchtbar gewirkt. Auch wenn sein Werk in den heutigen Diskursen fremd wirkt, so steht es doch nicht allein und ist gerade mit diesem Natur- und Wissenschaftsentwurf nicht überholt. Doch ist es bei ihm ein Motiv, das neben anderen zu einem Entwurf einer Welt im Werden gehört. Vielleicht wurde sichtbar gemacht, daß Blochs Naturphilosophie für das Gesamtwerk von wesentlicher Bedeutung ist, es legitimiert und bestätigt. Man wird heute vielleicht lieber philosophierenden Naturforschern zuhören wollen, doch ist es gerade der weitere Raum des humanistischen Geschichtsdenkens, der Nahtstellen sichtbar macht, die meist übersehen oder verschwiegen werden. Wie immer man es auflösen möchte, das Materialismusproblem ist aktuell.

---

29 LV I, S. 534

4. Rekurs

> Der Sinn ist immer strömend, aber er
> läuft in seinem Wirken doch nie
> über. (Laotse)

Die Nähe zu den *atheistischen* Religionen, die Bloch selbst ja auch affirmiert, gehört mit zu der Ellipse, die man um seine beiden zentralen Motive ziehen kann. Als diese wurden hier die Stellungnahme gegen anamnetische Denken und ein anderer Materiebegriff zu sehen versucht. In der Diskursivität und Zurückhaltung heutigen Denkens nimmt sich Blochs Werk sonderbar und fremd aus. Man nimmt ihn vorsichtshalber als Klassiker, also mit dem Prädikat der Unverbindlichkeit, oder eklektizistisch, je nach Bedarf. Die Art von Diesseitigkeit, die das 20. Jahrhundert bis jetzt verkörpert, hat sich selbst, trotz oder gerade mit den Naturwissenschaften, auch neue Grenzen des Denkbaren auferlegt. Diese markieren auf der einen Seite eine ungeheure Faktenvielfalt und Exaktheit, auf der anderen unübersehbar die unbewältigte Religiosität und Irrationalität.

Bloch, der das Denken Überschreiten nannte, hat auch Gretchens Frage nicht überhört. Er hat die theologischen Implikationen stets mitgesehen und auch nicht geleugnet. Aber nicht als Konsequenz der realen Absurdität, sondern als sinnfällige weitere Umkreisung von logischen und ästhetischen Implikationen seines Denkens.

Letzten Endes ist ein *offenes System* paradox, das *Dunkel des gelebten Augenblicks* mystische, lyrisch eschatologische Grundierung der Axiome. Aber selbst wo er dunkel wird, ist Bloch nicht im Widerstand gegen die profane Welt. Die Möglichkeit eines Glücks in dieser Welt durchzieht sein Denken, in dem er nicht selber Utopist war, sondern der Historiker einer Vorhandenheit des Utopischen. Beispiele und Bezüge zu Bruno, Leonardo, Marx usw. werden dabei leicht zu nicht mehr hinterfragten Verdichtungen. Blochs virtuoses und methodisches Spiel mit Gegenbegriffen, mit Nebensächlichem und Alltäglichem schaffen ein vielgestaltiges Ambiente für die großen Themen, die hier eingebaut und verhandelt werden. Die Deutung der Odyssee, wie sie Bloch mit freiem Bezug auf Dante als noch unbeendet sieht, ebenso die an Luther anschließende Übersetzung des hebräischen Gottesnamens Jahwe mit *Ich werde sein, der ich sein werde* - das Hebräische determiniert nicht eindeutig präsentisch oder futurisch - sie zielen mit einem unbeirrbaren Widerspruchsgeist an die gedanklichen Fundamente des Abendlandes. Dazu gehört auch Blochs unbeirrbarer Wille zur Synthese. *Kant durch Hegel hindurchbrennen*, die vielfach beschworene Parallelität von Goethes *Faust* und Hegels Phänomenologie, das sind typische das Werk durchziehende Aspekte. Die

Synthese wird eingeklagt und provoziert, wo es nur möglich ist.

Einige Aspekte fehlen ganz offensichtlich bei Bloch. Das 20. Jahrhundert ist die Zeit der Massen, der Millionenstädte, der verwalteten Welt. Von Gandhi, der Leitgestalt einer epochalen Befreiungsbewegung, hat er nicht gesprochen. Schließlich ist auch ein Dichter wie Kafka mehr gewesen als ein bourgeoiser Pessimist. Vielleicht hat sich in ihm das Drama eines neuen Bewußtseins am deutlichsten ausgedrückt. Doch Kafkas *Prozeß* hat nicht ins Prinzip Hoffnung gefunden. Wahrscheinlich hat Bloch das nicht übersehen. Der Aufstand der Massen und die Ohnmacht des Artisten waren nicht sein Thema. Es wäre unwahrscheinlich, daß jemand wie Bloch, der aufrecht den Mißstand beim Namen genannt hat, die eigene wenn auch eloquente Realität so gar nicht wahrgenommen hätte.

Bloch hat, im Sinne des großen Entwurfes einer Welt im Experiment, reale Verhältnisse gewiß beiseitegebogen. Er gehört zu den wenigen, die einen fachübergreifenden Gesamtblick noch gewagt haben. In seinem Universalismus ist Bloch dabei von vornherein ein Denker des Trotzdem, mit dem Trotz eines *amor mundi* gewesen, der es wagte, unzeitgemäß zu sein.

Kapitel II

Vicos Welttheater -
Konstruktion und Ethik
in der Neuen Wissenschaft

Einleitung

Angesichts der Fülle möglicher Beziehungen und Deutungen muß ein Versuch zu Vico rasch einsehen, daß es keinen verbindlichen und vollständigen Weg durch seine *Neue Wissenschaft von der gemeinschaftlichen Natur der Völker* geben kann. Und gerade an der in sich kontroversen und wechselvollen Vicodeutung kann man verstehen lernen, wie der jeweilige Standpunkt und die jeweilige historische Determination das Ergebnis prägen. Damit ergibt es auch einen Sinn, sich vorweg über die eigene Perspektive zu verständigen, und diese wiederum gegen die hauptsächlichen Interpretationen abzugrenzen. Die Grundeinsicht Vicos, die historische Welt für ambivalent, bedrohlich und doch notwendig zu halten, das dürfte ein Tenor auf der Suche nach Vicos Modernität sein. Aber über die Inhalte dieser Einsicht herrscht Uneinigkeit. Offensichtlich sind sie nicht gehoben, und so mag der Versuch gelten, mit begrenzten Mitteln Materialien vorzulegen, die neues Licht auf Vicos barocke Vision einer neuen Wissenschaft werfen können.

Ein Ausgangspunkt dieser Arbeit sind Grundformen religionswissenschaftlicher Fragestellung. Wie wird zwischen Wissen und Glauben vermittelt? Welches Weltbild liegt der Vermittlung zugrunde? Was wird ausgegrenzt? Wie wird die phantastische Welt, Traum und Mythos, mit der Realität synthetisiert? In welcher Weise wird die Subjektivität des Menschen in der Welt bestimmt? Und was ist sein Gegenüber? Manches an systematischen Momenten mußte einer sich in diesen Fragen zu gewissen Interpretation entgehen. Sie mußte Vico deformieren, um ihn auf ihre Begriffe zu bringen. Wobei hier, in einer selbst selektiven und angreifbaren Deutung, es nicht um die Interpretation der Interpretationen gehen soll, sondern um einen Versuch, der ein Verständnis für Vicos Sonderrolle bringen könnte, und warum er geradezu zwangsläufig fremd bleiben mußte im Kontext von naturwissenschaftlicher Aufklärung und Moderne.

Im Rückblick auf den ersten Aufsatz dieses Bandes bietet sich noch einmal der Vergleich mit Ernst Bloch an. An die Renaissanceutopie vom wissenschaftlich-künstlerischem *uomo universale* anknüpfend, hat dieser dem Zwang und der Gewalt des Hegelschen Systems den *Tagtraum* als Kern schöpferischen Denkens entgegengestellt, mit dem Materie als das fruchtbare *hen kai pan* einer in sich zusammenhängenden, an der Phantasie prozessierenden Welt verbunden ist. Bloch konnte für wesentliche Akzente seiner Konzeption auf naturwissenschaftliche Umbrüche im 20. Jahrhundert zurückgreifen, die den physikalischen Determinismus seit Newton und seine weltanschaulichen Folgen überwunden hatten.[1] Vico dagegen

---

[1] Bloch hat die physikalischen Umbrüche des Mechanismus in der frühen Neuzeit ebenso wie den

steht noch in der Tradition einer anthropozentrischen Kosmologie und in einer emphatischen Verhärtung gegen das neue mechanistische Weltbild, das in Descartes seine entscheidende philosophische Ausprägung gefunden hatte. Gegen Descartes polemisiert Vicos Frühwerk. Gegen das Prinzip dieser Art von Rationalismus insgesamt, zugleich gegen Parmenides, die Stoa, Spinoza, verdichtet sich in der Neuen Wissenschaft diese Polemik zum Einspruch gegen das *fatum*, die Lehre von der Kausalität und der Determiniertheit. Inspiriert noch vom vergangenen Kosmos der Aristotelischen Sphären, der Augustinischen Scheidung einer himmlischen von einer irdischen *civitas*, der Reise Dantes durch die drei Welten, rettet er deren Inhalt, vorbei an den Verirrungen des Determinismus und der Zufälligkeit, dem *casus*, in die mechanische Weltordnung der Neuzeit. Und in der Verzeitlichung des Raumes zur historischen Dimension werden die phantastischen ebenso wie die rationalen Konstruktionen zu historisch bedingten. In Vicos Theorie dehnt sich mit einer gesellschaftlichen Evolution das geistige Prinzip aus, verwandelt und abstrahiert sich aus groben archaischen Zusammenhängen und verweist noch in der kompliziertesten Rationalität auf eine der Ratio fremde, im heutigen Sinne irrationale Tiefenschicht der gesellschaftlichen Natur der Völker. Als das eminente Prinzip der Entstehung von Sprache und Geist bei Vico erweist sich die menschliche Fähigkeit zur Metapher.

In einem für ein juristisches Fachpublikum verfaßten ersten Hauptwerk, dem als *Diritto Universale* zusammengefaßten rechtsphilosophischen System von 1720, ist im wesentlichen schon das Material der späteren *Scienza Nuova* enthalten. Die Untertitel des Diritto Universale zeigen dabei deutlich ein systematisches Moment, das später nicht mehr sichtbar wird, aber doch die *ricorsi*, die Geschichtskreisläufe, und den Umgang mit ihnen skizziert. *De uno universi iuris principio et fine uno* heißt das erste, *De constantia iurisprudentis* das zweite Buch. Das bedeutet einen historischer Anfang und ein Ende um ein universelles Rechtsprinzip herum, das den Ruhepunkt der Geschichte in der Rechtswissenschaft sieht; womit Vico nichts weniger als den philosophischen Führungsanspruch für den Rechtsgelehrten einklagt.[2]

Wandel des Zeit- und Raumverständnisses in eine Neuverhandlung des Materialismusproblems einzubauen vermocht, die, ausgehend vom antiken Atomismus, in einem künstlerischen Stoffbegriff mündet. Dazu mein Aufsatz zu Bloch, Kap. 3.

2 Das Diritto Universale (DU) wird zitiert nach der Ausgabe von N. Badaloni, Firenze 1974, der bis zur Fortführung der Neuedition der Gesamtausgabe wohl gängigsten Fassung, die auch eine Version ins Italienische enthält. Das zweite Buch *De constantia iurisprudentis* ist aufgeteilt auf die *constantia philosophiae* und die *constantia philologiae*. Die Philologie ist die *historia rerum* und *historia verbum* (DU II. pars prior, cap. I./S. 387). Aus dieser Philologie, die Worte und Dinge einander entsprechen läßt, was dem Rechtsgelehrten geläufig sei und ihn der Spekulation des Philosophen überlegen mache, werden im Spätwerk die *cose civili* entstehen, die Wort- und Realgeschichte verbinden.

Vicos Diritto Universale brachte nicht den erhofften Lehrstuhl und auch nicht die Anerkennung, die es verdient hätte. Sein Rückzug aus dem zeitgenössischen Geistesleben beginnt, und damit eine langsame Verwandlung der Stoffe des Diritto Universale. Sie führt über eine erste Scienza Nuova von 1725 in einer kontinuierlichen Verdichtung in das eine Buch, an dem Vico bis ins hohe Alter fortschrieb. Dieses wurde Kunstwerk und Wissenschaft gleichermaßen, wurde ein in sich, den Widersprüchen von Denken und Fühlen, von Geist und Geschichte webendes Vermächtnis, in dem aus dem Scholaren Vico ein Dramatiker der Weltgeschichte geworden war.

Für die Neue Wissenschaft wurde die Problematik des Subjektiven, der psychischen Prozesse, in denen Vico das Miteinander von affektiven und rationalen Seiten menschlicher Natur historisch aufschlüsselt, zu einem wesentlichen Moment. Ich habe versucht, diese als *Transformationen* und Transformationsgesetze zu verstehen, Verwandlungen innerhalb eines feststehenden Kreislaufes. In diesem anthropologischen Rahmen trägt Vico seinen Entwurf einer gesellschaftlichen Evolution und der damit verbundenen geistigen Struktur vor, die limitiert ist durch das *Vergessen*. Die Tragödie des menschlichen Denkens ist, daß es in der Zivilisation kein ausreichendes Erinnerungsvermögen besitzt! In einer radikalen Umkehrung wird der platonische Gedanke der *Anamnesis* aufgenommen. Das Vergessen der archaischen Entstehung von Gesellschaft und Sprache führt zu einem fragilen Zivilisationsgebäude, das notwendig in einen Naturzustand zurückstürzt und die Neuaufnahme des Zivilisationsprozesses erzwingt, wo nicht - den für ihn selbst noch gültigen christlichen Weg religiöser Erlösung diskutiert Vico nicht - mittels einer neuen Wissenschaft eine Erkenntnis entsteht, die davor schützen kann.

Noch einmal läßt sich hier Blochs Denken dagegen halten. Sein Terminus einer objektiven Phantasie baut auf den Idealen der Aufklärung und des naturwissenschaftlichen Fortschreitens auf, ist von daher offen in seinen möglichen Gehalten. Bei Vico ist der Bereich der Phantasie limitiert. Näher an der Freudschen Traum- und Verdrängungslehre, gegen die Blochs Tagtraumemphase sich ja wandte, hat Vicos Phantasie einen festen und begrenzten Verlauf. Mit einer Spitze läßt sich sagen, daß Blochs Werk sich im Rahmen eines *experimentum mundi* bewegt, während Vicos Denken zu einem *theatrum mundi* gehörte, das, ausgehend von dem realen Forum der Rechtsverhandlung, ein Drama der Gesellschaft, ihrer Widersprüche und Verstrickungen ist; das Absicht und Affekt im größeren Rahmen einer Weltgeschichte und ihrer göttlichen Providenz verschmilzt.[3] Alles Material bei

---

3 Experimentum mundi heißt der Schlußband der Gesamtausgabe von Blochs Werken. Theatrum mundi ist eine geläufige Metapher der Renaissance. Das nimmt auf D. Kunze, Thought and Place, NY 1987, spez. Kap. V. Er verfolgt damit Anregungen von D.Ph. Verene, Vicos Wissenschaft der Imagination, München 1987 (NY 1981) und von F.A. Yates, Theatre of the

Vico, ob historisch, juridisch oder mythisch, wird dabei in eine Bewegung gezogen, die Isajah Berlin in einer herausragenden Studie zu Vico einmal die *socio-economic mills* bei Vico genannt hat.[4] In ihnen kündigt sich an, was schon bei Vico latentes Problem ist, und was später zum Schisma von Geistes- und Naturwissenschaften wird, dem Auseinanderklaffen von Konstruktion und Ethik und der Machtlosigkeit einer nicht aufs Machbare bezogenen Erkenntnis.

Die eigentliche neue Wissenschaft seit der Renaissance begann in der *Nova Astronomia* Keplers, der *Scienza Nuova* des Galilei, dem *Novum Organum* Bacons. Mit ihnen wurde über das Primat der Quantitäten und des Experiments der neuzeitliche Begriff einer exakten Wissenschaft eingeführt. Wiederum konnte gerade ein Experimentalist wie Bacon mit den Mythen spielen, sie als kluge Bildersprache und Allegorie interpretieren; ganz anders als Vico, der - wenn er auch Bacons Büchlein *De Sapientia Veterum* von 1609 kannte und in Bacon einen ihm verwandten Geist erspürt hatte - Mythen als klare und wahre Geschichten verstand, denen man eindeutige Wahrheiten abgewinnen kann, wenn man um die frühe Welt- und Geistesverfassung weiß, innerhalb derer sie entstanden sind. Und im Verstehen dieser Verfassung liegt eine leise Hoffnung auf einen kathartischen Bewußtseinsprozeß, der den Kreislauf der ricorsi durchbrechen kann. Denn naturwissenschaftliche oder im damaligen Sinne naturphilosophische Welterfahrung als eine die Geschichtsgesetze übersteigende Macht gibt es nicht bei Vico. Die phantastische Produktion ist verstehbar, da sie strengen Gesetzen unterliegt. Doch ist sie nicht vergleichbar mit der Priorität eines produktiven inneren Ringens, einem Psychismus, wie er schon bei Giordano Bruno als einem Vordenker des offenen Horizontes sichtbar ist. Vicos Weltall ist begrenzt. Die kathartische Funktion der Anamnesis wird erst auf einer Stufe der Zivilisation möglich, auf der die produktiven Kräfte der Phantasie schon erloschen sind. Daß sich in der freigewordenen Subjektivität nur eine Glut verzehrt, das ist Vicos pessimistischer Aspekt, der längst vor Nietzsche, angesichts des Zeitalters der Lichter, des Illuminismo, noch heute - nach der Dialektik der Aufklärung, nach den Theoremen der Postmoderne - einen guten Teil des Interesses an Vico nährt. Und doch besitzt Vicos Geschichtsdenken nichts von der Verlorenheit, dem ziellosen Sturz durch eine Unendlichkeit, der die moderne Mentalität geprägt hat. Dafür ist allerdings weniger Vicos Vertrauen in die Gelehrsamkeit relevant, als die Bedeutung der christlichen Tradition, die seine Anthropologie und seine Theorie der Zivilisation umrahmt. Sie hält das grandiose

---

World, London 1969, die Mnemosysteme englischer Renaissancegelehrter untersuchte. Bei Robert Fludd, der Vico geläufig war, ist vermutlich das Globetheater Shakespeares realer Imaginationsort seines Denksystems gewesen.

4   I. Berlin, Vico and Herder, London 1976, S. 54: 'No myth is save from Vico's zeal: every legend is so much grist for his socio-economic mills.'

Szenario der archaischen Geschichte in eine transzendente Ebene hin offen und entscheidet sich letztlich nicht zwischen monistischem und dualistischem Weltverständnis.

Damit ließen sich in Kürze die Elemente des vorliegenden Versuches zeichnen. Die Rückgriffe auf frühere Werke Vicos sind alleine bestimmt von dem Interesse, Kontinuität und Vorformen der Neuen Wissenschaft zu sehen, um dadurch einen Zugang zum Spätwerk zu finden. Die Versuche mancher Interpreten, die Schwerpunkte in früheren Werken Vicos zu setzen, ebenso wie komparative und darin gelegentlich forcierende Studien, haben die Neue Wissenschaft offenbar nicht erschöpfen können. Die hier folgende Skizze der heute sichtbaren hauptsächlichen Rezeptionsrichtungen soll dem gegenüber Zusammenhang und Abgrenzung des vorliegenden Versuches zur Vicodiskussion noch weiter ausführen.

Anfang dieses Jahrhunderts hat Benedetto Croce mit seiner umfänglichen Monographie die heute weitreichende Rezeption Vicos ausgelöst.[5] Sein Buch, trotz aller Kritik, die es im folgenden erhalten hat, ist der noch immer maßgebliche Grundtext. Was Croces an Hegel orientierten Ansatz selbst historisch macht, ist weniger sein subjektives Aufgreifen Vicos, als schlicht das völlig neue Problembewußtsein, das mit der Ausbreitung von Soziologie, Ethnologie, dem scharfen Bewußtseinsbegriff der Psychoanalyse, der neuartigen Dominanz der technologischen Bereiche, der Erfahrung von Totalität und Zerstörung von Geschichte im 20. Jahrhundert jedes interpretatorische Interesse an Vico völlig veränderte. Mit den neuen Erfahrungen traten neue Perspektiven auf, welche in die erstaunliche Vielfalt der Themen führen, die die Arbeit an Vico und die heute sogenannte Vicodiskussion ausmachen.

Aus der Vielzahl der Veröffentlichungen seit Croce ragen wenige deutlich heraus. Die Kenner der italienischen Geistesgeschichte, vor allem Eugenio Garin, Paolo Rossi und Ernesto Grassi, haben in der Folge die für Vico relevante Tradition aufgezeigt. Deutlich bewegt Vico sich im Erbe des Renaissancehumanismus, transformiert dieses im Rahmen der ihm zugänglichen europäischen Ebene, auf der er sich seiner Konkurrenz zu Bacon, Hobbes, Descartes und Spinoza bewußt war. Bei Rossi, dem Herausgeber einer der momentan handlichsten und sehr gut kommentierten Ausgaben der Neuen Wissenschaft, findet sich dabei an prominenter eine heftige Kritik an den beliebig und ausufernd gewordenen Vicodebatten,[6] der

---

5 B. Croce, La filosofia di Giambattista Vico, Bari 1980 (1911), dt. E. Auerbach, Tübingen 1928
6 E. Garin, Storia della filosofia italiana, Torino 1966/78, spez.II, Kap. 5; P. Rossi, Le sterminate antiquità. Pisa 1969. Diese Studie ist in die kurze und souveräne Einleitung zu seiner Edition der Scienza Nuova, Milano 1982 (1977) eingegangen. Zur Kritik an der Diskussion vgl. Kap. 10, wo er sich gegen die Vereinnahmung Vicos wendet, der mittlerweile als Vorläufer für fast alles eingesetzt wurde.

sich eigentlich jede künftige Arbeit stellen müßte, wenn es je eine kohärente Vicodebatte gegeben hätte.

In die Müdigkeit an der Frage, ob Vico nun klerikal oder antiklerikal geschrieben hätte, ob er ein italienischer Hegel oder ein barocker Genius wäre, hat Peter Burke in Verlängerung seiner kritischen Studien zur Renaissance einen Anspruch auf Korrektur und Aufhebung des sogenannten Vicomythus geltend gemacht. Er möchte Vico, dessen Werk ihm bei weitem überschätzt vorkommt, in seinem lokalen Milieu plazieren. Burke findet einige interessante Details, doch fraglich bleibt Dichte und Konsistenz seiner Konjektur. Zu oft muß er Lücken füllen, indem er Genie und Vicomythos herbeizitiert und, mit der Versicherung, daß es nun zum letzten Mal geschähe, letztlich selbst wieder den Mythos erzählt.[7] Diesem Versuch der Demontage entspricht das Bedürfnis der Reinstallation. Mit großer Vehemenz verfolgt seit langem Stefan Otto eine Neubewertung des Frühwerks von Vico, in dem dieser eine für die Neue Wissenschaft bedeutsame geometrische Methode verfolgt habe.[8] Mit gutem Recht verweist Otto auf die Frühwerke, aber verfehlt mit seiner scharf vorgebrachten Meinung potentielle Addressaten. Sichtbar hat Otto sich in eine bei Vico leicht mögliche Komplikation verwickelt, die ihn anfällig machte, die Unverstandenheit Vicos auf sich selbst zu projizieren, ohne daß in der Sache etwas gewonnen wäre. Faktisch findet auch spätestens seit dem Diritto Universale die Wandlung der früheren Theoreme Vicos statt, die erst den Charakter der Neuen Wissenschaft ausmachen. Wie Vico allenfalls in einer Art von projektiver Geometrie verfährt, hoffe ich in dem Abschnitt über die rhetorischen Tropen (3.a.) und ihre Konsequenzen aufzeigen zu können.

Das Diritto Universale in den Mittelpunkt zu stellen, hat Guido Fassò vorgeschlagen, dessen Arbeiten für das rechtsphilosophische Interesse an Vico bedeutsam wurden. Im wesentlichen verteidigt er Grotius gegen Vicos polemische Zuschreibungen, die aus ungenügender Kenntnis der Naturrechtsdiskussion entstanden seien, ein Einwand, der auch Croce schon geläufig war.[9] Das rechtsphilosophische Verständnis Vicos, das einen sehr speziellen Ansatz ergeben würde, kann hier nicht detailliert nachvollzogen werden. Doch die Dimension des

---

7 P. Burke, Vico, Berlin 1987 (NY 1985)
8 S. Otto, Giambattista Vico, Stuttgart 1989
9 G. Fassò, Vico e Grozio, Napoli 1971. Vgl. Croces pathetische Rechtfertigung, ebenda S. 8o: "Wer Vicos Kritiken gelesen hat und nun die Schrift De iure belli et pacis aufschlägt, (...) der kann zweifellos versucht sein, Vico mangelnde Sorgfalt oder eine seltsam orthodoxe Empfindlichkeit bei der Kritik vorzuwerfen, die er an diesen seinen Vorgängern übt. Doch Vico wußte in Wahrheit nichts anzufangen mit einem über die anderen Quellen der Moral, oder als eine überflüssige Quelle der Quellen über sie gesetzten Gott; er, der ihn von denen trennte, die ihn nicht mehr im Herzen trugen und ihn kaum, aus Gewohnheit oder Klugheit, in den Worten bewahrten."

Juristen Vico ist fundamental für Vicos Entwicklung. Die hier versuchte Interpretation möchte von daher das Frühwerk und das Diritto Universale ernst nehmen, doch in Hinsicht auf die Neue Wissenschaft. Manche Formulierungen des Diritto Universale weisen direkt auf das spätere Werk hin. Doch läßt sich das spätere keinesfalls auf das frühere reduzieren.

Wesentliche Anregungen für diesen Ansatz ließen sich den Arbeiten Karl Löwiths entnehmen, der Vico auf dem Fundament einer christlich-theologischen Prämisse sah, die wiederum eine für die Entwicklung der abendländischen Rationalität wesentliche Voraussetzung war. Löwith deutet Vico im Zusammenhang eines *historischen Interregnums,* das die Verschränkung heilsgeschichtlicher und historisch pragmatischer Momente neu bestimmt habe. Ferdinand Fellmann hat in seinem Vicobuch Löwiths Interesse am Verhältnis von Wahrheit und Tun, der *Konvergenz von verum et factum* als Differenz von bewußtem Wollen und realem Tun fortgeführt, und so das aufklärerische Moment in der Machbarkeit der Geschichte als ein Vico fremdes bezeichnet.[10] Mein Ansatz sieht dieses *verum et factum* des *Liber Metaphysicus* ebenso wie das *verum et certum* des Diritto Universale in der Neuen Wissenschaft abgelöst vom Prinzip der *materia come dottrina:* daß nämlich die Lehren, ob moralischer oder natürlicher Zusammenhänge, mit dem Material der Geschichte zusammenhängen. Damit gewinnt Vicos Geschichtsdenken erst seine Radikalität und seine Problematik.

Von einer ganz anderen Seite her hat schließlich die amerikanische Vicoforschung mit Donald Ph. Verene angesetzt. Sein Buch *Vicos Wissenschaft der Imagination* ist ein wegbereitendes Ergebnis langjähriger Arbeit an Vico, das die Phantasietheorie Vicos in den Mittelpunkt stellt. Die wesentliche Bedeutung liegt in der Imaginationsfähigkeit des Menschen, die als Kategorie bei Vico vor Verene schon von I. Berlin gesehen wurde, ebenfalls auch von Croce, der aber mehr von den Komplikationen dieses Phantasiebegriffes ausging. Trotz kritischer Sicht sieht sich Verene Ernst Cassirer verpflichtet und wendet sprachtheoretische Vorstellungen Cassirers bei Vico an. Cassirer selbst berief sich bei der Begründung der Philosophie der symbolischen Formen allerdings nicht auf Vico, sondern auf Humboldt und mußte mit dem idealistischen Postulat rein intellektueller Symbole programmatisch an Vico vorbeigehen.[11] Vico hatte mit seinen für die Neue Wissenschaft in einer Schlüsselfunktion stehenden cose civili die Überschneidung realer und intellektueller Welten vorausgesetzt.

---

10 K. Löwith, Weltgeschichte und Heilsgeschehen, Sämtliche Schriften Bd. 2, Stuttgart 1981. Vicos Grundsatz, verum et factum convertuntur (1968), ebenda Bd. 9. F. Fellmann, Das Vico-Axiom, Freiburg 1976

11 E. Cassirer, Philosophie der symbolischen Formen Bd. 1, Berlin 1923

Über Verene hinaus hat Donald Kunze den Zusammenhang von Denken und Ort als architektonisches Prinzip auf Vico hin gedeutet. Gerade bei Kunze konnte ich einige Elemente zu dem finden, was ich dann als Vicos *theatrum mundi* zu bestimmen versuchte. Das Problem dieser Interpretamente, wie auch die Betonung ästhetischer und rhetorischer Aspekte Vicos läuft bei allem Gewinn leicht Gefahr, die Verbundenheit von Real- und Imaginationsgeschichte zu verlieren, jenem Ort, der die Stringenz von Vicos Neuer Wissenschaft als Geschichtstheorie ausmacht.[12]

Soweit ich die Literatur übersehen konnte, sind das die heute wesentlichen Bücher zu Vico. Am Rande sollte wenigstens noch J. Chaix-Ruy erwähnt werden, der - wenn Vico auch im Lande Rousseaus, Voltaires, Montaignes und Montesquieus außer der schwärmerischen Vereinnahmung durch Michelet nicht die Bedeutung erlangte, die er in anderen Ländern heute innehält - interessante Akzente aus französischer Perspektive setzt.[13] Auch Zuordnungen, wie sie der Konstruktivismus und die moderne Linguistik vornimmt, die strukturale Momente in Vicos Werk freilegen möchte, konnte ich nur grob berücksichtigen. Der Akzent bei der Beschreibung der Transformationen in Vicos Geschichtstheorie liegt auf qualitativen und realen Verwandlungen. Insgesamt läßt sich sicherlich sagen, daß die verbindlichen Arbeiten zu Vico stets aus langjähriger Arbeit und wiederholtem Ansetzen entstanden sind. Der hier vorliegende begrenzte Versuch, der von Vorarbeiten anderer nur profitierte, ist sich der Fülle des Materials bewußt und kann sich vor dem Zerfließen in immer weitere Bezugsmöglichkeiten und Interpretationssysteme, nur durch die Schlüssigkeit seines Ansatzes verteidigen.

Heute läßt sich die Neue Wissenschaft in einer Übergangszeit zu Naturforschung und europäischer Aufklärung verstehen. In Neapel fast abseits von den europäischen Vorgängen, gibt Vicos Zivilisationstheorie doch einen erstaunlichen Umriß weiter Gebiete heutiger Gesellschafts- und Geisteswissenschaft wieder. Vicos Mythenlehre, seine Rekonstruktion einer archaischen Logik, die an manchen Stellen die Gesetzmäßigkeit der Freudschen Traumlogik anklingen läßt, die Betonung einer gesellschaftlichen Dialektik von Herrschaft und Knechtschaft, wie auch die Emphase auf einer Realgeschichte, das sind aktuelle Themen. Und sucht man nach einem

---

12 Kunze operiert mit Überschneidungen von Immanenz und Transzendenz, Ort und Denken, die, wenn er auch oft fernab von Vico argumentiert, bestechende Verbindungen herstellen können. "It would be interesting, for example, to trace the development of romanticism in terms that would illuminate the role of panopticism as a counterpart of the gothic imagination. Undoubtedly, the Eighteenth and Nineteenth Century's fascination with ruins, its penchant for educational travel, and its identification of wilderness with the sublime could deepen enormously our sense of this period." (Kunze, ebenda S. 24).
13 J. Chaix-Ruy, Vico et l'illuminisme athée, Paris 1968

einführenden prinzipiellen Motiv, so gibt eine leicht hingeworfene Stelle aus dem Diritto Universale Aufschluß:

> Saepe recordor, quum deambulatum eo, molles clivos ingentes mihi puero et abruptos montes visos esse. An hinc poetarum illi ingenti corpore heroes, ut, barbaris quoque temporibus, Rolandi, sive Orlandi, aliique Galliae palatini enormi statura memorantur?
>
> Oft erinnere ich mich, daß, wenn ich spazierenging, mir als Knaben sanfte Hügel wie gewaltige und steile Berge schienen. Und ist es nicht aus dem gleichen Grund, daß jene Heroen der Dichter von gewaltigem Körper waren, wie, auch aus barbarischen Zeiten, die Rolande, oder Orlandos, und andere gallische Paladine als von gewaltiger Statur erinnert werden.[14]

Erinnerung, Kindheit, Relativität der Größen und Einfühlung als Methode zur Rückgewinnung der Vergangenheit: der Spaziergänger Vico sieht den Gang der *conditio humana* aus Affektivität und einer phantasierenden Wahrnehmung entstanden, die wie ein unebener Spiegel alle Größenverhältnisse verzerrt wiedergibt. In der Neuen Wissenschaft ist die phantastische Wahrnehmung dann die brechende Kraft, die den Schritt aus dem Naturzustand heraus bewirkt. Die Furcht, die eine überstarke Einbildungskraft auslöst, treibt zu Seßhaftigkeit, Ehe, Bestattung, Ackerbau, Herrschaft und Recht. Dieses aus subtilen Beobachtungen und Interpretationen zusammengefügte Mosaik einer gesellschaftlichen Evolution wurde durch Vico von der zweiten Fassung der Neuen Wissenschaft an verdichtet zu den schon in ihrer Bedeutung genannten cose civili, die stets zugleich Werkzeug geschichtlichen Handelns ebenso wie Kategorie des geistigen Begreifens repräsentieren. Mit ihnen entsteht Sprache und Kultur, die geistige Welt der Zivilisation, mit ihnen endet sie im Erblinden der phantastischen Spiegelkräfte und der Erschöpfung des zivilisatorischen Antriebs. Mit dieser Konzeption hat Vico in den naturwissenschaftlichen Aufbruch der Neuzeit ein gegenläufiges Moment transportiert. Gegen die Eindeutigkeit des mechanischen Weltbildes bleibt seine Konstruktion von Phantasie und cose civili changierend zwischen zyklischer und linearer Bewegung der Geschichte. Evolution und Degeneration ist nur die Oberfläche einer Heilsgeschichte, die als Gesetz der Providenz in die historische Zeit ragt, ohne sich zur Geschichtsphilosophie zu verselbständigen. Die geschichtliche Tätigkeit geht in zwei Richtungen, formt zugleich Mensch und Welt. Sie bestimmt die Veränderung des subjektiven Weltempfindens, das von Affektivität zu Rationalität fortschreitet, und sie bestimmt die objektive Welt, die sich vom finsteren Urwald zu den Bühnen der Zivilisation verwandelt.

---

14 DU II. pars posterior XII.25/S. 459 [dt. F.H.]

Die naturwissenschaftliche Neuerung zu Vicos Zeit war vorrangig das Vertrauen darauf, daß die unsichtbaren Mächte eindeutig und berechenbar seien. Geometrische, algebraische, astronomische und musikalische Proportionen, das Quadrivium mittelalterlicher Gelehrsamkeit, wurde von den Bewegungsgesetzen der Gravitation, etwas später auch ökonomisch vom beruhigenden Aspekt der unsichtbaren Hand abgelöst, abstrakten Gesetzen, die das Selbstverständnis der aufklärenden Vernunft mitgeformt haben. Erst mit dem Zweifel an einer vernunftgemäßen Erfaßbarkeit der Wirklichkeit im 20.Jahrhundert, der Doppeldeutigkeit von physikalischer wie gesellschaftlicher Wirklichkeit, konnte ein doppeldeutiger Autor wie Vico wirklich interessant werden.

Damit wäre der ungefähre Ausgangspunkt dieser Arbeit vorgestellt. Betont wird der Faden durchs Labyrinth. Auslassungen sind mir selbst zu deutlich. Machiavell, die Bedeutung der Rede *De mente heroica* von 1730, die römische Geschichte als Modell Vicos, Verbindungen zu Herder und Hamann, moderne Interpretationen zu den Göttern Griechenlands und vieles mehr habe ich ganz weggelassen, vieles nur in Anmerkungen und Hinweisen als offenen Rahmen konzipiert, während es mir hauptsächlich darum ging, die Neue Wissenschaft mit all ihren inneren Gegensätzen als tragfähig zu zeigen. Inmitten der Mühseligkeiten der Arbeit an Vico findet man in seinem Denken einen Schimmer und eine Beständigkeit, die so streng und verzaubernd ist wie die Musik eines alten Meisters der Polyphonie. Davon habe ich mich leiten lassen und, soweit ich es beurteilen kann, einen möglichen Weg durch Vicos Werk gefunden.

1. Über die Grenzen

Wie ein abgelegenes Bindeglied zwischen Antike, Renaissance und Moderne weist Vicos Werk in alle Richtungen über die Epoche hinaus, der es angehörte. Deutlich aber stammt es aus einer Zeit, in der eine Neubestimmung des Verhältnisses von Mensch und Kosmos die Grundlagen für das moderne Weltbild ergaben. Vielfach wurde diese Zeit als Brechung, als historische Zäsur oder, um Karl Löwiths Worte zu gebrauchen, als *historisches Interregnum* verstanden, in dem sich die Verabsolutierung einer Subjektivität der Erkenntnis und das mechanische Weltbild aus den mittelalterlichen Kosmologien herauslöste; eine *Krise des historischen Bewußtseins* zu neuen Lösungen zwang.[1] Für Vico läßt sich dabei bestimmter sagen, daß sein Werk ein Einspruch gegen diese Krise gewesen ist, daß er die Kontinuität der Geschichte gegen die Aufbruchsstimmung der cartesischen Gesinnung setzte, die Geschichte der Rationalität gegen den Rationalismus.

Grundspannungen, mit denen er auf die geistigen Strömungen seiner Zeit reagierte, lassen sich dabei innerhalb von Vicos Werk festmachen. Er ist Artist, Literat und Wissenschaftler zugleich, der das problematische Miteinander von Kunst und Rationalität in einer historischen Schichtung auflöste. Wissenschaftliches Denken kann nur dann wirklich produktiv sein, wenn es sich als sekundär und aufruhend auf phantastischen Leistungen erkennt, die dem geschichtslosen Rationalismus nur noch primitiver und sinnloser Überrest scheinen. Es muß bereit sein, seine Ursprünge mitzubedenken. Für Vico gilt die Trennung von exakter Wissenschaft und unverbindlichem ästhetischen Schein nicht. Sein Ernstnehmen der phantastischen Formen bedeutet aber nicht Verzicht auf begriffliche Erkenntnis. Auf dieser begrifflichen Seite von Vicos Kritik kann man ihn in einer Vermittlerposition sehen, welche die Gegensätze der mythisch-phantastischen und der rationalen Weltdeutungen synthetisieren möchte. In der Neuen Wissenschaft wird der Einspruch gegen die rationalistischen Positionen einerseits und utilitaristisches Naturrecht andererseits auf den antiken Gegensatz von epikuräischer und stoischer Haltung hin interpretiert. Die Kritik des Frühwerks an Descartes ist in der Neuen Wissenschaft auf Spinoza übergegangen, der, weit mehr als nur Spinoza, in seinem Namen für Vico parmenideisches Sein, zenonische Spitzfindigkeit und die Stoa, als sich jeweils selbst determinierende Rationalismen verkörpert, die in ihrem *amor fati* leerer und logisch primitiver Fatalismus seien.[2] Das Gegenstück zum Fatalismus ist

---

1 K. Löwith, Weltgeschichte und Heilsgeschehen, ebenda, S. 89ff.
2 Vico unterscheidet nicht zwischen Zenon dem Eleaten und dem Begründer der Stoa, wobei in der Abgrenzung des späten Vico beide Positionen als leere Rationalismen ohne Geschichtsverständnis letztlich aus dem gleichen Grund verworfen werden.

der *casus*. Er ist die dem fatum entgegengesetzte epikuräische Auffassung, die den Menschen ohne Geleit durch eine höhere Ordnung in der Welt sieht, und deren Wiederkehr oder Fortsetzung von Vico in Hobbes deutet.

Gegen die Postulate von Zufall und Notwendigkeit nennt Vico deren Realorte in einer Zivilisationsgeschichte und ihre Relativität gegenüber dem Geschichtslauf. Er versucht mit seinem Geschichtsdenken zwischen ihnen zu balancieren, mit einem Wissenschaftsprinzip, das auch als politische Wissenschaft nicht auf das Machen der Geschichte abzielt, sondern auf Zeugenschaft: *historia autem est temporum testis* hieß es schon im Diritto Universale.[3] Vor der Dynamik der expandierenden europäischen Kultur, damit den rückläufig auch bei Vico sichtlich eingegangenen ethnologischen Daten aus der neuen Welt, findet sich bei ihm nicht mehr die Relativierung der eigenen Kultur durch die Beschwörung der Antike, sondern eine soziographische Perspektive, die das Miteinander der vielfältigen Gesellschaften als historische Entwicklung verstehen möchte.

Und während sich Alchymie zu Chemie und Astrologie zu Astronomie langsam wandelte, sich alte und neue Erfahrungswelt einander anfänglich noch nicht strikt gegenüber standen, begann sich die mathematische Eindeutigkeit des mechanischen Kosmos zu definieren und jede vom Mythos belebte Kosmologie als naive geistige Kindheit belächelbar zu werden.[4] In unzeitgemäßer Wendung und Radikalität nahm Vico den mythischen Stoff neu auf, indem er ihn zum Transporteur der Realgeschichte machte. Radikal ist die Relativierung des rationalen Vermögens, das als partielle Wahrheit von Vico in eine Anthropologie eingebaut wurde, welche vor die Verstandeskategorien die Entstehung der geistigen Natur aus grober Affektivität setzt. Das Denken beginnt als Sprache, Sprache als Leidenschaft und gestischer Ausdruck. Es ist diese Affektivität, die aufgehoben und transformiert wird zu gesellschaftlich verbindlichen Formen und Formeln.

Vicos Interesse als Jurist galt dem Naturrecht, sein literarischer Feinsinn dem Wesen der Sprache. In den mit der Renaissance wiederbelebten Mythen und ihrer Plastizität konnte er ein methodisches Prinzip realisieren, das seinem Interesse an den Anfängen von Gesellschaft und ihren Ausdrucksformen die nötige Konkretheit liefert.

> (...) daß die erste Wissenschaft, die es zu entwickeln gilt, die Mythologie sein muß, oder die Interpretation der Mythen, denn wie man sehen wird, die Geschichte aller

---

3 DU pars posterior I.5./S 391
4 Über die Konfrontation zwischen Naturwissenschaft und Kirche, die für uns eine Art Selbstverständlichkeit geworden ist, hat A. Köstler in *Die Schlafwandler*, FM 1980 (1959), schon die Ansicht vertreten, daß durch den sensationellen Galileiprozeß eine organische Assimilation des Klerus an die neue Physik künstlich unterbunden wurde. (S. 530ff. Mystiker und Gelehrte). Ein Aspekt, der bei Vico interessant ist, um nicht blind die Aporie seines Denkens in der klerikalen Tendenz zu sehen.

Heiden hat mythische Anfänge, und daß die Mythen die erste Geschichte der heidnischen Völker waren.

(...) che la prima scienza da doversi apparare sia la mitologia, ovvero l'interpretazione delle favole (perché come si vedra, tutte le storie gentilesche hanno favolosi i principi), e che le favole furono le prime storie delle nazioni gentili.[5]

Im Originaltext sagt Vico meist *favola*, kaum je *mito*, was sich vielleicht in dem für seine Etymologie wichtigen Nebenklang von *favella* (Sprache) begründen läßt, der in der Übersetzung nicht wiederzugeben ist. Vico sind diese Fabeln auf der Ebene ihrer Entstehung Sprache, sind verbindlicher Ausdruck einer Wahrheit, die für spätere Epochen nur durch Interpretation wiedergewonnen werden kann. Die Übersetzung hat hier mißverstehend schon entschieden, liest Geschichten und Geschichte als identisch. Das Original dagegen transportiert noch den Zusammenhang, daß nämlich Geschichten die Geschichte erzählen.

Für die Cartesische Wissenschaft war Geschichte belanglose Oberfläche, Mythen bei Francis Bacon trotz allem unverbindliche Inspirationsquelle, mit der er spielerisch umging. Für Vico und seine *nuova arte critica* dagegen sind die Mythen verbindliche Aussage,[6] in der sich die Gesetze der Evolution einer Gesellschaft finden, und die sogar hinter die Naturgesetze reichen, wenn sie insgesamt die *ewige ideale Geschichte* erzählen.

a. ingenii limites definire

Zum Selbstverständnis einer Wissenschaft gehört ihre Definition. Sie ist der Versuch, den Raum ihrer Gültigkeit und Wirksamkeit abzustecken. Das Cartesische Denken, das der wesentliche Gegenpol des jungen Vico gewesen ist, setzte die

---

5 Zitate aus der Neuen Wissenschaft gebe ich einmal mit der Seitenangabe der Edition von P. Rossi (vgl. Einleitung Anm. 6), einer handlichen und verbreiteten italienischen Ausgabe wieder, und nach einem Bindestrich mit der Satzzählung der deutschen Übertragung von V. Hösle und C. Jerman, Hamburg 1990. An einigen Stellen ins deutsche Zitat von mir eingefügte Originalstellen in eckigen Klammern sollen auf Übersetzungsprobleme verweisen. Durch den Verzicht auf jeden Kommentar ist die alleinige Verwendung der Übersetzung nicht zu empfehlen. Vor dem sehr schwierigen Original ist sie jedoch eine gute Hilfe, außerdem durch Querverweise im Text und ein Register manchmal praktisch. Für dieses Zitat bedeutet also die Angabe NW (135/51) Seite 135 bei Rossi und Satz 51 bei Hösle/Jermann. Das wirkliche und noch einzulösende Desiderat für die Arbeit an Vico wäre eine zweisprachige und kommentierte Ausgabe mit einer knappen Einführung.

6 NW (90/07)

Bestimmung rationaler Erkenntniskraft durch Systematisierung und später durch methodischen Zweifel als Prinzip fest.[7] Doch um den Preis einer ungeheuren Verarmung und Einschränkung, wie schon in Vicos früher Schrift *De nostri temporis studiorum ratione* von 1710 festgestellt wird. Diese neue Methode koste Phantasie und Gedächtnis, schöpferisches *ingenium* um eines *spiritus* willen, der *mit dem geradlinigen Lineal des Verstandes* verfährt,[8] statt mit der Biegsamkeit geschmeidiger Normen, die allein - Vico betont nachdrücklich die Rechtssphäre - in der Lage seien, auf rechte und billige Art Urteile zu fällen, ohne mit falscher Spitzfindigkeit einer fatalen Wörtlichkeit zu verfallen. Topik muß vor der Kritik kommen. Und die Rechtsverhandlung bleibt der Kern von Vicos Topik, wenn sie auch im Spätwerk in einer völlig verwandelten und dramatisierten Weise auftaucht.[9]

Die archaischen Anfänge der Zivilisation hat Vico als fatalistisch im Sinne des *fatum* verstanden, daß ihre geistige Verfassung an den wörtlichen Ausdruck gebunden war, wie es ja ein häufiges Thema von Märchen und Mythen ist, ebenso auch von kindlichem Gerechtigkeitsverständnis: daß man sich an das Gesagte mehr halten muß als an Beabsichtigte. Nach einer ersten Phase des Gewaltrechts, den *göttlichen Gerichten* in Vicos Darstellung, das in Duellen und Kraftproben Gewalt als Recht einsetzte, beginnt in den aus der Herrschaft der Stärksten entstehenden Aristokratien ein neues Recht sich durchzusetzen. In diesen mythischen Epochen war das Wort aufgeladen mit einer sakralen Weihe, es gab keine Differenz zwischen Sprecher und Gesprochenem, und ein starres Recht herrschte ohne Nachsicht. Dieses Recht wird in den heroischen Gerichten gesprochen.

> Die zweiten Gerichte waren, wegen ihres noch frischen Entstandenseins aus den göttlichen Gerichten, ganz und gar ordentliche, mit einer peinlichen Genauigkeit auf die Worte achtende, welche von den vorangegangenen, göttlichen Gerichten her die Bezeichnung 'religio verborum' behalten mußten, wie die göttlichen Dinge allgemein in geweihte Formeln gefaßt sind, von denen nicht der geringste Buchstabe geändert werden darf; daher sagte man von den alten Klagformeln: 'qui cadit virgula caussa cadit' (Wer ein Komma verliert, verliert den Prozeß). Das ist das natürliche Recht der heroischen Völker, dem natürlicherweise die alte römische Jurisprudenz folgte, und das war das 'fari' (Sprechen) des Prätors, ein unabänderlicher Ausspruch, von dem her 'dies fasti' (Gerichtstage) die Tage genannt wurden, an denen der Prätor Recht sprach. Dieses Recht muß, weil allein die Heroen daran Anteil hatten in den heroischen

---

7 Die Überschrift dieses Kapitels ist aus den Regulae des Descartes: "Auch darf man es nicht für eine unübersteigliche oder schwierige Angelegenheit halten, die Grenzen der Erkenntniskraft [ingenii limites], deren wir uns doch als in uns selbst befindlich bewußt sind, zu bestimmen, zumal wir oft nicht zögern, sogar über das, was außerhalb unser ist und uns ganz fern steht, zu urteilen." (Regulae VIII. 5., Hamburg 1973). Gegen diesen statischen Begriff des Ingeniums agiert Vico.

8 lat.:"ex ista recta mentis regula, quae rigida est". De nostri temporis studiorum ratione (dt.: Vom Wesen und Weg der geistigen Bildung), lat. /dt. Godesberg 1935 (dt. W.F.Otto) S. 68/9

9 vgl. unten Kap. 3.a.

Aristokratien, das 'fas deorum' (Recht der Götter) der Zeiten sein, in denen, wie wir oben erklärten, die Heroen sich den Namen 'Götter' angeeignet hatten, weshalb man später 'Fatum' nannte die über den Dingen der Natur waltende unausweichliche Ordnung, weil dies die Sprache Gottes sei.[10]

Das Fatum gehört also einer historischen Schicht der Gesellschaft an, in der die Herrschaft einiger Aristokraten sich gegenüber den Beherrschten als eine religiös legitimierte darstellte. Projektion und Mimesis göttlicher Eigenschaften ist für Vicos Geschichtstheorie zentral. Sie macht die Frühzeit zur wahrhaft tragischen Epoche. Der Heros ist dabei nicht der betrügende Priester der Enzyklopädisten oder Nietzsches, sondern selbst seinen Projektionen ausgeliefert, in denen sich das geistige Vermögen jener Zeiten ausdrückt. Und wenn Vico auch gegen die Deutung der späteren Fatalisten eintritt, die eine *unausweichliche Ordnung* verabsolutieren, und er rigide Wörtlichkeit als philosophisches Fatum ablehnt, so möchte er sie doch an ihrem historischen Ort verstanden wissen, was der das Opfer der Iphigenie verdammende Lukrez nicht tat:

> So sehr konnte der unglückliche Agamemnon sich seines verwegenen Gelübdes entbinden, mit dem er seine schuldlose und fromme Tochter Iphigenie opferte und tötete! Von daher möge man verstehen, daß Lukrez ebendeswegen, weil er die Vorsehung verkannte, zu der Tat jenen gottlosen Ausruf tun konnte: 'Tantum potuit suadere malorum' (Zu so großen Übeltaten konnte Religion verleiten).[11]

Der Aberwitz in der Kritik an Lukrez ist thematisch für Vicos Pathos der Geschichte. Nicht die Kritik der Religion verurteilt er, sondern die Kritik einer falschen Religion, die an ihrem historischem Ort ihre tragische Richtigkeit hatte. Die Kraft eines Gelübdes war in jener Zeit weitaus stärker als alle familiären Regungen. Und so wenig wie Fatalismus, der sich zum Komplizen der mythischen Untaten machen würde, so wenig wird epikuräische Gottlosigkeit den treibenden Kräften der Geschichte gerecht. Das epikuräische Bekenntnis zum Fall des Menschen in eine ihm fremde Welt und seine Naturphilosophie, dem der jugendliche Vico zeitweilig geneigt gewesen sein soll, reichen nicht aus. Sah Vico im Fatalismus des *amor fati* den Hochmut, der seinen Blick nicht von den Sternen wenden konnte; und so war ihm die epikuräische Naturlehre eine der Niedrigkeit, die nicht von der Erde aufsehen wollte, um die Gesetze der göttlichen Providenz zu verstehen. Zwischen der materiellen Welt des Lukrez und dem idealen Fatalismus muß Vico vermitteln.

Um dieses zwischen Freiheit und Notwendigkeit schwebende Geschichtsprinzip Vicos zu verdeutlichen, das im Spätwerk vom Spiel mit Verdichtungen und ironischen Verkehrungen überwachsen ist, bietet sich ein Rückgriff auf den *Liber Metaphysicus* an, in dem Vico sein späteres *la mente e indeffinita*, der Geist ist

---

10 NW (616/965)
11 NW (618/968)

unbegrenzt, gegen die physikalische Definition und Determination vorzeichnet. Die Lichtmetaphern übersteigen die physikalische Dimension schon im Bereich der Sinnlichkeit in einer primären Umkehrung.

> Si enim in claratram fenestram, quae lucem in aedes admittit, intente ac diu intuearis, deinde in corpus omnino opacum aciem oculorum convertas; non lucem, sed lucida clatra tibi videre videaris.

> Wenn du nämlich aufmerksam und lange gegen ein vergittertes Fenster blickst, durch das Licht in ein Gebäude einfällt, dann gegen einen völlig dunklen Körper die Schärfe der Augen richtest; nicht Licht, sondern leuchtende Gitter scheinst du dann zu sehen.[12]

Licht und Dunkel, der finstere Wald und das Gewitterleuchten am Himmel, das unendliche Licht des Geistes, die Lichtmetaphern und das Optische generell haben für Vico eine tiefe Bedeutung gehabt. Sie stehen gegen das Lämpchen cartesischer Erkenntnis am Ofen, gegen die *lumi sparsi,* die vereinzelten Erkenntnisse des Pascal; stehen zuletzt für Erlösung und Gnade, die für Vico verbindliche christliche Tradition, mit der er sein Geschichtsdenken vor einer existentiellen Härte schützt.

Noch weitere Hinweise lassen sich dem Liber Metaphysicus entnehmen, die in die Deutung der Neuen Wissenschaft reichen können. Der Tenor dieses metaphysischen Buches liegt auf etymologischen Ableitungen, geht von römischer Kultur und Sprache als in sich geschlossenem, ursächlichem System aus und stellt in der lateinischen Sprache eine tiefe Weisheit fest, welche die alten Lateiner als große Philosophen ausweise. Es sind Verhältnisbestimmungen, die Vico bietet: *genus* sei entsprechend der *forma,* die *species* dem *individuum* und zugleich dem *simulacrum,* die *caussa* dem *negotium* und der *operatio,* die *essentia,* das Sein wäre *vis potestas:*[13] Die logischen Schablonen werden mit den juridischen Fiktionen verbunden und konkretisieren sich als gesellschaftliche Tätigkeiten. Damit wird die Frage nach der zureichenden Definition der Worte in eine nach der Entstehung der Worte umgelenkt. Sie ist naiv angesichts der Zusammenhänge, mit denen die heutige vergleichende Sprachwissenschaft arbeitet. Aber die Suche nach einer tieferliegenden Verbindung der Worte mit den Dingen führt von der philosophischen Weisheit der Alten zur affektiven und durch gesellschaftlichen Druck entstehenden Sprache der Urmenschen, die dann die Neue Wissenschaft beschreiben wird. Der Liber Metaphysicus aber begründet den Unterschied von physikalischer und juridisch-gesellschaftlicher Wahrheit. Nicht durch physikalische Definition, sondern durch gesellschaftliche Übereinstimmung wird richtig definiert.

> Der Physiker definiert bloße Namen, da er nicht in der Lage ist, die Naturdinge selbst wahrheitsgemäß zu bestimmen; das nämlich steht allein in der Macht Gottes, ist dem

---

12 Liber Metaphysicus, lat./dt. S. Otto, München 1983/4, S. 60/61
13 ebenda S. 56/7 und 66/7

Menschen aber versagt. So erschafft er gleichsam nach dem Vorbild Gottes, ohne zugrundeliegende Materie, gewissermaßen aus dem Nichts, Dinge wie den Punkt, die Fläche und die Linie. (...) Auf diese Weise erschafft er sich die Elemente von Wörtern, aus denen sich widerspruchsfreie Ideen bilden lassen, denn es ist ihm ja verwehrt, die Elemente zu begreifen, aus denen die Dinge selber mit Sicherheit bestehen. Und auch dieses haben die weisen Urheber der lateinischen Sprache durchaus durchschaut, denn wir wissen, daß die Römer in ihrem Sprachgebrauch das Namens- und das Definitionsproblem gleichsetzten. Dann erst glaubten sie nach der Definition zu forschen, wenn sie fragten, welche Idee durch das Aussprechen eines Wortsinns dem allen Menschen gemeinsamen Denkvermögen hervorgerufen wird.[14]

Der Physiker, also der cartesische Forscher kann nicht zur Materie, den Elementen durchdringen. Die Fiktion weiser Sprachschöpfer, die, als *uralte Weisheit* aufgefaßt, noch mit den philologisch-philosophischen Paradiesen einer überlegenen Ursprache kokettiert, zielt auf die Frage nach dem Zusammenhang von Sprache und Geist mit den Dingen. In der Neuen Wissenschaft wird die Kritik an der Substanzlosigkeit des physikalischen Denkens auf weit darüber hinaus gehende Weise zur Darstellung der Evolution des Geistes und seiner archaischen sinnlichen Logik.[15] Nicht mehr die vollkommene Ursprache der alten Lateiner ist das Kriterium, sondern die Einbildungskraft des primitiven Verstandes mit seinen notwendigen falschen Bildern:

Aber so wie es uns (wegen der Natur unseres menschlichen Geistes, der durch die so vielen Abstraktionen, von denen die Sprachen mit ihren so zahlreichen abstrakten Wörtern voll sind, selbst beim Volk den Sinnen allzu entfremdet, durch die Kunst des Schreibens allzu verfeinert und durch den Gebrauch der Zahlen fast spiritualisiert ist, insofern sich auch das Volk in Rechnung und Buchhaltung auskennt) jetzt natürlicherweise verwehrt ist, das ungeheure Bild jener Frau zu formen, die sie 'mitempfindende' Natur [natura simpatetica] nennen, (denn während sie dieses Wort mit dem Munde aussprechen, haben sie nichts in ihrem Geist, da der Geist sich im Falschen, das heißt im Nichts, bewegt, und werden auch nicht von der Phantasie unterstützt, daß sie davon ein falsches, ganz ungeheures Bild formen könnten), so ist es uns jetzt natürlicherweise verwehrt, in die ungeheure Einbildungskraft jener ersten Menschen einzudringen, deren Geist in keiner Weise abstrakt, in keiner Weise

---

14 ebenda S. 44/5

15 vgl. Descartes Meditationen I.7.: Descartes imaginierte sich in seinen Meditationen Körperlosigkeit, wenn er auch die Imaginationskraft als dem Körper verbunden ablehnt. Oder in II.16.: "(...) denn da ich jetzt weiß, daß ja die Körper nicht eigentlich durch die Sinne oder durch die Einbildungskraft, sondern einzig und allein durch den Verstand erkannt werden, nicht dadurch, daß man sie betastet oder sieht, sondern daß man sie denkt."(Descartes, Meditationen, Hamburg 1959). So führen die Sinne, Schmerz, Traum, Hunger, Durst usw. Descartes in Schwierigkeiten (VI.7.) und werden als Bereich der Automatik, der Maschine des Körpers abgetrennt. Gegen derartige Konzeptionen geht Vicos Interesse an der Imagination und Affektwelt an.

verfeinert, in keiner Weise spiritualisiert war, da er ganz in die Sinne versenkt, ganz von den Leidenschaften beherrscht, ganz im Körper begraben war.[16]

Selbst das Volk denkt schon abstrakt und hat kein phantastisches Fundament, das - und Vico unterscheidet genau zwischem der Falschheit eines Nichts und der des *ungeheuren Bildes* - in leidenschaftlicher und mitempfindender Wahrnehmung die Natur als *natura simpatetica* empfindet. Nicht mehr eine uralte Weisheit, sondern ein animalischer Zustand mit einer überstarken Phantasie ist in der Neuen Wissenschaft Ursache für die homerischen Epen oder die überlieferte römische Rechtssprache, wobei für Vico alle uns vorliegenden Texte schon späte und verdorbene Redaktionen jenes anfänglichen Ausdrucks sind. Dieses Auseinanderklaffen von rationaler und sympathetisch einfühlender Geistigkeit ist ihm ein wesentlicher Ausgangspunkt. Nicht die letztliche Identität des wilden und des zivilisierten Denkens, wie es eine strukturale Anthropologie annimmt, sondern eine ganz andere Qualität postuliert Vico für die Archaik. Nicht parallelisiert haben möchte er die Schichten, sondern einen evolutionären Geschichtslauf bestimmen. Damit muß eine Definition des Verstandesvermögens notwendig ausgeschlagen werden, da diese es seines Wandlungsvermögens berauben würde. Statt dessen wird man das Definitorische eingegliedert sehen in das Vermögen der Divination, das phantastische Vermögen der erwachenden Geistigkeit, sich als Gott in den Himmel zu projizieren. An einer Stelle der Neuen Wissenschaft klingt zumindest an, was als Konstruktionselement des Spätwerks schlüssig, aber nicht zu Ende formuliert worden ist.

> (...) daß bei den Griechen 'Namen' dasselbe bedeutete wie 'Charaktere'; von ihnen übernahmen die Kirchenväter in unterschiedsloser Verwendung jene beiden Ausdrücke, wenn sie *de divinis caracteribus* (über die göttlichen Charaktere) und *de divinis nominibus* (über die göttlichen Namen) handeln. Und 'nomen' und 'definitio' bezeichnen dasselbe, wenn man in der Rhetorik *quaestio nominibus* (die Frage nach dem Namen) sagt, womit man die Definition der Tatsache sucht.[17]

Die Griechen haben im Spätwerk die Römer als Stichwortgeber abgelöst. Die Legitimation durch Kirchenväter und Rhetorik verdeckt Vicos eigene Theorie der Entstehung der Sprache als ursprünglich unmittelbare Gleichheit von Wort und Konkretion, die in aufeinander folgenden Denk- und Sprachschichten sedimentieren.

Das *divinari* allerdings ist ein heimlicher Kern von Vicos Phantasietheorie. Schon Berlin wies auf die Bedeutung einer *reconstructive fantasia* hin, die mit Verenes üppiger Bezeichnung zu einem *rekollektiven imaginativen Universale* geriet, doch ohne die Apparatur dieses phantastischen Erkenntnisvermögens aufzuschlüsseln.[18]

---

16 NW (265/378)
17 NW (302/433)
18 I. Berlin, ebenda S. XIX, 7.These; den apriorisch-deduktiven und den apriorisch-empirischen Wahrheitsformen müsse eine *reconstructive imagination* hinzugefügt werden.

Sie besteht aus Vicos Bestimmung des Divinen und den cose civili. Cosa civile wurde meist mit *politisches Verhältnis* oder politische Sache übersetzt, mehr als Merkhilfe, denn als konstruktives Element aufgefaßt. Die cose civili sind jedoch mehr. Sie sind Werkzeug der Universalgeschichte und Element des geistigen Wörterbuches, das Vico vorschwebt. Mit dem *divinari*, dem *avvisar l'avvenire*, dem Blick nach vorne, wird der Lauf der Geschichte vorgegeben, in dem sich das von Vico als historische Abfolge gelesene Zwölfgötterpantheon entwickelt. Jeder neue - so notwendige wie falsche - Gott bedeutet eine neue Stufe der Geschichte. Die durch die historische Tat ausgelöste Imagination führt wieder zur nächsten historischen Tat. Und nimmt man diesen imaginativen Kern bei Vico ernst, so findet sich in der eigentümlichen Aussparung der christlichen Tradition, die Vico so zwieschlächtig zwischen klerikaler und revolutionärer Gesinnung deutbar machte, ein theologisches Argument, das in die Theorie paßt: Die Ausklammerung jüdisch-hebräischer Stoffe ist durch das Verbot der Divination in der hebräischen monotheistischen Tradition für dieses Konzept legitim.[19]

So zeigt sich in Vicos Konstruktion ein autonomes geistiges Vermögen des Menschen erschlossen, das einer strengen Gesetzmäßigkeit unterliegt. Ihm gerecht zu werden, bedarf es noch eines Aspektes der Terminologie des späten Vico. Man sollte akzeptieren, daß der alte und von seiner Zeit zurückgewiesene Vico mit der sich immer mehr verschachtelnden und in sich webenden Neuen Wissenschaft ein Privatissimum geschaffen hat, das voll von Selbstbezügen, Selbstverweisen, labyrinthischen Anspielungen steckt, und sogar in böser Ironie sich selbst widerspricht, in der Erwartung, daß die Argumente selbstredend sind. Beginnt man diese Doppelbödigkeit Vicos zu realisieren, verliert man die erzwungene Einseitigkeit vieler interpretatorischer Ansätze. Dem doppelten Boden entspricht der notwendige Irrtum. Er ist mehr Verblendung als List einer Vernunft. Die Definitionskraft des Divinen ist eine Dublette, zugleich Phantasma, falsche Vorspiegelung und historisch richtige Tat der Zivilisationsbewegung. Die divinatorischen Vermögen prozessieren mit der Zivilisations- und Sprachebene mit, während philosophische Definitionen, die nur einen einzigen historischen Ort festhalten können, sich fälschlich verabsolutieren; da sie ihren Ursprung vergessen haben, sind sie nur starre, leblose Gerinnung eines Phantasmas.

Die Imagination der Gottheit gibt die Gesetze des Handelns vor. Bei Vico beginnt dieses erste geistige Leben des Naturzustandes in dumpfer, animalischer Begierde. Dieses berühmte und erste Phantastikum Vicos ist geradezu sprichwörtlich geworden. Der blitzende und donnernde Gewitterhimmel wird als riesiges Lebewesen vorgestellt, das wie ein Spiegelbild die Eigenschaften der Tiermenschen, der *bestioni*, zurückwirft, indem es sie ins Unendliche vergrößert, Furcht auslöst und durch die Flucht in die Höhlen den ersten Zivilisationsschub bewirkt, aus dem

---

[19] NW (187/167)

sich die folgenden mit Notwendigkeit ergeben. Diesen blitzenden Gewittergott hat Vico offensichtlich von Lukrez übernommen. Am Umgang mit ihm findet man auch Vicos zentrales Argument gegen die lukrezische Naturphilosophie. Denn Lukrez hatte die Furchtlosigkeit vor den Naturpänomenen gefeiert, die durch die epikuräische Erklärung der Natur aus Atomen möglich wurde:

> Humana ante oculos foede cum vita iaceret
> in terris oppressa gravi sub religione,
> quae caput a caeli regionibus ostendebat
> horribili super aspectu mortalibus instans,
> primum Graius homo mortalis tollere contra
> est oculos ausos primusque obsistere contra
> quem neque fama deum nec fulmina nec minitanti
> murmure compressit caelum (...)
>
> Als das Leben der Menschen darnieder schmählich auf Erden
> lag, zusammengeduckt unter lastender Angst vor den Göttern,
> welche das Haupt aus des Himmels Gevierten prahlerisch streckte
> droben mit schauriger Fratze herab den Sterblichen dräuend,
> erst hat ein Grieche gewagt, die sterblichen Augen dagegen aufzuheben
> und aufzutreten als erster dagegen ;
> den nicht das Raunen von Göttern noch Blitze bezwangen noch drohend
> donnernd der Himmel (...)[20]

Mit dem Mut des Gottlosen verurteilte Lukrez bitter die Angst vor den Göttern und die grausamen Opfer, wie das der Iphigenie, das als historisch notwendigen Irrtum und jenseits einer Moral zu verstehen Vico im Sinn hat. Dementsprechend hat Vico auch das Ideal einer Naturphilosophie als unmöglich abgelehnt, da sie nicht der problematischen gesellschaftlichen Natur des Menschen gerecht wird. Die Naturphilosophie ist Vico Produkt einer späten Gesellschaft, die nicht mehr die Notwendigkeit der göttlichen Irrtümer einsieht, weil es ihr an jeglicher echter Phantasie gebricht. Die Empörung des zivilisierten Menschen - wenn Vico auch stets bereit ist, sie zu teilen - ist nicht in der Lage, den Heros Agamemnon zu verstehen. In einer gewagten Volte wird das Ideal der Furchtlosigkeit überboten mit der These, daß die selbstgemachte Furcht notwendig am Anfang stehen muß, damit Humanität im Zenith der gesellschaftlichen Entwicklung überhaupt möglich sei. Diese Geschichte für sich ist demnach ethisch genau so wenig determinierbar wie spätere Selektionsmechanismen der Evolutionstheorie. Nur durch die Doppeldeutigkeit, die das Divine als göttlichen Irrtum und zugleich als Stufen eines historischen Purgatoriums sehen läßt, wird die Geschichte zu einer für den Menschen. Alles Göttliche wird bei Vico mit leiser Ironie und Bitterkeit verkleidet. *Göttlich* als Beiname für Plato wie für Aristoteles ist nicht Ausdruck der Verehrung durch Vico,

---

20 Lukrez, De rerum natura I, Vers 62f. (dt. K. Büchner, Stuttgart 1973)

sondern so labyrinthisch spottend wie sein Geschichtsprinzip, dem nur sein antitragischer Sonderweg einer Heilsgeschichte eine sichere Gegenposition geben konnte, welcher ihn wiederum einer radikal atheistischen Aufklärung verdächtig gemacht hatte. Diese Disposition bleibt im Hintergrund wirksam, wenn Vico das Pantheon von Gottheiten, das die griechisch-römische Welt hervorbrachte, mit seinen cose civili zu einer Art Koordinatensystem einer idealen Geschichte zusammenfügt. Wie die cose civili im Laufe der Zivilisation einander ablösten, so folgen auf natürliche Weise die Gottheiten aufeinander, welche nur der unverständigen nacharchaischen Welt - also schon Homers und Hesiods Zeit - ein Miteinander ergeben konnten. Darum

> denken wir in diesem Werk über eine natürliche Theogonie nach, das heißt, eine Erzeugung der Götter, wie sie sich auf natürliche Weise in der Phantasie der Griechen bei bestimmten Gelegenheiten menschlicher Vorteile oder Bedürfnisse vollzog, die, wie sie wahrnahmen, ihnen befriedigt worden bzw. zuteil geworden waren in den Zeiten der ersten kindlichen Welt, die von äußerst furchteinflößenden Religionen erschüttert wurde, so daß die Menschen alles was sie sahen, sich vorstellten oder auch selbst taten, für eine Gottheit hielten.[21]

Heute ist einer vergleichenden Religionswissenschaft die historische Entstehung, Wanderung und Wandlung der Gottesvorstellungen eine Selbstverständlichkeit. Doch wird in diesen Vergleichen von einer Gemengelage schon der alten Hochkulturen ausgegangen, während Vico nur eine Eigengesetzlichkeit der Entstehung sucht, also die verschiedenen Gottesvorstellungen als zwingende Kategorien des archaischen geistigen Lebens auffaßt. Systematisch werden Jupiter, Juno, Apoll usw. als Teilepochen eines *corso*, eines Geschichtslaufes, aneinandergefügt, der, entsprechend Vicos Orientierung an der Geschichte Roms, auch ungefähr deren Dauer entspricht. Als konstruktive Elemente haben Theogonie wie cose civili erst seit der zweiten Fassung der Neuen Wissenschaft ihren Platz gefunden.[22] Die natürliche Entstehung von falschen Gottheiten findet in der Phantasie statt, die an Handeln und Erleben gebunden ist. Die eigene Erfahrungswelt wird projiziert und in phantastischer Übertreibung als unerkanntes Spiegelbild wahrgenommen. Der Donnergott ist an der eigenen Natur entstanden, nur furchterregend vergrößert. Mit der Furcht vor dieser Bestie wandeln sich Lebensweise, und, mit der Lebensweise, das Vorstellungsvermögen. Die ersten

---

21 NW (144/69)

22 Im Diritto Universale wird nur gelegentlich darauf angespielt. Die Scienza Nuova von 1725 gibt als fünftes Buch eine erste separate Auflistung der *natürlichen Theogonie*, deren Bestand auch noch variiert. Hier ist Vico auch noch auf der Suche nach der Form der Neuen Wissenschaft, die ihren Inhalten vorausgeht: das vierte Buch besteht aus nur zwei Seiten. In der späteren Fassung wird die Theogonie in die ersten fünf Abschnitte des zweiten Buches versenkt und aus der direkten Aufmerksamkeit entlassen.

Affekte verlieren ihre Unmittelbarkeit und kristallisieren zu Abstraktionen. Das ist auch die Methode von Vicos poetischer Wissenschaft: Chronographie, Geographie, Astronomie expandieren in Räume und Zeiten, die Expansion ist zugleich Aufstieg des Geistes und Verfall der Phantasie. Es läßt sich darin noch das Bild des platonischen Aufstieges aus der Höhle zum Licht finden, genauso wie Dantes visionärer Weg durch ein Inferno, den Vico für eine ganze Gesellschaft zeichnete. Aber es läßt sich auch schon der neuzeitliche Evolutionsgedanke umreißen, der eine Phänomenologie des Geistes und eine Evolution auf anonymen und eigengesetzlichen Wegen beschreiben wird.

b. anthropomorphé

Phantasie ist bei Vico das grenzüberschreitende Vermögen per se. Doch ist sie mit der Verbindung von Ingenium und Topik in der Rhetorik, wie er sie aus der Situation der Gerichtsverhandlung übertragen hat, nicht ausreichend zu verstehen.[23] Mit der Forderung nach einer schöpferischen Geisteskraft ist noch nicht das Phantasma in seiner Gesetzmäßigkeit behandelt, die es als konstitutives Element für die Geschichtskonstruktion besitzen muß. Vicos Kriterium ist die Menschförmigkeit der Phantasie. Nicht eine mathematische Struktur ist das Maß des Geistes - es gibt ja auch kein objektives Erfassen der Natur - , sondern die organische Form des Menschen ist Bedingung und Maß jeder Erkenntnis. Den populären Satz des Protagoras, der Mensch sei das Maß aller Dinge, der zu einem Kernsatz des Humanismus wurde, hat Vico als Deutungsprinzip der Mythen genommen. Überall erzählt der archaische Mensch von sich in einer unbeholfenen Sprache, die in ihrer maßlosen Übertreibung die geistige Kindheit verrät. Er spricht von sich, seinem Erkennen und Tun, ohne daß er in seiner Naivität überhaupt der Lüge fähig gewesen wäre. Und noch bevor es gelang, in ersten Erzählungen zusammenhängende Geschichten zu entwerfen, ergaben sich die ersten Namen aus der Wahrnehmung des Körpers, der ersten Grenze, die die Sinne übertreten und deren Wahrheiten sie auf die äußere Welt übertragen.

> Bemerkenswert ist, daß in allen Sprachen der größte Teil der Ausdrücke für unbeseelte Dinge auf sie übertragen worden ist vom menschlichen Körper und seinen Teilen, von den menschlichen Sinnen und den menschlichen Leidenschaften. Zum Beispiel für Haupt Gipfel oder Anfang; Stirn, Schultern für vorne und hinten; Augen von den Reben und von dem, was das in die Häuser hereinbrechende 'Licht' genannt wird; Mund für jede Öffnung; Lippe für den Rand eines Gefäßes.[24]

oder als allgemeiner Satz:

---

23 vgl. unten Kap. 3.a.
24 NW (284/405)

> Wenn den Menschen die natürlichen Ursachen unbekannt sind, die die Dinge hervorbringen, und sie diese auch nicht durch ähnliche Dinge erklären können, so schreiben sie den Dingen ihre eigene Natur zu, wie zum Beispiel das Volk sagt, der Magnet sei in das Eisen verliebt.[25]

Diese Liste wird von Vico als Ausgangspunkt seines geistigen Wörterbuches angesehen. Und sie hat sich in einer qualitativen Weise seit dem Diritto Universale verändert. Dort gibt es ebenfalls eine Liste von Urwörtern, die noch im Sinne der Etymologien des Liber Metaphysicus die Urtümlichkeit der lateinischen Sprache erweisen soll.

> Latinis autem prima rerum vocabula item ferme omnia monosyllaba fuere, ut eorum, quae primo erant notanda in natura: 'hoc' pro '*caelo*', (...)'sol', 'lux', 'nox'; in homine 'os', 'frons', 'cor' (...)
>
> Bei den Lateinern aber waren anfangs ebenfalls fast alle Wörter einsilbig, wie diejenigen, die zuerst in der Natur zu beobachten waren: *'dies'* für *Himmel*, (...) 'Sonne', 'Licht', 'Nacht'; am Menschen: 'Bein', 'Stirn', 'Herz' (...)[26]

Der Gedanke der Einsilbigkeit als primärer Sprachform ist naheliegend. Daß Vico bereit ist, den *caelum* zu kürzen, um ihn zu den ersten Worten rechnen zu können, verrät, daß ihn letztlich doch die Inhalte mehr interessieren als die Formen; ebenso die Aufteilung der Bobachtungen auf Natur und Mensch selbst. In der Neuen Wissenschaft gerät der Himmel zum riesigen Spiegel, in dem sich wie bei allen Wahrnehmungen der Natur nur Menschförmiges spiegelt. Aus den frühen Sprachschöpfern einer vollkommeneren Epoche, wie sie noch der Liber Metaphysicus zeichnete, sind nun die *poeti* geworden, die ihre Sprache aus der bildhaften Wahrnehmung gewannen, deren Größe aus ihrer naiven Unmittelbarkeit herrührt und nicht aus einer überlegenen Geisteskraft.

Es ist die einfache körperliche und organische Welt des Menschen, die den ersten Metaphern zugrundeliegt und die das erste Maß der Dinge ist. Der Intellekt formt sich auf dem organischen Untergrund. Das impliziert eine Kritik am Vernunftideal, das seine Herkunft nicht kennt, und gegen das Vicos *Metaphysik der Phantasie* sich erhebt.

> Denn wie die rationale Metaphysik lehrt, daß 'homo intelligendi fit omnia', so beweist diese Metaphysik der Phantasie, daß 'homo non intelligendi fit omnia': und in diesem Satz liegt vielleicht mehr Wahrheit als in jenem, denn durch das Begreifen entfaltet der Mensch seinen Geist [mente] und erfaßt die Dinge, doch durch das Nichtbegreifen macht er die Dinge aus sich selbst, verwandelt sich in sie und wird

---

25 NW (191/180)
26 DU I. CXLIX./S. 185 [kursiv F.H.]

selbst zum Ding (...ma col non intendere egli di se fa esse cose e, col trasformandovisi *lo* diventa).[27]

Ein typischer Satz der Neuen Wissenschaft. Wo sein gedanklicher Mittelpunkt liegt, wird mit einem lapidaren *vielleicht* aufgezeigt. Weder um Wissen noch um sokratische Relativierung geht es ihm, sondern um eine Anverwandlungskraft, die im Phantasma liegt, und auf die am ehesten der moderne Begriff eines Unbewußten angewandt werden kann. Ohne Bewußtsein schafft der Mensch aus sich heraus die reale Welt seiner Vorstellungen und entwickelt auf diese Weise seine geistige Natur. Die Übersetzung macht den doppelten Bezug des *lo* auf *mente* und *cose* nicht mit, was für den Zusammenhang von Geist und Ding, der Doppelfunktion der cose civili, für Vico eigentlich nicht abwegig ist. Jede Auflösung seiner oft unförmigen Satzperioden ist im Grunde schon Interpretation. Was dabei entstehen kann, läßt sich an prominenter Stelle bei Croce ablesen, dessen Vicobuch über weite Strecken den Originaltext paraphrasiert, um einen schlüssigen Zusammenhang herzustellen. Das obige Zitat montierte Croce so:

> Der Mensch schafft die menschliche Welt; er schafft sie, indem er sich in die politischen Dinge verwandelt; und indem er sie durchdenkt, schafft er seine eigene Schöpfung von neuem, durchwandelt von neuem bereits beschrittene Wege, wiederholt seine Taten in Gedanken und erkennt sie darum mit wahrer und vollkommener Wissenschaft. Dies ist in Wahrheit eine Welt, und der Mensch ist in Wahrheit ihr Gott. [L'uomo crea il mondo umano, lo crea *trasformandosi nelle cose civili.* (...) Questo e davvero un mondo e l'uomo e per davvero il Dio di questo mondo.][28]

Croce deutete Vico im Geiste des italienischen Hegelianismus. Die Überlegenheit wie auch Determiniertheit liegen in Croces Fähigkeit, die Zusammenhänge zu gestalten. Sofort identifiziert er die *cose* als *cose civili,* sofort erhält die Autorschaft des Menschen eine geschichtsphilosophische Dimension. Doch was quersteht wird einfach verworfen, und Croces Urteil, die Neue Wissenschaft sei eine *metaphysische Fehlgeburt,* sagt mehr über den Ort und die Grenzen von Croces Ansatz aus als über Vico selbst.

Bleibt man Vicos Satz von der menschlichen Verwandlungskraft und der anthropomorphen Entstehung der Bezeichnungen auf der Spur, so kann man in Verhältnis setzen, daß der Mensch die Dingwelt aus sich selbst schöpft und sich nur durch die Bereitschaft entwickeln kann, diese zu veräußern. Mit einer eigenen Färbung wird der Satz des Protagoras tiefergelegt. Das Ideal einer reinen Begrifflichkeit, Funktion und Begrenzung von Verstandeskategorien, wie Kant sie knapp 50 Jahre nach Vico in seiner Kritik vorlegen wird, wird bescheiden -*vielleicht*

---

27 NW (284/405f.) [kursiv F.H.]
28 B. Croce, ebenda, S. 25 (it.: S. 29) [kursiv F.H.]

liegt mehr Wahrheit - aber dezidiert beiseitegeschoben und durch das phantasmatische Verwandlungsvermögen ersetzt. Spitzt man es zu, so wird hier die ganze naturwissenschaftliche Subjektivität verworfen. Und entsprechend ist Vico auch mit den Anfängen der Naturphilosophie in Ionien umgegangen. Thales wird von Vico verhunzt. Sein Witz über ihn ist so platt wie präzise.

Im Jahre 3406 der Schöpfung, nach Vicos Weltkalender, beginnt Philosophie als Naturphilosophie bei Thales und seiner Bestimmung des Wassers als Urstoff.

> Und er ging aus von einem gar zu abgeschmacktem Prinzip - vom Wasser - vielleicht weil er beobachtet hatte, daß durch das Wasser die Kürbisse wachsen.[29]

Materia come dottrina ist ein durchlaufendes Axiom in der Neuen Wissenschaft, mit dem die Materialität der Wahrheiten gegen jede naturphilosophische Absicht, die Natur als eine objektive Gegebenheit zu behandeln, in Relation zum geistigen Vermögen begründet wird. Auch Vicos Wissenschaft beginnt beim Wasser, nicht jedoch beim *faden und abgeschmackten* der solonischen Zeit Athens, einer für Vicos Geschichttheorie späten und zivilisierten Epoche, sondern bei jener Zeit, in der Wasser Grundstoff der Zivilisationsbegründung war. Dem entsprechend gehört es zu den *klaren und frischen Quellen* der Gebirge, bei denen die aus dem Naturzustand aufgeschreckten ersten Bestien lebten. Dieses Wasser war imaginativ aufgeladen, diente nicht nur dem Gebrauch, sondern auch der Erkenntnis und der Zeremonie. Es wurde als cosa civile im Krug - also schon instrumentell gefaßt - das Begründungsmaterial für die erste Gesellschaft und die ersten feierlichen Ehen, die mit symbolischem Wassergebrauch erinnert werden. Als *Quelle* wurde das Wasser schließlich zur Ursprungsmetapher per se.

Thales Wasser ist nicht mehr so frisch. Es ist fades Spätprodukt philosophischer *Barbarei der Reflexion*, die ohne Wissen über die Herkunft ihrer Kategorien vielleicht richtig beobachtet, daß Kürbisse vom Wasser wachsen, wenn man es zu Landwirtschaft gebracht hat; in diesem Fall als Untersuchung des nach eigenem Maß Vollbrachten jedoch nur mit der Kürbisförmigkeit des eigenen Denkens zusammenhängen kann.

Natürlich lohnt es sich nicht, sich auf derartige Interpretationen festzuschreiben. Es sind Möglichkeiten, Lesarten, die mitklingen, wenn man die Neue Wissenschaft auf ihre doppelten Böden abklopft. Die Subtilität Vicos, das feine Gefüge seiner Gedanken kann an solchen Stellen wenigstens ahnbar werden. Und sie weisen auf den konstruktiven Zusammenhang von cosa civile und anthropomorpher Imagination voraus, der weiter unten noch ausgeführt werden soll.

Die Kritik an der Philosophie als falsche Verabsolutierung einer historisch bedingten Erkenntnis gehört zum Fundament Vicos. Wie im Falle des Thales nimmt sie die Rückstände des Phantasmas für Erkenntnis. Richtig an dessen Intuition ist -

---

29 NW (155/92)

immer gemäß Vico -, daß Wasser wesentlich ist, doch nicht als physikalischer Stoff, sondern als für menschliche Tätigkeit und Imagination nutzbare cosa civile, hinter deren zivilisatorische Nutzung weder Geist noch Sprache zurückreichen. Der abendländischen Philosophie, die sich im Zusammenhang mit der Entstehung einer technischen Beherrschbarkeit der Welt entwickelt hat, ist Vicos Entwurf konträr, und etwas von der Ansicht Verenes wird greifbar, der Vico außerhalb des abendländischen Wissenschaftskontextes ansiedeln möchte.[30] Nicht gegen den Naturwissenschaftsgedanken, sondern mit ihm hatte Xenophanes den Aufbruch aus dem mythischen Kosmos gewagt und die Menschlichkeit der griechischen Götter verhöhnt, die als Fiktion zu demaskieren seien.[31] Das kehrt Vico um: Natürlich sind die Götter menschförmig und selbstgemacht. Wo sie das nicht sind, hat eine überbordende Phantasie sie deformiert, sie nach den ebenfalls unmäßigen Gliedmaßen der ersten Menschen geformt. Aber gerade in ihrer Falschheit sind sie Sache des Menschen, begleiten den historischen Prozeß und entsprechen dem jeweiligen Stand der Humanität, Wo man sie verlachen kann, ist man den Imaginationen, dem magischen Kosmos schon entronnen und versteht nichts mehr davon. Eine natürliche Erklärung der Welt ist für Vico schon Abhub, Vergessen, das die Gefahr eines neuen Versinkens in die Schrecken mit sich führt, allerdings auch eines Versinkens in eine größere Intensität des Lebens.

Die Kritik an den naturphilosophischen Methoden in Vicos Frühwerk ist in der Neuen Wissenschaft zu einer völligen Disqualifizierung geworden. Von heutiger Perspektive aus, im Bewußtsein der Dominanz der technologischen Zivilisation, ist die Einseitigkeit von Vicos Urteil schon fast zu leicht greifbar. Was bei Vico fehlt, ist jeder Begriff der Mühe, welche die Erfindung von Geräten und Waffen, die Zähmung von Tieren, erster Hausbau und Haushalt gewesen sein muß. Vielleicht läßt sich jedes technische Instrument auf den menschlichen Körper zurückführen, wie der Löffel auf die hohle Hand und der Hammer auf die Faust. Aber die Kreativität, als Arbeit oder Spiel, ist ein wesentlicher Bestandteil menschlichen Tuns, der auch in die Mythen eingegangen ist. Bei Vico jedoch ist alles gegeben, systemisch zusammengedrängt in seinen konkreten Kategorien. Diese haben wiederum in ihrer Begrenztheit ihre Berechtigung, denn sie arbeiten schon mit der

---

30 D.Ph. Verene, ebenda S. 25: "Das philosophische Denken des Abendlandes setzt mit dem Begriff der Vernunft ein und versucht, Vernunft als mit der wahrgenommenen und gelebten Konkretheit der Erfahrung vermittelt zu erfassen. Die Auseinandersetzung Platos mit den poetischen Bildern und das Anliegen des Aristoteles, den Menschen als rationales Lebewesen zu konzipieren, machen das jeweils auf ihre Weise deutlich. Ich meine, daß Vico außerhalb dieser abendländischen Tradition steht."

31 K. Heinrich, Anthropomorphé, FM 1986, S. 102: "An dieser Stelle stoßen wir überhaupt auf einen der wichtigsten Mechanismen, die die okzidentale Philosophie hervorgerufen haben: denn hier sehen wir, daß der Versuch, soweit zu abstrahieren von der Realität, daß man mit ihr nichts mehr gemein hat, überhaupt nicht zu trennen ist von dem gegenteiligen Versuch, diese Realität mit Effizienz, mit realer Wirksamkeit zu beherrschen."

auch heute unaufgelösten Gegensätzlichkeit von technischer Macht und gesellschaftlichen Bedürfnissen. Gesteht man nun zu, wie stark gesellschaftliche Organisation, Ökonomie und Herrschaft die technischen Möglichkeiten steuern und bedingen, sieht man sich einmal den Vorrat technokratischer Weltbilder an, wie begrenzt haltbar dieser aus soziologischer Perspektive ist, dann läßt sich trotzdem und bei allen Vorbehalten gegenüber Vico eine in ihrer Konstruktion gültige und moderne Darstellung des Zusammenhangs von Gesellschaft und Denken, Religion und Tun erkennen, in der das Grundgerüst einer Geschichte der Zivilisation mit Präzision und auf eine unverstellte Art gelang.

c. biographische Notiz

Die Zweifel an Vicos Größe, ebenso wie ihre Bestätigung, haben sich immer auch an seiner Autobiographie genährt. Daß diese in viele Richtungen weist, haben die zahllosen Anekdoten um Vico, die Stilisierung zum Schmerzensmann oder zur denkerischen Unschuld, genügend gezeigt. Sie nicht aufwendig zu übernehmen, nimmt Vico nichts von der wirklichen Größe, mit der er seinen Gedanken treu geblieben ist, sie immerhin erfolgreich durch ein seiner Arbeit widerstrebendes Leben entwickelte.[32] Wichtiger ist jedoch, daß Vico in dem weiten Bereich, den er zum Nährboden seiner Neuen Wissenschaft gemacht hatte, von früh an selektiv auf wenigen Grunderfahrungen aufgebaut hat; umgekehrt wiederum, in der Autobiographie, die er über sechzigjährig verfaßte, sich selbst in den Kategorien der Neuen Wissenschaft beschreibend, das Gedachte mit dem Gelebten fügte.

Der junge Vico, der von Lukrez inspirierte Gedichte schrieb, strebte zugleich nach der präzisen Begrifflichkeit der Rechtswissenschaft, und mußte zwischen diesen beiden Polen eine Verbindung herstellen, die zu einer Ästhetik in beiden Bedeutungen des Wortes wurde: Lehre vom Schönen, wie Bestimmung einer Wahrnehmungslehre als Grundlage geistigen Lebens.[33] Diese Komplementarität hat sich in einer Weise fortgesetzt, welche die Neue Wissenschaft nicht zuletzt zu einem Versuch macht, eine strenge und wahre Dichtung auf dem Niveau des neuzeitlichen Gedankens zu geben. Die unbestreitbare Sprachkraft und sein literarischer Feinsinn gehören zu Vicos Wissenschaft, die den unbedingten dichterischen Ausdruck nicht gegen das sublime Glück eines Metaphysikers vertauschen wollte. Die Sinnlichkeit

---

32 Dem Marchese de Villarosa ist eine Ergänzung der Autobiographie zu verdanken, die Vicos selbst verfaßter düsterer Lebensbeschreibung (L'autobiografia, GW 11, Bari 1929) ein bitteres Ende in einem langjährigen Marasmus hinzufügte. Der Briefwechsel (ebenda) und andere Hinweise bezeugen dagegen, daß Vico noch 1743 wegen einer Neuauflage der Neuen Wissenschaft korrespondierte.

33 Kant hatte sich von vorneherein für eine Möglichkeit entschieden. Dazu KdrV, Transzendentale Ästhetik §1, Anmerkung zu Baumgarten (WA III, FM 1982, S. 70)

des Erzählens nimmt noch teil an der ewigen idealen Geschichte, während die Dramatisierung dem Autor als Ruhepunkt eine Distanz offenhält.

In der Gewißheit, daß ein Philosoph kein Dichter wäre, sondern Erbe einer heroisch-dichterischen Vorzeit - für seine eigene Epoche sah Vico offenbar Dante als homerischen Heros eines neuen ricorso und sich als Kind einer Verfallszeit - war ein Rückgewinnen schöpferischer Kraft nur durch Rückwendung zu sinnlicheren Zuständen möglich. Die Wiederentdeckung der archaischen Zeit durch ein historisches Bewußtsein könne Anteil an ihren Kräften geben, ohne daß man zurückfallen müßte in die Barbarei einer Urzeit. Über die Hypothese einer kollektiven Autorschaft der homerischen Epen hinaus, wie sie mit philologischen Mitteln sich in der Folge verifiziert hat, geht es Vico um eine qualitative Unterscheidung des dichterischen vom metaphysischen Geist. So sagt er anläßlich seiner Homerstudien im dritten Buch der Neuen Wissenschaft,

> daß das Wesen der Dichtung es unmöglich macht, daß jemand als Dichter und Metaphysiker gleich erhaben sei, weil die Metaphysik den Geist von den Sinnen abzieht, das poetische Vermögen den Geist ganz in die Sinne hinein tauchen muß; die Metaphysik erhebt sich zu den Allgemeinbegriffen, das poetische Vermögen muß sich in die Besonderheiten vertiefen.[34]

Das poetische Vermögen als die Sprache einer ganzen Epoche aufzufassen, nicht als Schöpferkraft eines über die Zeit hinausragenden Individuums, sondern als Tiefenschicht jeder späteren abstrakten Sprache, das ist die geniale Synthesis Vicos, ist die *poetische Logik*, die die Überlieferung der mythischen Erzählungen in der schon verzerrten Optik der *poeti corrotti* mit der nackten römischen Rechtssprache synchronisiert. Blieb den Griechen der Mythos erhalten, so entspricht dem das archaische Gesetz der Römer. Und wie in den antiken Texten Fragmente der Frühgeschichte auf deren geistige Verfassung hin deutbar sind, so leben diese logischen Frühformen in der Ontogenese fort. Diese heute gängige evolutionstheoretische Annahme hat Vico schon verwandt. Beobachtungen an Kindern, die der mit ihnen so zahlreich gesegnete Vico vielleicht schärfer machte als Jean Piaget, die pathologischen Symptome, Stottern, Zeichensprache der Stummen haben ihn zu Rückschlüssen auf die Phylogenese gebracht.[35]

---

34 NW (563/821)
35 J. Piaget hat die Verwandlung der Argumentation über moralische Fragen bei heranreifenden Kindern genau verfolgt. (Das moralische Urteil beim Kinde, FM 1973). Moralischer Zwang sei eine autoritäre Verfälschung einer Urteilsinstanz, die natürlich entsteht. Moral, Autorität und logisches Vermögen sind einander proportional. Piagets pädagogischer Ansatz, wie die Elemente der Soziologie seit Durkheim lassen alle einen Verweis auf Vico zu. Doch sperrt sich Vico gegen die Autonomie solcher Erkenntnisse. Sein Vertrauen in die Geschichtsgesetze ist durchsetzt mit der Kritik an der Negativität der Wachstumsprozesse.

So gibt eine kleine autobiographische Anmerkung Vicos einen vielstimmigen Sinn. Wie ein Paukenschlag beginnt die Autobiographie mit einem Treppensturz des knapp sechsjährigen Vico. Er erklärt Vicos saturnische Anlagen, denn

> (...) del guarito malore provenne, che indi in poi e' crescesse di una natura malinconica ed acre qual dee essere degli uomini ingegnosi e profondi, che per l'ingegno balenino in acutezze, per la riflessione non si dilettino delle arguzie e del falso.
>
> (...) vom geheilten Übel blieb, daß er fortan zu einer melancholischen und herben Natur heranwuchs, wie sie schöpferische und tiefe Menschen haben müssen, damit sie, mit einem vor Scharfsinn blitzenden Verstand, sich nicht mit Schlauheit und Trug vergnügen mögen.[36]

Das mag real gewesen sein. Doch der sechzigjährige Vico überführt die Erinnerung in seine Theorie. Ganz oben steht auch der Philosoph, der Sophist und Metaphysiker, der nicht in die Dunkelheit unter sich sieht. Er kann stürzen, wie die Metaphysik auf ihrem Globus und mühsam unter Schmerz wieder emporsteigen. Ebenso hat Vico die Geschichte als Sturz verstanden, als Sturz in die tumbe Triebhaftigkeit der wild und sinnlich umherschweifenden Menschenbestien. Die Lokalisierung an einem für die frühkindliche Sexualität einschneidenden Zeitpunkt gibt Vico ebenso wieder, wie er der christlichen Kosmologie mit ihrem Sündenfall und dem notwendigen Wiederaufstieg einer Geschichte treu bleibt. Die Bildwelt von Dantes Commedia, sein Abstieg zum Inferno und Wiederaufstieg, ebenso die Augustinische Hierarchie von irdischer und himmlischer *civitas* bleiben erhalten. Nur daß die in theologischer Spekulation ersonnenen Jenseitigkeiten zu einer irdischen Welt verschmelzen, als sekundäre Produktionen Kontraktion und Expansion geistiger Vermögen begleiten, ohne die Geschichte nicht möglich ist. Die Transzendenz wird nicht abbildbar. Allenfalls in der Erkenntnis des Gesamtgesetzes weist etwas über die Geschichte hinaus. So werden Aufstieg und Fall historisiert, die Unterwelt zu Wildheit und Wildnis, deren Dimensionen für den, der die Transformationen übersieht, durchmeßbar werden.

> Von den unterirdischen Gottheiten ersannen die theologischen Dichter in ihrer Phantasie zuerst die des Wassers; und das erste Wasser war das der nie versiegenden Quellen (...) daher kann die erste Unterwelt nicht tiefer als der Grund der Quellen gewesen sein.
> (...)
> Die Idee der Unterwelt dehnte sich mit den Bestattungen aus; daher nennen die Dichter das Grab 'Unterwelt'.
> (...)

---

36 L'autobiografia ebenda S. 3

> Später war die Unterwelt ebenfalls von geringer Tiefe, nämlich von der Tiefe einer Furche, (...) so wird der goldenen Zweig erklärt werden, mit dem Äneas in die Unterwelt hinabsteigt.
> (...)
> Schließlich wurde die Unterwelt gedeutet als die Ebenen und Täler (im Gegensatz zur Höhe des Himmels, den man sich auf den Bergen dachte) wo die Verstreuten in der schändlichen Gemeinschaft blieben.[37]

So wachsen die Dimensionen und Inhalte der Vertikalen mit den Tätigkeiten der frühen Gesellschaften. Die ersten Familien kannten nur die Tiefe des Quellwassers. Bestattung und Ackerbau verwandelten Dimension und Qualität der religiösen - und nicht der naturwissenschaftlichen - *prima materia*, bis in der zweiten Phase des Zivilisationsprozesses die Unterscheidung von schändlichen Gemeinschaften und aristokratischen Gesellschaften entsteht, die sich von ihren Imaginationen lenken ließen. Das Gesellschaftsfeindliche wurde in die Unterwelt verbannt. Ein irdisches Maß durchzieht so die entstehende religiöse Kosmologie, die reale Prozesse spiegelt und zugleich auslöst.

Vicos Beharren auf der Verbindung von logischen Formen mit ihrem realen Kontext hat ihn diejenigen Konstruktionen als Anmaßung eines nur formalen Denkens sehen lassen, die kein Werden, keine Relation des Denkens zu seinem historischen Ort anerkennen. Die archaischen Zivilisationen, die weit vor der Zeit geschriebener Worte und gelehrter Unterhaltungen begannen, müßten anders zu entschlüsseln sein. Diese Disposition hat eine programmatische Äußerung Vicos bewirkt, die oft als reine Polemik und hochmütiges Bekenntnis zur Isolation gelesen wurde. Doch hinter der Geste des Verkannten ist es ein - vermutlich nicht eingehaltenes - Ideal, das als Besonderheit seiner Analyse durch ein *als ob* für sich reklamiert, was in Wirklichkeit bei der Erforschung von schriftlosen archaischen Zeiten eine Selbstverständlichkeit ist.

> Da uns somit einerseits die Anmaßung der Völker, von denen jedes das erste der Welt gewesen sein will, entmutigt, die Prinzipien dieser Wissenschaft bei den Philologen zu finden, da uns andererseits die Anmaßung der Gelehrten, die wollen, daß das, was sie wissen, vom Anfang der Welt an, am besten begriffen worden sei, uns an der Hoffnung verzweifeln läßt, sie bei den Philosophen zu finden, so muß man für diese Untersuchung so tun, als ob es keine Bücher auf der Welt gebe.[38]

---

37 NW (504/714f.)
38 NW (231/330)

Verachtung für den Literatur- und Wissensbetrieb, aber auch ein Wissensideal, das an Radikalität mit der cartesischen Formel mithalten kann, hat die Selbststilisierung vorgezeichnet, die Vicos Prinzip bedeutet. Der Kern führt auf den wohl berühmtesten Satz der Neuen Wissenschaft.

> Ma in tal densa notte di tenebre ond'e coverta la prima da noi lontanissima antiquità, apparisce questo lume eterno che non tramonta di questa verità, la quale si può a patto alcuno chiamar in dubbio: che questo mondo civile egli certamente e stato fatto dagli uomini, onde se ne possono, perchè debbono, ritruovare i princìpi dentro le modificazioni della nostra medesima mente umana.

> Doch in solch dichter Nacht voll Finsternis, mit der die erste von uns so weit entfernte Urzeit bedeckt ist, erscheint dies ewige Licht, das nicht vergeht, folgender Wahrheit, die auf keine Weise in Zweifel gezogen werden kann: daß diese politische Welt sicherlich von den Menschen gemacht worden ist; deswegen können ihre Prinzipien innerhalb der Modifikationen unseres eigenen menschlichen Geistes gefunden werden.[39]

Das ewige Licht liegt nicht in der Struktur der Erkenntnis, sondern in den Modifikationen. Die geistigen Prinzipien müssen in den Sedimenten geschichtlichen Handelns gesucht werden, liegen also außerhalb des Denkens, wenn sie auch in ihm gefunden werden. Innenwelt des Denkens und Außenwelt des Handelns müssen füreinander durchlässig sein. Und in der Problematik dieser Innen-Außenverhältnisse zeigt sich wieder die *Spiegelung* als Elementaroperation Vicos. Da nämlich der Zusammenhang des Geistes mit dem Körper schwer zu sehen sei, wegen dem

> in den Grundsätzen erwähnten Mißgeschick [miseria] des menschlichen Geistes, der versenkt und begraben im Körper, natürlicherweise dazu neigt, die körperlichen Dinge wahrzunehmen und einer sehr großen Anstrengung und Mühe bedarf, um sich selbst

---

39 NW (231/331) In der Scienza Nuova prima von 1725 gibt es einen verwandten Satz, der über die Genese des Prinzips Aufschluß gibt. Vicos Ausgangspunkt war ganz konkret Rom: "Che dense notti di tenebre, che abisso di confusione non dee ingombrare e disperdere le nostri menti messe in ricerca di qual natura, di quai costumi, di qual sorte di governo dovette essere Roma antica; della quale non possiamo dalle nostre nature, costumi e governi fare nessuna, quantunque lontanissima simiglianza." - "Welches Dickicht finsterer Nächte, was für ein Abgrund an Verwirrung; er darf uns nicht hindern und nicht unsere Sinne zerstreuen, die auf der Suche nach dieser Natur sind, nach diesen Sitten, nach dieser Art von Gemeinwesen, das das antike Rom gewesen sein mußte; mit jenen können wir für unsere eigenen Naturen, Sitten und Regierungen nicht die geringste Ähnlichkeit erkennen."(Opere filosofiche, ed. N. Badaloni, Firenze 1971, S. 202)

zu begreifen [le cose del corpo] - so wie auch das körperliche Auge die Gegenstände außer sich sieht und doch den Spiegel braucht, um sich selbst zu erblicken.[40]

Konsequent wird nun der ganze *mondo civile* wie ein Spiegel vor das durch seine Körperlichkeit einseitige Auge, das *occhio corporale* gehalten. Über dieses Prinzip findet die Evolution des Geistes und der Zivilisation statt. Der menschliche Geist ist an vorgegebene Elemente wie an ein Gerüst angebunden, an dem er fortgesetzt Realität und fantastische Vorspiegelungen vermengt, bis er sich aus dem Kontext seiner Entstehung befreit.

d. das Frontispiz

Auch Vicos Frontispiz am Eingang der Scienza Nuova verdient eine Erwähnung. Er ließ es für die erste Ausgabe von 1731 malen. Als Kunstwerk darf es bezweifelbar sein; als Sinnbild, als Emblem ist es dem *Leviathan* von Hobbes und den Schiffen jenseits der Säulen des Hercules, die Bacon seiner *Instauration magna* voranstellte, gleichwertig, verglichen mit deren selbstredender Programmatik jedoch enigmatisch.

Unübertreffbar ist auf dem Bild die Dichtheit der Scienza Nuova gezeichnet. In düsterer Landschaft brütet trüb ein Licht. Im Zentrum die Metaphysik, Muse mit viel zu kleinen Flügeln an den Schläfen, die Attribut und - in Vicos Dechiffrierung heroischer Symbolik - Signum eines Herrschaftsanspruches sind. Sie rudert auf dem schwankenden Globus der auf dem Altar gegründeten Zivilisation, die Augen gehen leer in den Himmel, während der von dort kommende Lichtstrahl durch ihren Körper in die Tiefe gebrochen wird. Demütig richtet sich der blinde Homer gegen die cose civili. Gemessen am Podest der Metaphysik ist sein Stand stabil. Aber er ist gefangen in der düsteren Vorwelt. Das Geschehen über ihm berührt ihn nicht. Nur ein dritter Lichtstrahl könnte ihn auf die Welt über ihm aufmerksam machen. Der fällt aus. Es gibt keine direkte Verbindung zum Licht für diesen Homer.

In der früheren Fassung des Bildes, die noch in der ersten Gesamtausgabe der Werke Vicos von 1858 enthalten ist, gibt es eine erschreckend grobe Variante.[41] Dort ist Homer ein Barbar, der Hand an den Altar der Metaphysik legt, die wiederum entsetzt und abweisend die Arme gegen ihn streckt, um sich im Blick nach oben zu entziehen. Die spätere Redaktion, die dieses Bild für unzureichend hielt, hat damit eine Bestimmung des Verhältnisses von Mythos und Metaphysik, von Philologie und Philosophie bei Vico ausgeschlagen, das noch etwas von der Bedrohlichkeit dieser archaischen Welt nennt, die das heute übliche Frontispiz gegen eine elegantere und tänzerische Ausführung vertauscht und verschwiegen hat.

---

40 NW (232/331)
41 G. Vico, Opere, Napoli 1858 (Nachdruck Berlin DDR 1970)

Was die Anordnung der Lichtbündel deutlich macht, ist, daß die Metaphysik der Welt durch ihre Körperlichkeit verbunden bleibt. Die Sinne bei Vico sind aktiv:*olfacere*, wörtlich *geruchmachen*, ist riechen, die Augen besitzen Lichtstäbe, *bastoni di luce*, die anfängliche Sinnlichkeit ist in jeder Hinsicht stofflich und aktiv.

> Sie sagten 'audire' (hören) gleichsam 'haurire' (schöpfen), da die Ohren die von anderen erschütterte Luft trinken würden. Sie nannten 'cernere oculis' (mit den Augen erblicken) das Deutlich-Sehen (von daher kam vielleicht bei den Italienern 'scernere' (unterscheiden), weil die Augen ein Sieb seien und die Pupillen zwei Löcher - denn wie aus jenem Lichtstäbe herabgehen, die die Erde berühren, so sollten aus den Augen durch die Pupillen Lichtstäbe hervorgehen, die die Dinge berühren, die man deutlich sieht (das ist der Sehstab, den später die Stoiker erörtert haben und den in unseren Zeiten Descartes mit Erfolg bewiesen hat); und sie nannten 'usurpare oculis' (mit den Augen ergreifen) ganz allgemein das Sehen, gleichsam als ob sie sich mit dem Sehen der gesehenen Dinge bemächtigten. Mit dem Wort 'tangere' (berühren) bezeichneten sie auch das Stehlen, denn mit dem Berühren nimmt man von den Dingen, die man berührt, ewas weg, was jetzt kaum die umsichtigsten Naturphilosophen begreifen. 'Olfacere' nannten sie das Riechen, gleichsam, als ob sie selbst durch das Riechen die Gerüche machten, dies haben später, mit gewichtigen Beobachtungen die Naturphilosophen als wahr befunden, daß nämlich die Sinne die Qualitäten verursachen, die 'sinnlich' genannt werden. Und schließlich nannten sie 'sapere' das Kosten, und 'sapere' gilt im eigentlichen Sinne von den Dingen, die einen Geschmack verursachen, da sie an den Dingen deren eigentümlichen Geschmack verursachen; daher wurde später mit schöner Metapher 'Weisheit' (ital.: sapienzia) gesagt, die von den Dingen den Gebrauch macht, den sie in Wirklichkeit haben, nicht etwa den, den die Meinung ihnen andichtet.[42]

Die geistige Aktivität beginnt bei den Sinnen, ihrem Zusammenhang mit den Bedürfnissen und Realien des Lebens, aus denen heraus sie ihre Beschreibung finden. Vergnüglich fast referiert Vico die naturphilosophischen Argumente, um sie hintergründig zu überbieten. Das Auge und ein Lichtstab, der die Dinge berührt wie Hände, muß nicht durch komplizierte anatomische Spekulation, sondern durch die realen Interessen an den Dingen erfaßt werden, ebenso das Riechen, das dermaßen die heroische Geruchswelt durchzieht, daß es einer gepflegten Naturphilosophie die Beobachtung verleiden könnte. Wahre Weisheit, also poetische Weisheit, hält sich an den *eigentümlichen Geschmack*, der sich im Umgang mit den Dingen ergibt. Begreifen kommt vom Anfassen, einer Bemächtigung, die vom Ausprobieren und Ergreifen bis zu Raub und Diebstahl reicht. Diese Sinnenbegriffe führen erneut zur Tat als Bedingung des Wissens. Und die Sinne, die in die nächtliche Welt des Nichtwissens einfallen, beginnen einfach und tastend. Mit einer Metapher aus der

---

[42] NW (489/706)

Schlaf- und Traumwelt versuchte Vico die Bedingungen dieser Sinnlichkeit darzustellen:

> (...) wie ein Mensch, der schlafend in einem dunklen, sehr kleinen Zimmer eingesperrt ist, und es in dem Schrecken der Finsternis sicher für viel größer hält, als er es mit den Händen ertasten wird.[43]

---

43 NW (133/50) Im DU findet sich ebenfalls eine pointierte Stelle auf die Parallele von Frühzeit mit Schlaf und Traum: "Ita, ut, nisi ita saepe dormitaret, numquam bonus fuisset Homerus". So wäre, wenn er nicht so oft geschlafen hätte, Homer niemals gut gewesen (DU, Dissertationes (73), S. 863).

2. die Transformationen

In der Autobiographie berichtet Vico von seinen frühen Kämpfen mit der Logik, gegen deren zermürbende Starrheit er nicht bestehen konnte.[1] Doch anders als bei Hobbes, der in seinem Leviathan die mathematischen und logischen Formen als ephemere mit leichter Hand zur Seite wischte,[2] hat Vicos frühe Auseinandersetzung mit ihnen die Erkenntnis präformiert, daß ein abstraktes Denken nicht in die Entstehungszeit eines Verstandes gehören kann, jedoch mit ihr in irgendeinem Bezug stehen müßte. Auch Vico bestreitet das methodische Versprechen eines Formalismus, doch nicht, um die Realität der Abstraktionen zu ignorieren, sondern um sie von ihrem geistigen Unterbau herzuleiten, tieferliegenden Formen des Konkreten, die aufzuschließen, die Anmaßung und Substanzlosigkeit eines rein formalen Erkennens ihrer realen Zusammenhänge überführt. Und so ist einer der längsten Abschnitte in der Neuen Wissenschaft der Rekonstruktion einer *poetischen Logik* gewidmet, die weder deduktive Kunst des Schließens, noch Baconsche induktive Kunst des Erfindens ist. Die poetische Logik ist bei Vico zugleich Werkzeug im Prozeß der Herstellung des mondo civile wie anthropologische Selbstbestimmung, ist Bindeglied zwischen den Dingen und ihrer Ordnung nach dem Prinzip, *daß die Ordnung der Ideen fortzuschreiten habe nach der Ordnung der Dinge:*

L' ordine dell' idee deve procedere secondo l'ordine delle cose.[3]

Fast selbstredend ergeben sich die *cose* Vicos als cose civili, wenn man sie innerhalb der Neuen Wissenschaft entdeckt. Sie sind nicht pantheistisches Axiom, sondern bewegtes Verhältnis von Ding und Idee, die einander historisch vermittelt werden.[4]

---

1 L'autobiografia, ebenda, S. 31
2 Gerade der Vergleich mit Hobbes hat seine Reize. Bei Hobbes heißt Denken "nichts anderes als sich eine Gesamtsumme durch Addition von Teilen oder einen Rest durch Subtraktion einer Summe von einer anderen vorstellen" (T. Hobbes, Leviathan FM, 1984, S. 32). Metaphern seinen Irrlichter (S. 37), Furcht vor einer eingebildeten Sache sei Religion (S. 44), Verstand sei Urteilskraft ohne Phantasie (S. 54), die scholastische Logik ist Hobbes schlicht und einfach Wahnsinn (S. 62).
3 NW (204/238)
4 Spinoza, Ethik I.7.: "Zur Natur der Substanz gehört das Existieren."
Rossi merkt in seiner Ausgabe der Neuen Wissenschaft zu diesem Elementarsatz Vicos an, daß er sich hier eben auf die Geschichte beziehe und vergleicht ihn mit dem Satz II.7 von Spinozas Ethik. "Die Ordnung und Verknüpfung der Ideen ist dieselbe wie die Ordnung und Verknüpfung der Dinge". Vicos *cosa* ist völlig verschieden von Spinozas *res*. Das entscheidende Kriterium, mit dem Vico sich von Spinoza abgrenzt, ist der Geschichtsgedanke. Daß er allerdings Spinoza

Gegen Spinoza - dessen Verhältnis von Substanz und Existenz von Ernst Cassirer einmal ein *Erschlichenes* genannt wurde[5] - beginnt die Vermittlung bei Vico mit der Affektivität. Das dürfte die entscheidende Absetzung von Spinoza sein, wenn auch die Inspiration Vicos durch Spinoza manchmal genannt wird. Wie Vico hat Spinoza eine Emphase auf der Affektwelt. Doch diese wird in stoischer Haltung - Vico zählte Spinoza ja zur stoischen Mentalität - als verhindernde und störende gesehen, menschliche Knechtschaft, die gemeistert werden muß, um den Lebensbereich einer philosophischen Ethik zu erobern. Vico dagegen geht von der Richtigkeit und Notwendigkeit des affektiven Ausdrucks aus, der sich im Verlauf der Geschichte sublimiert. So kann er Spinozas Denken als Kaufmannsmoral einer schlichten Triebökonomie verspotten, während er selbst, vom sicheren Boden seiner katholischen Ethik aus, einen Blick in die Vorgeschichte und Relativität der Werte liefert.

Auch wenn Vico gegen den Rationalismus und seine Religionskritik polemisierte, mußte er sich zu der Verstandesschärfe und Radikalität des spinozistischen Gedankens hingezogen fühlen. An ihm hat sich sein kritisches Interesse für Systeme schärfen müssen und sein Eigenes abscheiden können: denn bei Vico ist jeder Ausdruck schon Aussage. Ob Kausalkette oder reale Ankettung in Familie und Knechtschaft, auch das mythische Bild ist schon *logos* einer Geistesverfassung, die sich nicht anders zu erklären weiß, und die gerade in ihrer Grobheit und Dumpfheit nicht lügen kann. Gegen das Ideal der distinkten Erkenntnis steht Vicos archaische Logik. Dem Determinismus eines reinen Gedankensystems steht die Wirklichkeit mythischer Epochen gegenüber, in denen die Abstraktion der Kausalkette wurzeln muß. Sie ist anfangs nicht logische Kategorie, sondern *nexus,* reale Bindegewalt.

> Die Autorität begann ursprünglich als göttliche; mit ihr eignete sich die Gottheit die wenigen Giganten an, von denen wir gesprochen haben, indem sie sie im eigentlichen Sinne auf den Grund der Erde schmetterte und sie in den Schlupfwinkeln der Höhlen unter den Bergen ansiedelte; das sind die eisernen Ringe, mit denen die Giganten aus Furcht vor dem Himmel und vor Jupiter an die Plätze gekettet blieben, an denen sie im Augenblick des ersten Blitzes des Himmels, über die Berge verstreut, sich gerade befanden.[6]

---

sehr ernst genommen hat, dürfte auch aus der Vehemenz seiner Polemik in der Neuen Wissenschaft zu schließen sein.
5 E. Cassirer, ebenda. S. 31 (vgl. Einl. Anm. 11). Für Cassirer ist die Kritik der Vernunft als Kritik der Kultur zu führen. Was Cassirer m. E. trotz seiner Berufung auf Vico von ihm trennt, ist seine strukturalistische Vorstellung von der Autonomie der Sprache, während sie bei Vico an das Verwandlungsvermögen der Affekte gebunden bleibt.
6 NW (271/287)

Die anfänglich phantasierte Autorität flektiert die Tat. Das erste religiöse Erschrecken der Menschen projiziert eine Herrschaft, die sie ins Versteck treibt. Die unfreiwillige Seßhaftigkeit ist der erste Grund, zugleich kausal und unter den Füßen. Das prometheische Bild der Ankettung wird von Vico restlos eingefügt. Die Autorität, als die aus der Rechtssphäre übernommene *auctoritas*, ist zugleich Eigentumskategorie wie Eingriff der Imagination in das Trieblaben. Angst, die als falsche in ihrer geschichtsauslösenden Dynamik momentane Richtigkeit besitzt, hat dem Prometheus und dem Tityus das Herz verzehrt, sie, die vor Angst erstarrten, an ihre schützende Wohnstatt fixiert. Damit beginnt die Kausalität der Zivilisation.

> Aus diesen Ringen war die große Kette gebildet, an der Dionysius Longinus die größte Erhabenheit aller homerischen Mythen bewundert: bezüglich dieser Kette schlägt Jupiter vor, um zu beweisen, daß er der König der Menschen und Götter sei, er allein würde, wenn sich an ihr eines Ende alle Götter und alle Menschen hängten, am anderen entgegengesetzten Ende, sie alle hinter sich herziehen; und wenn die Stoiker wollen, daß diese Kette die ewige Reihe der Ursachen bedeute, mit der ihr Fatum die Welt umschlossen und gebunden hält, so mögen sie zusehen, daß sie selbst nicht darin verwickelt werden, denn das Hinter-sich-Herziehen der Götter und Menschen an dieser so beschaffenen Kette hängt von der Willkür Jupiters ab, und sie wollen, daß Jupiter dem Fatum unterworfen sei.[7]

Ein apriorisches Fatum kann es nicht geben. Es liegt außerhalb jeder menschlichen Reichweite, in der die erste Ursache ja aus sich heraus gleichermaßen produziert wie projiziert wird. Hinter der Lehre von den Ursachen hat Vico schon ihr archaisch-historisches Bild freigelegt: daß die erwachende Phantasie des Tiermenschen ihn in die Höhlen treibt. Nicht die Kriterien der Logik, sondern das Organ der Imitation, deren Elemente in Kunst und Rhetorik am ehesten erhalten blieben, sind Vicos Antwort auf den Rationalismus. Die Wahrheit ist eine auf ihre Geschichte zurückzuführende Metapher. Eine Logik, die diese Tragik von Notwendigkeit und Verblendung nicht kennen will, diese *Logik ist komisch*.[8] Die Metapher als das universale Stilmittel ist der *Skandal der Logik*. Die Logik als Abstraktion nährt sich schließlich auch nur von der Kraft der Metapher.[9]

Ist Vicos poetische Logik dann überhaupt noch eine Logik? Poetische Logik ist Bildkraft, ein System von ineinandergreifenden Verwandlungen, die entlang eines schematischen Szenarios der Geschichte angeordnet sind. Ursache und Wirkung sind so wenig voneinander frei wie Subjekt und Objekt. Nur rund um die cose civili

---

7 a.a.O.
8 D.Ph. Verene, ebenda S. 103 (vgl. Einl. Anm. 3): "In der logischen Auffassung eines Geschehens gibt es keine Tragödie, weil sie keine tragische Verwicklung kennt. Logik ist komisch."
9 E. Grassi, Vico and Joyce, ed. Verene, NY 1987, S. 150: "Metaphor itself is a scandal to logic. Through analogies it transfers (metapheréin) to terms meanings that do not pertain to them: meadows do not 'laugh', a mountain does not have a 'head', a shore has no 'breast'."

läßt sich die Abfolge der religiösen Imaginationen als ihr subjektiver, die Verwandlung der historischen Schauplätze als ihr objektiver Aspekt festhalten. Diese werden insgesamt nicht voneinander frei. Der Täter und seine Tat stehen in einer Beziehung zueinander, die man mechanisch als Rückkoppelung beschreiben könnte, und die für sich schon die Virtuosität von Vicos Geschichtskonstruktion zeigen kann. Oben wurde die Funktion der Theogonie kurz genannt, in der sich Vorstellung und Tat vereinen, eine natürliche Theogonie,

> das heißt eine Erzeugung der Götter, wie sie sich auf natürliche Weise in der Phantasie der Griechen (...) vollzog, (...) so daß die Menschen alles, was sie sahen, sich vorstellten oder auch selbst taten, für eine Gottheit hielten.[10]

Die Frage nach der Herkunft der mythischen Gottheiten hatte schon die Antike beschäftigt, doch die Verwandlung des Pantheons in einen Zyklus der Geschichte dürfte Vico ganz eigen sein in der Verbindung von Affekt, Vorstellung und Tat. Die erste angstauslösende Projektion des donnernden und blitzenden Himmels, der die scheuen Bestien in die Höhlen treibt, ist nur die erste Fiktion. Mit der durch seßhafte Lebensformen erreichten Ehe erhält dieser Jupiter seine Juno zur Seite, neue zivilisatorische Leistungen werden in neuen Gottheiten ausgedrückt, die wiederum zu neuen Taten führen. Zusammen mit den ebenfalls zwölf cose civili, die Vico auf dem Frontispiz zu Füßen des Homer ausgebreitet zeigt, führen sie leicht in Mißverständlichkeiten. In der hermetischen Welt der Neuen Wissenschaft gerät Vico schnell in die Nähe zu mittelalterlicher astrologischer und alchymischer Spekulation. Aber bei allem befremdlichen Material gibt es am zentralen Punkt eine verblüffende Umkehrung, die über Hans Blumenbergs Auffassung von der *heiteren Ästhetik* bei Vico weit hinausreicht.[11] Wie die Heroen mit der Erweiterung des menschlichen Fassungsvermögens in die Sternbilder, und die Götter zu den Planeten erhoben wurden, so muß die reale Geschichte verlaufen sein. Doch ist die Geschichte Ursache der Sternbilder und nicht etwa umgekehrt.

> Um nun von den Planeten etwas mehr zu sagen als von den Sternbildern, so wurde sicherlich Diana, Göttin der in ehelichen Beilager bewahrten Schamhaftigkeit, die sich nachts völlig schweigend zu den schlafenden Endymionen legt, auf den Mond versetzt, der der Nacht Licht spendet. Venus, Göttin der politischen Schönheit, wurde auf den lachendsten, heitersten und schönsten von allen Planeten versetzt. (...) Wegen all dessen, was hier erörtert worden ist, muß man sagen, daß der vorherrschende Einfluß, der den Fixsternen wie den Planeten über die sublunaren Körper zugeschrieben wird,

---

10 NW (144/69), vgl. S. 97, Zit./Anm. 21
11 H. Blumenberg, Arbeit am Mythos, FM 1979, S. 412 f.: Blumenberg ist auf den Mythos des Prometheus fixiert. Daß ihm Vicos Verständnis desselben zu einer *ästhetischen Aufheiterung* gerät, ist schwer nachzuvollziehen, wenn man den Naturalismus der heroischen Zeiten in der Neuen Wissenschaft vor Augen hat. Daß Vico einen völlig verschiedenen Begriff von der Leistung des Mythos, ebenso wie der ingeniösen Phantasie hat, entgeht Blumenberg. M.E. besitzt Vico auf keinen Fall einen romantischen Grundgedanken (S. 415).

ihnen beigemessen worden ist danach, worin die Götter wie die Heroen dominierten, als sie auf Erden lebten. So sehr hängt er von natürlichen Ursachen ab.[12]

Tanto dipendono essi da naturali cagioni. Sogar in der alten Kosmologie geht es natürlich zu, wenn man versteht, wie sie zusammengekommen ist. Aber nicht der alchymisch naturphilosophische Zusammenhang von Makrokosmos und Mikrokosmos ist gemeint, sondern die menschliche Natur, die ihre Angelegenheiten in den Weltraum projiziert. Von dort ist keine Hilfe zur Lebensführung zu erwarten, keine andere Weisheit als die selbst in den Himmel geschriebene archaische Geschichte findet sich dort. Als Bildwelt nahm Vico diese ernst, löste aber die hybride Sternenweisheit auf in eine anthropologische Gesetzmäßigkeit.

Man könnte versuchen, hier die geometrische Methode Vicos anzusiedeln, eine Art projektiver Geometrie, doch wird die Organizität und Materialität der Neuen Wissenschaft damit nicht begreiflich;[13] es sei denn durch das Spiegelungsmotiv, das im Bereich von Verzerrungen, Über- und Untertreibungen hier paßt. Doch liegen Vicos formale Elemente der Projektion in der Rhetorik, den Metaphern und den anderen literarischen Tropen, die nichts tun, als die karge Sprache in vielfältiger Weise abzuwandeln und zu gestalten. An ihnen findet das Gerüst der Imaginationen und der cose civili sein Leben.

Dazu kommt das schon genannte Prinzip der Verkehrungen.[14] Das Auge, das ein Gitter in der Netzhaut als Lichtraster abbildet; die Urmenschen, die sich in den Himmel spiegeln; die Metaphysik auf dem Frontispiz, die ihr eigenes Auge an den Himmel veräußert. Schon das sensuelle Vermögen verändert das Wahrgenommene. Über den Aufstieg der Verstandeskräfte in der Zivilisation ändern sich auch die Vorspiegelungen. Die geistigen Höhlen mit ihren Schattenbildern brechen auf, um neue, weitere und abstraktere freizugeben. Am Ende der Verwandlungen steht der Sturz zurück oder aber - das gehört zum interpretatorisch Möglichen bei Vico - eine von Vorspiegelungen freie Vernunft, die ihre Idole kennt.

Es gibt keinen Zweifel, daß mit der Betonung dieser Inhalte von Vicos Lehre das Rätselhafte und Befremdliche heraussticht. Unbehaglich ist die aneinander expandierende materielle und geistige Dimension und die an ihren historischen Ort gebundene Logik, die sich, wie ein zwischen zwei Spiegel geratener Blick, ins Unendliche fortbiegt. Andererseits enthält sie in nuce eine Bewußtseinstheorie, die - völlig verschieden von der historisch nahen Theorie der *petites perceptiones* bei Leibniz - mit einer Gegenwelt zur Rationalität operiert, die dem scharfen psycho-

---

12 NW (513/730-31)

13 Das ist die Tendenz, die S. Otto bei der Übersetzung (lat.dt. München 1983/84) und Kommentierung (S. Otto/H. Viechtbauer, Sachkommentar zu G.B. Vicos Liber Metaphysicus, München 1985) des Liber Metaphysicus schon verfolgte. (Vgl. auch die Kritik an Otto in der Einleitung)

14 vgl. S. 92, Zit./Anm. 12

analytischen Bewußtseinsbegriff verwandt ist.[15] Der Durchbruch ebenso wie das Fortleben von Tiefenschichten des Bewußtseins ist durch keine *mathesis*, sondern nur durch einen radikalen Begriff von Körperlichkeit und ihrer Vermittlung zu den geistigen Prinzipien zu erhalten.

a. die Imaginationen

Mit der Sintflut als Nullpunkt der Geschichte hat Vico einen allgemeinen Naturzustand postuliert, von dem ausgehend sich eine Entstehung menschlicher Gesellschaft herleiten läßt, die aber im Unterschied zu uns vertrauten Evolutionstheoremen mit der Imaginationskraft als treibendem Prinzip arbeitet. Die erste dumpfgeistige Wahrnehmung der Natur fand in Projektion der eigenen Körperlichkeit und Triebe an den Himmel statt, der in phantastischer Übertreibung zum riesigen und fürchterlichen Lebewesen wird. Dieser Himmel und seine Gewitter hatten durch die Flucht in die Höhlen zur ersten unfreiwilligen Okkupation geführt. Das verzerrte Spiegelbild seiner selbst, das er nicht erkannte, begann den Menschen zu zähmen. Donner und Blitz, die Attribute jener Gottheit, sind auch die ersten Zeichen, die beobachtet und gedeutet werden müssen. Die affektive Unmittelbarkeit verwandelt sich in Aufmerksamkeit. Sie wird zu Zeichen von Botschaften, die gedeutet werden müssen. Und mit der langsamen Verwandlung des vorstellenden Vermögens in Rationalität brechen die Bilder fort und lassen am Ende eines *corso* die Abstraktionen, die bildlosen Zeichen zurück. Doch der historische Weg vom ersten Gewittergott zu diesen Abstraktionen ist lang. Erst folgen die weiteren Imaginationen. Jupiter erhält die Juno an die Seite: Die Verwandlung von der Bestie zu ersten Lebensgemeinschaften verwandelt auch die religiösen Projektionen. Die *natürliche Theogonie* setzt sich fort, deren Prinzip an einer Stelle des Diritto Universale in aller Unschuld und Selbstverständlichkeit erklärt wird, nämlich wie die Äthiopier schwarz wurden. Da in Äthiopien die Götterbilder mit Ruß geschwärzt wurden, wurden die Kinder durch die Kraft der Phantasie schwarz geboren:

> Et quia atris cerussis facies colorabant, quod nigrum sanctiorem colorem putarent (...) tandem, vi phantasiae generantium, nigri filii nati sunt, et curata in naturam conversa est.
>
> Und da sie mit schwarzem Ruß die Gesichter [der Götterbilder] färbten, weil sie schwarz für eine heiligere Farbe hielten (...) sind schließlich, durch die Kraft der

---

15 G.W. Leibniz, Nouveaux Essays, Paris 1966, S. 38: Die *petites perceptiones* sind Wahrnehmungen und Vorgänge unterhalb der Bewußtseinsschwelle. Sie sind das bewußtseinstheoretische Pendant zum Differentialkalkül. Für Vico, wie auch später für die Psychoanalyse, ist nicht die quantitative Menge der Eindrücke das Kriterium des Bewußtseins, sondern der Antagonismus von Unbewußtem und Bewußtem, bei Vico von mythisch-poetischer und rationaler Epoche des Menschen.

Phantasie bewirkt, die Kinder schwarz geboren, und das Gemachte zu Natur geworden.[16]

Künstlich Gemachtes kann zu Natur werden. Das ist die Verwandlung des *verum et factum convertuntur*, die schon im Diritto Universale geschieht. Was bei den Erwachsenen aus religiöser Vorstellung geschieht, ist den Nachkommen schon unmittelbar zur Natur gewachsen. Aber nicht eine Pointe aus Vicos eigener *vis phantasiae* braucht hier bloßgestellt zu werden, denn sie ist unabdingbare Voraussetzung einer solchen Theorie. An diesem Beispiel kann das Theogonieverständnis der Neuen Wissenschaft aufgezeigt werden. Dieses wird von Vico auf eine gesellschaftliche Evolution hin angeordnet. Die Götter, die vor der Zeit der Städte, also in archaischer Zeit verehrt wurden, sie

> werden aber hier im zweiten Buch mit Hilfe einer natürlichen Theogonie, das heißt einer Erzeugung der Götter, wie sie sich auf natürliche Weise im Geist der Griechen vollzog, folgendermaßen geordnet hervortreten: Jupiter, Juno; Diana, Apoll; Vulkan, Saturn, Vesta; Mars, Venus; Minerva, Merkur; Neptun.[17]

Diese Theogonie ist verbindlich für die Entwicklung der *gentes maiores* bis zu den Städtegründungen, mit denen sich die Götter vervielfachten. Denn diese Städte bestanden aus Heroen und Sklaven, Herrschern und Beherrschten. Die Herrscher stilisierten sich zusätzlich zu den imaginierten auch selbst zu Göttern, während sich die Knechte plebejische Gegengötter schufen: der heroischen Venus, mit bedeckter Scham und dem Adler als Symbol der Auspizien, steht die nackte Venus mit der Taube als proletarisches Pendant gegenüber. Auf diese Weise beginnt ein enormer Reichtum an Variationen und Entstellungen der wenigen mythischen Grundfiguren, ein mythisches Durcheinander, das sich im Geschichtslauf schließlich sedimentiert.

Als erstes folgt dem Jupiter die *Juno*, Jupiters Schwester und Gattin, gemäß der für Vico unproblematischen Vermutung, daß die ersten Ehen unter Geschwistern geschlossen wurden, da nur die Familien zusammenlebten. Als Gattin wird Juno ins Joch der Ehe eingespannt, wie Vico drastisch den Mythus interpretiert.

> Und jene Hieroglyphe oder jener Mythos von Juno, wie sie in der Luft mit einem Strick um den Hals aufgehängt ist, wobei ihr auch die Hände an den Strick gebunden sind und zwei schwere Steine an ihren Füßen hängen, was die ganze Heiligkeit der Ehe bedeutete (in der Luft, wegen der Auspizien, die für die feierliche Hochzeit vonnöten waren, weswegen der Juno als Diener Iris gegeben und ihr der Pfau zugewiesen wurde, der in seinem Schweife dem Regenbogen (iride) ähnelt; - mit dem Strick um den Hals, um die Gewalt anzudeuten, die die Giganten den ersten Frauen antaten; - die Hände mit dem Strick gebunden, der sich später bei allen Völkern zu einem Ring verfeinerte; um die Unterwerfung der Gattinnen unter ihre Ehemänner zu

---

16 DU II. pars posterior XVII. (14)/S. 503
17 NW (226/317)

zeigen; - mit schweren Steinen an den Füßen, um die Beständigkeit der Ehen anzudeuten.)[18]

Das habe schon ein Plato nicht mehr verstanden, der eine Idee, einen philosophischen Heroismus aus dem poetischen gemacht habe. Für Vicos Theorie zählt die Installierung von Ehe und ihr Preis, das gesellschaftlich verbindliche Geschehen. Platos Deutung der Juno in der Luft als Idee der atembaren Luft wird in böser Parodie zurückgewiesen.[19] Das goldene Zeitalter war in Wahrheit eine Epoche von Fanatismus und Aberglauben, eine historische Frühzeit und kein Paradies.

In der *morale poetica*, dem folgenden Abschnitt des zweiten Buches in der Neuen Wissenschaft tauchen die nächsten imaginierten Charaktere auf: *Diana* und ihr Bruder *Apoll*.

> Sie war das erste menschliche Bedürfnis, das die in bestimmten Gegenden seßhaft gewordenen und mit eindeutig bestimmten Frauen ehelich verbundenen Giganten empfanden.[20]

Scham und Keuschheit waren aus der rohen Installation der Ehen erwachsen. Vico knüpfte sie an die oben schon erwähnte Diana, die schweigende Göttin, die einen Aktaion, der diese Gesetze der Reinheit nicht einzuhalten verstand, in den Wahnsinn trieb. Kein produktiver Widerstreit der Leidenschaften und kein philosophischer Heroismus wie bei Giordano Bruno wird von Vico zugestanden.[21] Nur kurz flackert die Differenzierung auf, daß der Mensch im Konflikt liegen kann zwischen natürlichem Antrieb und verinnerlichtem religiösen Gesetz. Doch das Thema wird nicht durchgeführt. Auf dieser Ebene der Zivilisation gibt es für Vico kein psychisches Kriterium, keinen Widerstreit der Affekte. Der Widerstand gegen die imaginierte Lebensregel führt zu Wahnsinn und Selbstzerstörung. Umgekehrt wird dagegen die Verfolgung Daphnes durch Apoll, dem Bruder der Diana, als produktive Leistung interpretiert.

> So war die Verfolgung durch Apoll Kennzeichen einer Gottheit, die Flucht Daphnes Kennzeichen eines wilden Tieres; aber später, als die Redeweise dieser strengen Geschichte nicht mehr verstanden wurde, kam es, daß die Verfolgung durch Apoll als die Tat eines Unzüchtigen, die Flucht Daphnes als die einer Frau gedeutet wurde.[22]

---

18 NW (359/514)
19 NW (359/515)
20 NW (372/528)
21 vgl. den Aktaionmythos bei G. Bruno, Heroische Leidenschaften, Hamburg 1989, S. 64: "Ich schicke meine Gedanken aus nach erlesener Beute, und sie, zu mir zurückgekehrt, geben mir den Tod mit grausam wilden Bissen."
22 NW (378/533) Die philologische Frage, ob im an dieser Stelle verderbten Autographen Vicos für Frau nun *donna* oder *diana* steht (die italienische Textausgabe von F. Flora, Milano 1957 liest hier donna), erübrigt sich, wenn man die Unschärfe von Ursache und Wirkung zuläßt, unter der

Apoll und Diana als Gottheiten sind nun Sinnbild für jene kleine Gemeinschaften, die als Jäger an Gebirgsquellen lebten, sich dort vermehrten und - Vico scheut sich nicht die Realursache des Verwesungsgestankes anzuführen - begannen, ihre Toten zu bestatten. Nach der Tiefe der Quellen als erstem Inbegriff des Abgrunds, entdeckten die Menschen so die Tiefe der Gräber und, präzise im Zusammenhang mit dem einsetzenden Ackerbau, die Unsterblichkeit der Seelen.

> (...) und sie umgaben die Gräber mit so großer religiöser Scheu, das heißt göttlicher Furcht, daß die Bezeichnung 'religiosa loca' (heilige Stätte) bei den Lateinern vorzugsweise jene Stätten behielten, wo Gräber waren. Und hier begann der allgemeine Glauben (...) an die Unsterblichkeit der menschlichen Seelen, die 'dii manes' (Manen) hießen und im Zwölftafelgesetz im Abschnitt De parricido (Über den Mord), 'deivei parentum' (Götter der Väter) genannt werden. (...) Und weil derartige Gräber sich im Grunde der Felder befanden, die anfangs für die Aussaat bestimmt waren, sind somit die Schilde in der Wappenkunde als 'Grundlage des Feldes' bezeichnet, wofür später Grundlage der 'Wappen' gesagt wurde.[23]

Grab und Feld geben die erste Orientierung und Selbstbestimmung. Sie werden später imitiert, abstrahiert und zu Wappen stilisiert. Mit der Vermehrung der ersten Familien beginnt der Ackerbau, dessen Prinzip Vico in Herkules und seiner Rodung der Urwälder gedeutet hat. Hier siedeln die Mythen des Goldes, das in diesen ersten Zeiten für niemanden als Metall interessant gewesen sein konnte, sehr dafür als Goldglanz des reifen Getreides, dessen Wert den neuen Abschnitt heroischer Geschichte prägt.

Das goldene Zeitalter ist das Zeitalter von Opfer und Herrschaft, die das stille Treiben an den Quellen ablösen. *Saturn*, dessen Name von den *sati*, den Saaten kommen müsse, und ihm zur Seite *Vesta* als Göttin der bebauten Erde, sind religiöse Personifikationen der Realgeschichte. Die Erde selbst ist zum dornigen und widerborstigen Drachen geworden, eine Hydra, der aus jedem abgeschlagenen Halm zwei neue erwachsen. Diese Erfahrung des Neubeginnes und Wiedererstehens in den Jahreszeiten verschafft der Phantasie neue Metaphern der Dauer und der Unsterblichkeit. Mit dem Ackerbau werden die ersten Grenzen gezogen, die ersten *termini*, mit denen zunächst die Felder begrenzt wurden, und von denen, wie der wissenschaftliche *Terminus*, ebenso alle späteren Eigentums- und Herkunftsbezeichnungen, Wappen und geprägtes Geld ihren Ursprung haben müssen. Mit dieser Bestimmung des Ackerlandes, den Lichtungen im Urwald, beginnt auch die Ausgrenzung jener, die nicht zu den Gründern gehören. Jene hatten nicht die

---

die scheuen und widerspenstigen Frauen des Naturzustandes sich verwandelten: jede donna in Vicos archaischer Geschichte ist eine Diana, die sich selbst in den Himmel schrieb und ihrem Bild gehorchte.

23 NW (374/529)

Fähigkeit zur Imagination und der dazugehörigen Angst, wurden weder fromm noch seßhaft und schweiften weiter umher. Allenfalls konnten sie, ihren Vorteil suchend, die Familien aufsuchen und sich als Knechte verdingen. Wo nicht, so waren sie die ersten Feinde und Menschenopfer.

> Auf diesen Feldern opferte Vesta dem Jupiter die Gottlosen aus der schändlichen Gemeinschaft, die die ersten Altäre entweihten (wir haben oben gesagt, das seien die ersten Kornfelder, wie unten erklärt werden wird); das waren die ersten Schlachtopfer, die ersten Opfertiere der heidnischen Religionen; sie wurden von Plautus, wie oben bemerkt worden ist 'saturni hostiae' (Schlachtopfer Saturns) genannt.[24]

Das erste Opfer ist zugleich die Rache des Eigentümers und Bestrafung eines Frevels. Mit der Eingrenzung des Ackers beginnt die Epoche des Brudermordes, den Vico an Romulus und Remus erklärt, während er die naheliegende Kainsgeschichte übergeht. Mit dieser Auflösung der Mythen gelingt es Vico, die Ursprünge von Herrschaft direkt an ökonomische Prozesse und ihre Zwänge zu binden, ohne die geistige Dimension zu übergehen, welche die Begründung des Eigentums bewirkte. Seine Bestimmung kann der Hegelschen und Marxschen Aufnahme der Beziehung von Herr und Knecht standhalten, indem sie die ökonomische, die Affekt- und die Bewußtseinsgeschichte verbindet, ohne daß eine Seite zur Ursache der anderen gemacht würde.

Neben dem düsteren Treiben der ersten Ackerbauer beläßt Vico nun die Tugend der heroischen Gesinnung. Ein sekundärer Zivilisationsschub wird durch das heroische Vorbild bei den Bestionen ausgelöst, die aufgrund ihres Eigennutzes bereit sind, den Naturzustand aufzugeben. Der wesentliche Unterschied ist, daß die Primärgiganten von ihrer Einbildungskraft gezähmt wurden, während die sekundären nur der äußeren Notwendigkeit der Lebensfristung folgen.

> Daran ist ebenfalls bemerkenswert, daß die ersten, weil sie zur menschlichen Gesellschaft gelangten durch den Antrieb der Religion und des natürlichen Instinktes, die Fortpflanzung des Menschen fortzusetzen, (...) eine edle und herrschaftliche Freundschaft begründeten; während die zweiten, weil sie durch die Notwendigkeit, ihr Leben zu retten, zur Gesellschaft gelangten, die 'Gesellschaft' im eigentlichen Sinne des Wortes, das heißt vornehmlich um wechselseitiger Vorteile willen, begründeten und folglich eine niedere und sklavische Freundschaft.[25]

Imagination contra dem Kampf ums Überleben, der die neuzeitliche Ethik prägte, wie sie für Vico durch Machiavell und Hobbes repräsentiert war. Auf dieser Ebene steht Vico nicht gegen einen Utilitarismus, will ihn aber überhöhen durch seine Theoreme der Wildheit, die allein eine sinnvolle Auflösung der Mythen ermöglichen.

---

24 NW (388/549)
25 NW (392/555)

Die rauhen Sitten der Heroen gegenüber ihrem rechtlosen Gefolge aus Knechten werden beschrieben als solche, die der klassischen Heroik spotten. Die *famoli* sind die vielen, die mangels eigenen Landes kein Wappen und keinen Namen besitzen und in etymologischer Ableitung von der *familia* den Namen des Familienoberhauptes tragen. Wenn die Griechen Aiax *Turm der Griechen* nannten, weil er seinen Ruhm mit turmhafter Stärke erstritt, dann spürt man wieder den feinen und präzisen Spott Vicos, der - ganz Brechtsche Parabel - den turmhaften Mann auf den ersten, die leviathanische Menschenformierung in ironischer Wendung auf den zweiten Blick freigibt.

> So waren sie Genossen der Mühen, nicht aber auch der Erwerbungen und noch weniger des Ruhmes, von dem nur die Griechen erstrahlten. (...) So muß in den heroischen Zeiten der Griechen, wie Homer erzählt, Aiax zu Recht 'Turm der Griechen' genannt worden sein, der allein gegen ganze Trojanerscharen kämpfte.[26]

Jemand, der keinen eigenen Namen besitzt, sich also dem Namen eines Helden wie Ajax unterordnet, hat Anteil an der Mühe, aber nicht am Ruhm. Wie im Krieg so im Frieden waren die Knechte recht- und namenlos an die Herren gebunden. Sie waren bei der Gründung der Städte dabei, die als Asyle die Zufluchtsorte der famoli im Sinne von Gefängnissen waren, wie sie unter Vesta und Saturn als Herrschaft der Eigentümer, und unter *Venus* und *Mars* als Heroen von Krieg und Gesetz entstanden sind. Die heroische Venus wird Vico nicht müde als einen Charakter *politischer Schönheit* zu erklären: Streit um heroische Privilegien setzt zwischen herrschender und beherrschter Klasse ein, da die Knechte durch den Umgang mit ihren Herren und die Seßhaftigkeit an Kraft und Klugheit gewinnen und Rechte beanspruchen. Mars ist der Kriegsherr dieser Streitigkeiten. Die Klasssenkämpfe und der entsprechende Niederschlag im mythologischen Kanon beginnen.

Zwischen Mars und Venus, zwischen den aristokratischen Kriegsheroen und der Angst vor der Vermischung der Klassen entsteht der Gott *Vulkan*. Er ist von anderer Couleur. Sein Hinken - das für Vico ein gesellschaftliches sein muß, da die heroische Eitelkeit keine Deformation zuließ - hat ihn als Genius der Schmiedekunst zwischen die Klassen gesetzt. In ihm läßt sich die promethische Dimension, die die Gesellschaftsverhältnisse für das Technische durchlässig macht, am ehesten vermuten. Die technische Bewältigung der Natur hat Vico nie als selbständige zivilisatorische Leistung gewürdigt. Sie ist in seiner Konstruktion vorgegeben. Doch Vulkans furchtloses Interesse führt zu einer neuen Verflechtung der mythischen Verhältnisse.

> Und auf uns ist gekommen, daß Vulkan mit derartigen einäugigen Giganten in den ersten Schmieden - das waren die Wälder, an die Vulkan Feuer gelegt und wo er die ersten Waffen hergestellt hatte, nämlich, wie wir gesagt haben, an der Spitze

---

26 NW (396/559)

angebrannte Speere - für Jupiter die Blitze herstellte (dabei wurde die Idee jener Waffen ausgedehnt); denn Vulkan hatte Feuer an die Wälder gelegt, um bei offenem Himmel zu beobachten, woher Jupiter seine Blitze senden würde.[27]

Über die einäugigen Polypheme kann Vico nur lächeln, da sie ja längst - in anthropomorpher Metapher nach ihren runden Höhleneingängen benannt - als Höhlenbewohner gedeutet wurden. Diese mitwissende Komplizität fordert Vico auch vom Leser. Der Jupiter, der, in Erweiterung der Idee einer göttlichen Waffe, sich Holzblitze, also Speere, herstellen läßt, ist einer jener Heroen, die gegenüber seinen Knechten selbst den Status einer Gottheit reklamiert. Vulkan wird in die Nachfolge der herkuleischen Arbeiten genommen. Zugleich ist er jemand, der neugierig auf die Ausblicke zum Himmel ist, die das Recht auf Auspizien bedeuten. Und während er hier ambivalent nur geschildert wird, an heroischer wie knechtischer Natur Anteil zu haben scheint, wird kurz darauf das Thema ergänzt: Vulkan ist ein *Doppelcharakter*. Er spiegelt die nun einsetzenden innergesellschaftlichen Probleme.

> Um nun zu den drei Charakteren von Vulkan, Mars und Venus zurückzukehren, so ist hier zu bemerken, (..) daß sie erstens drei göttliche Charaktere waren, die die Heroen bedeuteten; im Unterschied zweitens zu ebensoviel Charakteren, die die Plebejer bedeuteten; wie Vulkan, der mit einem Axthieb Jupiter das Haupt spaltet, aus dem Minerva entspringt, und der, da er sich in einen Streit zwischen Jupiter und Juno mischen will, mit einem Fußtritt von Jupiter aus dem Himmel geschleudert wird und davon lahm wird. (...) Wie diese drei Charaktere hier, so werden andere unten an ihrem Ort erklärt werden. So werden wir Tantalus als Plebejer finden, der die Früchte nicht fassen kann, die sich heben, noch das Wasser berühren, das sich senkt; Midas als Plebejer, der vor Hunger stirbt, weil alles, was er anfaßt, Gold wird; Linus als Plebejer, der mit Apoll im Gesang wetteifert, und, besiegt, von ihm getötet wird.[28]

Denn mit der Entstehung von Herrschaft und Knechtschaft bilden sich neben den unsterblichen, da rein imaginären Göttern auch sterbliche, nämlich die Heroen, die als Götter auftreten, und schließlich ihre plebejischen Gegenprojektionen. Damit hat Vico ein Instrumentarium, um jede mythische Erzählung in sein Geschichtsmodell einzubauen. Der Widerstreit unter den Göttern, ebenso die gräßlichen mythischen Strafen und Qualen sind schlicht plastische Beschreibung realer Ereignisse. Tantalus ist ein Empörer gegen die Sklaverei. Er hat kein Land und ist auch nicht zu feierlicher Eheschließung *aqua et igni* fähig. Des Midas Unfähigkeit die rechte Musik zu hören - also diejenigen Gesetze zu kennen, die in geheimer Sitzung beschlossen wurden -, beweist seine plebejische Abkunft. Marsyas und Linus lassen sich durch die Herausforderung des Zivilisationsgesanges als Plebejer erkennen. Kein Zauber, keine heidnischen Mysterien bleiben übrig in dieser totalen Mythenlehre. Diese macht die Neue Wissenschaft als Konstruktion nunmehr ganz unverbindlich, denn in

---

27 NW (403/564))
28 NW (411/580)

die Überlagerung der jeweiligen Deutungsebenen, ob göttlich, heroisch oder plebejisch, wird fast alles deutbar. Erstaunlich bleibt von daher umso mehr, wie bestechend die Geschichtsdeutung Vicos insgesamt ist, wie plausibel die Interpretamente, in die auch seine sprachgeschichtlichen Überlegungen wieder passen.

> Solche Mythen oder Doppelcharaktere müssen im heroischen Zustand notwendig gewesen sein, da die Plebejer keine Namen hatten und die Namen ihrer Heroen führten, wie oben gesagt worden ist - ganz abgesehen von der höchsten Spracharmut, die in den ersten Zeiten geherrscht haben muß; da doch, bei unserem Reichtum der Sprache, ein und dasselbe Wort oft verschiedene und manchmal zwei entgegengesetzte Dinge bedeutet.[29]

Wenn schon jetzt die Sprache alles andere als reich ist, wie karg muß sie dann in ihren Anfängen gewesen sein. Ein Name umfaßte Herr, Familie und Knechte. Ein Wort wird auf immer neue Dinge und Verhältnisse übertragen, wechselt Dimension und Qualität in der metaphorischen Spiegelung.

Die Ära des politischen Lebens hat begonnen. Die radikale Kürzung, mit der Vico das heillose Durcheinander und den überbordenden Reichtum der mythischen Bilder auf gesellschaftliche Verhältnisse zurechtgestutzt hat, hatte Macht, Gesetz und Auflehnung in ihnen gelesen, und sie in historischer Vermittlung als eindeutige Verhältnisse bestimmt. Gekürzt wird alles Unförmige und Übertriebene aus den Mythen. Der heroische Vulkan fängt den plebejischen im Netz, der plebejische spaltet das Haupt Jupiters: So entspringt *Minerva*. Sie ist die Konsequenz der plebejischen Aufständler, die, soweit sie nicht entfliehen in die überseeischen Länder, um dort selbst als Heroen zu fungieren, nach Rechten begehrten, die ihr Leben erleichterten.

> (...) denn die Väter schlossen sich in einen Stand zusammen gegen die empörten Knechte, und von diesem Geheimnis begannen diejenigen Geheimnisse auszugehen, die die Staatstheoretiker 'arcana imperii'(Staatsgeheimnisse) nennen.[30]

In den organisierten Ständen wehrten sich die Aristokraten gegen das Aufbegehren ihrer Knechte. Doch da die Plebejer in den Diensten ihrer Herren in jeder Hinsicht gereift und erstarkt waren, gelingt es ihnen nun, Eigentum am Ertrag der Felder, das bonitarische Eigentum der Nutznießerschaft, und zunehmend ein Recht nach dem anderen zu erwerben, wie Eherecht und Auspizien. Vico ist hier schon ganz der Erzähler römischer Geschichte, die er mit griechischer Mythologie synthetisiert. Und er macht sich keine Illusionen über die Wege der göttlichen Vorsehung: Die

---

29 NW (411/581)
30 NW (419/589)

Aristokraten erwehren sich der Herausgabe ihrer Privilegien. Das ist die wahre Minerva, die Vico den Philosophen entgegenhält.

> Doch Minerva wird bei Homer immer durch die ständigen Beiworte 'Kriegerin' und 'Freibeuterin' hervorgehoben, und nur zweimal erinnern wir uns, ihren Namen mit dem Beiwort 'Ratgeberin' versehen gelesen zu haben; und die Eule und der Ölbaum waren ihr heilig, nicht etwa weil sie nachts nachsinne und beim Licht der Lampe lese und schreibe, sondern um das nächtliche Dunkel der Verstecke anzudeuten, mit denen, wie wir oben gesagt haben, die Humanität begründet wurde, und vielleicht, um eigentlicher anzudeuten, daß die heroischen Senate, aus denen sich die Städte zusammensetzten, die Gesetze im geheimen entwarfen; und davon blieb sicher den Aeropagiten die Sitte, ihre Stimmen im Dunklen zu geben im Senat von Athen, das die Stadt Minervas war.[31]

Einer späten Epoche bleibt es vorbehalten, in der Nacht die Bücher zu studieren. Humanität und Bildung werden bei Vico in nächtlicher Verschwörung begründet. Doch auch der Widerstreit der Klassen findet ein Ende. Auf Dauer erweisen sich die Plebejer als stärker. *Merkur*, der geflügelte Bote der Heroen, überbringt die Rechte und heroischen Attribute, Agrargesetz und Eigentum, mit dem der Handel als Entlohnung der Knechte in Naturalien beginnt. Das natürliche Recht der Völker nimmt seinen Lauf und beendet seine Entwicklung dort, wo unsere Überlieferung erst beginnt, nämlich den Seereisen der Argonauten und des Odysseus. Es gibt eine letzte religiöse Imagination mit *Neptun*. Er ist der Gott der Seefahrer, die als Piraten ausziehen. Die mythischen Meeresungetüme, von denen die Mythen berichten, sind die Schiffe: die Flügel des Dedalus waren Segelschiffe, ebenso der Pegasus des Perseus, der Stier des Minos.

> So will auch das Meeresungeheuer die an die Felsen gekettete - das heißt vor Schreck zu Stein gewordene - Andromeda verschlingen (...); und das geflügelte Pferd, mit dem Perseus sie befreit, muß ein anderes Korsarenschiff gewesen sein, so wie die Segel die Bezeichnung 'Flügel der Schiffe' behielten.[32]

Vor Schreck zu Stein wird man, wenn man über die Geschichtsgesetze von Vicos *göttlicher Vorsehung* zu Seßhaftigkeit und Stadtgründung gelangt. Das Meeresungeheuer ist ein die Stadt überfallendes Freibeuterschiff, der Befreier mit dem Pegasus desgleichen, und er ist in diesem Fall erfolgreicher. Nichts bleibt über von den mythischen Schreckens- und Wundergestalten als eine reale Geschichte. Für Vicos Auflösung der phantastischen Bilder, welche die Sprache der Mythen versteht, geht es auf jeden Fall natürlich zu.

---

31 NW (420/590)
32 NW (455/635)

Perseus, der neptunische Heros der Seefahrt, hat der alten und harten Gesetzgebung, die Medusa als Sinnbild minervischer Herrschaft verkörperte,[33] den Kopf abgeschlagen und trägt die Reste ihrer Macht als sein Privileg. Mit der Epoche der Meer- und Irrfahrten sieht Vico den Kreis der Geschichte vollendet. Neptun war der letzte Gott. Die Folgezeit wird die einst wahren Berichte entstellen, und nur wer die Zensur des historischen Vergessens zu durchbrechen vermag, wird sie rekonstruieren können und die gleichen Gesetzmäßigkeiten wieder entdecken, oder aber neu durchleben, wenn mit dem Vergessen und dem Erlöschen der phantastischen Kräfte der Mensch zurückfällt in den Abgrund der Geschichte.

Diese *natürliche Theogonie* Vicos hier einmal in ihrem konkreten Ablauf sichtbar gemacht zu haben, hatte den Sinn, ein wesentliches Konstruktionselement der Neuen Wissenschaft freizulegen, das den Sonderstatus Vicos zwischen Geschichtstheologie und Geschichtsphilosophie zeigt. Es ging nicht um ein minutiöses Schema, das als Idee gelegentlich durchschimmert. Dieses ist entweder von Vico absichtlich aufgeweicht worden, oder es ist überwachsen von seiner vielfältigen Spekulation und Ironie. Doch wie immer man diese beurteilen möchte, es ist eine wesentliche Funktion dieser Theogonie, zusammen mit den cose civili und der Festlegung von Schauplätzen der Geschichte ein Koordinatensystem archaischer Geschichte zu bilden und zugleich über der Geschichte ihre Konstanten zu zu bestimmen.

b. die cose civili

> So wie Kebes aus Theben mit den moralischen Dingen tat, so zeigen wir hier eine Tafel der politischen Verhältnisse [cose civili] die dem Leser behilflich sein soll, die Idee dieses Werkes vor der Lektüre zu erfassen und sie nach der Lektüre mit Hilfe der Phantasie leichter im Gedächtnis zu behalten.

Gleich in diesem allerersten Satz der Neuen Wissenschaft bietet Vico die *Tafel der moralischen Verhältnisse,* also der cose civili, die nicht eindeutig übersetzbar sind, als Hilfsmittel zur Systematisierung an. An ihnen soll sich die Idee des Werkes fassen lassen, sie sind sozusagen schon die helfende Phantasie, die das Gedächtnis stützt. Den Kanon der Imaginationen hat Vico nach den anfänglichen Gliederungsversuchen wieder verwischt, die cose civili aber werden direkt als konstruktive Elemente der Neuen Wissenschaft vorgestellt. Es sind ebenfalls zwölf, die sich um den Altar der Zivilisation finden lassen, wobei Vico offensichtlich nichts daran gelegen war, durch ein exaktes Raster Imaginationen und cose civili als verbunden zu zeigen. Überhaupt mag es auf den ersten Blick banal erscheinen, diese Elemente derart zu betonen, doch sie bieten den Faden durchs Labyrinth, sie machen als

---

33 vgl. auch unten Kap. 4, S. 161f.

systematische Ordnung den ganzen Zusammenhang von Technik, Geist und Gesellschaft bei Vico aus.

Als Idole geleiten die religiösen Projektionen den Aufstieg aus den sinnlichen Höllen der archaischen Zeiten, bündeln und lenken die triebhafte menschliche Natur. Ihnen zur Seite stehen die Instrumente gesellschaftlichen Handelns: *Augurenstab* zur Beobachtung der Auspizien am Himmel, *Krug* und *Fackel* zur Aneignung von Wasser und Feuer, die *Urne* als Gefäß der Bestattung, das den Bezug zur Erde herstellt, dann der *Pflug* als Gerät des Ackerbaus. Weiter das *Steuer* zur Lenkung der Gottlosen, die *Tafel* der ersten Buchstaben. Von hier ab überlagern die gesellschaftlichen Auseinandersetzungen die an die vier naturphilosophischen Elemente Luft, Wasser, Feuer und Erde geknüpften Tätigkeiten. Es folgt das *Rutenbündel* und das *Schwert* der unerbittlichen Herrschaft einer Aristokratie, *Beutel* und *Waage* für den Übergang in Tausch- und Rechtsformen, der *Heroldsstab* des Merkur, der die Versöhnung zwischen den Klassen andeutet.

Evident tauchen diese Gerätschaften nur in der einleitenden Beschreibung des Frontispizes auf, wo sie als Hieroglyphen, Bodensatz der Sprache, dem Homer zu Füßen ausgebreitet sind. In ihnen feiert Vico nicht die Erfindungskraft des Menschen. Wie die Imaginationen sind die cose civili zwar selbsthergestellt, aber nicht in autonomer Erfindungskraft, sondern als notwendige Requisiten einer Geschichte. Die technische Kunst, ob der Töpferei, des Ackerbaus oder des Schreibens, sie bleibt im Schatten und begrenzt von der politischen Geschichte. Die cose civili sind Tat und Urschrift, die von den Realien der Geschichte ausgelöst werden, und sind zugleich Werkzeug, mit dem sich die Entstehung der Sprache mit der Gründung von Gesellschaften durch die Tat vermittelt.

Auf dem Bild und in der Beschreibung sind nun die cose civili um den Altar angeordnet, der zugleich Altar, Acker, erste Wohnstatt, später Stadt ist. Dieser Altar ist selbst keine cosa civile. Er ist der Ort, der expandiert und sich verwandelt im Fortgang der Geschichte. So finden sich Auflösungen für einen Satz, der nur an der Oberfläche närrisch klingt, gedanklich aber einfach ironisch mit dieser Expansion spielt.

> Denn es wird sich zeigen, daß die ersten Altäre der Welt von den Heiden im ersten Himmel der Dichter errichtet wurden; letztere aber haben uns in ihren Mythen getreulich überliefert, daß der Himmel auf Erden über die Menschen geherrscht und den Menschen große Wohltaten erwiesen habe, und zwar zu einer Zeit, als die ersten Menschen, gleichsam als Kinder des werdenden Menschengeschlechtes, glaubten, daß der Himmel nicht höher sei als die Höhen der Berge (wie auch heute noch die Kinder glauben, er sei nur wenig höher als die Dächer ihrer Häuser); - später freilich, mit der größeren Entfaltung des griechischen Geistes wurde der Himmel erhoben auf die Gipfel der höchsten Berge, wie zum Beispiel des Olymps, auf dem nach den Erzählungen Homers zu seiner Zeit die Götter wohnten; - schließlich erhob er sich über die Sphären, wie uns jetzt die Astronomie beweist, und der Olymp erhob sich über den gestirnten Himmel. An ihm bildet zugleich auch der Altar, in den Himmel

getragen, ein himmlisches Zeichen; und das Feuer, das auf ihm ist, wechselte, wie du hier siehst, in das benachbarte Haus des Löwen (der wie eben bemerkt worden ist, der nemeische Wald war, an den Herkules Feuer legte, um ihn dem Ackerbau zuzuführen); und als Herkules' Trophäe wurde das Fell zu den Sternen erhoben.[34]

Vicos Zumutung an den Leser ist enorm. Vorausgesetzt ist die ganze Logistik der Neuen Wissenschaft: Dichter waren zu jener Zeit alle mit Phantasie begabten Urmenschen. Dichtung ist ursprüngliche Sprache. Der erste Himmel muß, entsprechend der geringen Reichweite des Verstandes und der unmittelbaren Wirkung seiner Wohltat, nicht als Paradies einer vergangenen Zeit verstanden werden, sondern als ganz irdische Angelegenheit. Der Altar wurde genau dort errichtet, wo die Gesellschaften sich selbst gründeten, nämlich auf den Bergeshöhen, wo sie in Höhlen hausten. Die Wohltat des Himmels war, daß er die Menschen in Angst und Schrecken versetzte. Mit der Expansion und Transformation des geistigen wie auch des realen Raumes wurde die Projektionsfläche in die Höhe verlegt, schließlich - die Astrologie steht noch im Auftrag des Phantastikums - bis in den Weltraum, der auch nicht mehr vermag, als die gesellschaftlichen Taten zu bezeugen. Er ist nicht Raum an sich, sondern Verlängerung des erlebten Raumes.

Das Zitat, ebenfalls einer der ersten Sätze in der Neuen Wissenschaft, erweckt den Anschein einer durchtriebenen Eulenspiegelei. Es gibt weniger einen leichten Überblick über Vicos Denkwelt, als daß es Neugier und Ratlosigkeit bewirkt. Kein Satz auch, der auf einer Ebene bleibt. Vico montiert die naive Berichterstattung der mythisch erzählenden Mentalität in die Konstruktion seiner Geschichtswelt. Die erzählerische Einfühlung und seine Freude gerade an der grotesken Oberfläche der Bilder macht es unmöglich, einen Zugang zu finden, wenn man nicht schon die Grundzüge der Geschichte von der Dumpfheit des Geistes, der Brandrodung, der Stadtgründung und ihren Folgen aufgenommen hat.

Wie der Altar, so sind auch die cose civili mehrschichtig. Auch sie verwandeln sich, abstrahieren sich zu ausgedünnten Zeichen, wenn man nicht die Materialität der Geschichte erinnert, aus der und mit der sie entstanden sind. Die erste cosa civile ist der Krummstab der Auguren, Sinnbild der Beobachtung und Befolgung von Zeichen am Himmel. Er ist Werkzeug der Divination, die alle folgende Geschichte auslöst. Haben die Bestionen einmal auf den Höhen der Berge erste Seßhaftigkeit gefunden, so folgen mit Krug und Fackel der Umgang mit den magisch aufgeladenen Elementen Feuer und Wasser, dauerhafte Ehen und die ersten Rodungen, die der besseren Sicht auf den vergöttlichten Himmel dienen sollten. Auf diesen Lichtungen lebten sie im Zeichen Apolls und Dianas als Jagdgesellschaften. Die Seßhaftigkeit führte wiederum zur Notwendigkeit von Bestattung, damit zu einem neuen Verhältnis zur Erde und ihren vegetativen Kreisläufen, durch welche die Idee der Unsterblichkeit und Wiedergeburt geweckt wird. Die Urne, das Gefäß der

---

34 NW (88/04)

Bestattung zeigt dies. Bestattung führte zu Besitzergreifung und Benennung von Grundeigentum.

> Dadurch, daß sie lange Zeit seßhaft an diesen Orten lebten, sowie durch die Bestattung der Vorfahren, begründeten und verteilten sie, wie sich herausstellte, das erste Eigentumsrecht an Grund und Boden, dessen Herren Giganten genannt wurden (dieses Wort heißt im Griechischen soviel wie 'Söhne der Erde'), das heißt, Abkömmlinge der Bestatteten.[35]

Darauf begründeten diese Giganten ihren Adel und die für Vicos Theorie so wesentlichen Privilegien feierlicher Eheschließung - *connubium* im Gegensatz zu *matrimonium*, das Unkenntnis des Vaters bedeute - als unabdingbares Element eines Geschichtslaufes. Und so wie die Grundstoffe Luft, Feuer, Wasser, Erde nicht naturphilosophisch verwandt werden, sondern als Medium der religiösen Phantasie ihre Materialität erhalten, so beginnt im Gewinnen gesellschaftlicher Verhältnisse mit Ehe und Eigentum ein neuer geistiger Zustand. Gerade bei den cose civili ist die schon genannte Verhältnisbestimmung des *materia come dottrina* immer präsent, die die Theoreme früherer Werke - das *verum et factum* des Liber Metaphysicus und das *verum et certum* des Diritto Universale - in neuer Wendung überbietet.[36]

> Dal qual punto di tempo antichissimo, siccome ne incomincia la *materia*, così s'incomincia qui la *dottrina* del diritto natural delle genti, ch'e altro principal aspetto con cui si dee guardar questa Scienca.
>
> Mit diesem ältesten Zeitpunkt setzt, wie der *Stoff*, so auch die *Lehre* vom natürlichen Recht der Völker ein - was ein weiterer Hauptgesichtspunkt ist, nach dem man diese Wissenschaft betrachten soll.[37]

Mit der Begründung der Eigentumsverhältnisse beginnt das Naturrecht, das als fundamentale Ungleichheit unter den Menschen erscheint. Aus den ersten Okkupationen ergeben sich notwendig Herrschaft und Knechtschaft, entstehen die gesellschaftlichen Verhältnisse, die den Naturzustand ganz ablösen.

Das Steuerruder ist ein nicht ganz passendes Requisit, das aber zeitloses Symbol für rechtschaffene Herrschaft geblieben ist. Es gibt das Sinnbild erster Machtverhältnisse, auf das Vico hier nicht verzichten wollte, obwohl es eine Antizipation auf die Schiffahrt ist, die erst spät in diesem Geschichtslauf auftritt. Vico legitimiert diese mit dem Vorgriff, daß später die Knechte auf Schiffen fliehen werden. Doch zuerst streben sie zu den ersten Familien, in denen sie Asyl erlangen, nämlich als rechtlose und versklavte *famoli*, soweit sie nicht als Gewalttäter von den

---

35 NW (95/13)
36 vgl. auch S. 101
37 NW (96/13) [kursiv F.H.]

ihnen überlegenen Seßhaften getötet und geopfert wurden. Das Steuerruder führt in die neue Qualität der Geschichte.

> Und dadurch, daß es sich zu Füßen des Altars zu neigen scheint, steht es für die Vorfahren derer, die später zu den Urhebern der Wanderungen selbst wurden. Diese waren zunächst gottlose Menschen, die keine Gottheit kannten; - sie waren ruchlos, da bei ihnen, weil sie Verwandtschaften und Ehen nicht getrennt hielten, häufig die Söhne mit den Müttern und die Väter mit den Töchtern zusammenlagen; - und schließlich waren sie, da sie inmitten dieser schändlichen Gütergemeinschaften [infame communion delle cose] wie wilde Tiere keine Gesellschaft [società] kannten, ganz einsam, daher schwach und schließlich elend und unglücklich, da sie all jene Güter entbehrten, die zur sicheren Erhaltung des Lebens nötig sind.[38]

Diese Übeltäter erlangen als *famuli* nun bei den Familien eine sekundäre Fähigkeit zur Zivilisation, damit auch Einsicht in die Privilegien ihrer Herren. Einmal wissend geworden, empören sie sich. Entweder sie wandern aus in unbewohnte Länder, womit eine Vervielfältigung des Geschichtsmusters angedeutet wird, oder sie beginnen um ihre Rechte zu kämpfen. Die zweite Hälfte der cose civili symbolisiert innergesellschaftliche Konflikte. Wenn auch unter den Kriterien seiner phantastischen Koordinaten, hat Vico hier eine innergesellschaftliche Dialektik rekonstruiert. Sie ist unleugbar eine Theorie vom Klassenkampf, der den zweiten Abschnitt eines Geschichtslaufes dominiert.

Die zweite Abteilung der cose civili beginnt mit der Tafel als Symbol der Fähigkeit, Verhältnisse festzuschreiben, die mit der Entstehung von Eigentum auftraten. Und hatte der Pflug die Felder geschaffen, auf denen sich die Beziehung von Herr und Knecht definierte, so schuf die notwendig gewordene Begrenzung der Felder die Wappen, selbstredende Zeichen, die sich zu einer Terminologie verfeinerten. Aus der Tat erwächst das Wort. Sprache als subjektive Leistung geht bei Vico von der räumlichen Verwandlung der Welt aus. Darauf baut seine Etymologie.

> Die Etymologien der einheimischen Sprachen sind Geschichten von Dingen, die von diesen Wörtern nach folgender natürlicher Ordnung der Ideen bezeichnet werden: daß zuerst die Wälder da waren, darauf die bebauten Felder und die Hütten, alsdann die kleinen Häuser und die Bauernhöfe, später die Städte und schließlich die Akademien und die Philosophen.[39]

Sprache, Ding, Idee und Raum wechseln ihre Gestalt und sind dem Blick des Etymologen doch immer die gleichen, wenn er die Fähigkeit besitzt, diesen Verwandlungskreis der Geschichte zu begreifen. Daß die Philosophen dabei wieder einmal das Nachsehen haben, das kann Vico nicht verschweigen. In einer kühnen

---

38 NW (98/17)
39 NW (103/22)

Ableitung vom Feld des Ackers zum Terminus der Scholastik läßt sich das Behauptete in der etymologischen Kunst Vicos anschaulich darstellen:

> (...) die ersten dem Ackerbau zugeführten Ländereien waren die ersten Beutestücke (prede) der Welt; und die Landgüter wurden vom Zwölftafelgesetz 'mancipia' (durch Manzipation erwerbbares Eigentum) genannt. (...) Im übrigen wurde bei den Spaniern 'prenda' Pfand das heroische Wappen (impresa forte; zugleich: kühne Unternehmung) genannt, denn die ersten kühnen Unternehmungen der Welt bestanden darin, die Ländereien zu bezwingen und dem Ackerbau zuzuführen; und es wird sich zeigen, daß dies die größte unter allen Arbeiten des Herkules war. Das Wappen (impresa) hieß bei den Italienern ferner 'insegna' (Abzeichen), (...) weil das Abzeichen als ein Zeichen der ersten Teilung (divisione) der Ländereien erfunden wurden, die vorher dem ganzen Menschengeschlecht zu gemeinsamer Verwendung gehört hatten; daher wurden die zunächst realen Grenzsteine (termini) dieser Felder später von den Scholastikern als Worttermini genommen, das heißt als bezeichnende Ausdrücke, die die Außenbegriffe der Sätze bilden. Gerade diese Funktion der Abgrenzung haben bei den Amerikanern, wie wir oben gesehen haben, die Hieroglyphen, um die Familien voneinander zu unterscheiden.[40]

Mit großem Aufwand betreibt Vico eine Etymologisierung von Begriffen, die nur unter der Prämisse Sinn erhält, daß das Wort sich am konkreten Ort aus der konkreten Tat heraus bildet, und daß es diese Realgründe auch in rein symbolische Zusammenhänge transportiert. Daß das Wappen auf die erste Beute, das erste als Eigentum verstandene Ackerland zurückweist, ebenso das Emblem und der Terminus der Spekulation, und daß die gleichen Prinzipien auch bei den amerikanischen Ethnien gelten müssen, ist für Vico selbstverständlich.

Dieses mit den *termini* markierte Eigentum bedurfte der Verteidigung gegen die besitzlosen Knechte und ihre allmählich wachsende Auflehnung. Das Rutenbündel, *fascio,* führt definitiv in die Symbolwelt Roms. Es meint den Zusammenschluß der herrschenden Klasse gegen die aufsässige Plebs der famoli. Zu dieser Epoche gehört auch das Schwert, das die rechtliche und die religiöse Sphäre zusammenhält. Der Sieg ist immer auch Rechtsentscheid. Er ist gottgegeben und nicht eigenes Verdienst. So kann Vico das Duell auch als Vorform der Rechtsprechung ansehen, das den Bräuchen einer abergläubischen und auspizienhörigen Mentalität entspricht.

Auf Dauer jedoch ist in Vicos Geschichtstheorie der Aufstieg der Beherrschten nicht aufzuhalten, da sie durch den Umgang mit ihren Herren deren überlegene Kultur erlernen. Nicht durch Arbeit allerdings, deren Eigendynamik für Vico nicht ins Blickfeld gerät. Die Geschichte unterliegt dem Prinzip des Ausgleichs. Wie der Fluß von den Quellen - bei Vico den Quellen der Zivilisation - ins Meer fließt, so verliert auch die Geschichte ihre reißende Kraft und führt in die Epochen von Handel und Tausch, die mit der cosa civile des Beutels und der Waage als Inbegriff der Rechtsgleichheit ausgedrückt werden. Mit dem Heroldsstab des Hermes oder des

---

40 NW (340/486)

Merkur, der mit der Epoche der Seefahrer, jener Zeit neptunischer Gottheiten ungefähr als zusammenfallend gemeint ist, wird auch die Folge der cose civili beendet.

> Die letzte der Hieroglyphen ist der Heroldsstab, um uns bemerken zu lassen, daß die ersten Völker in ihren heroischen Zeiten, als das natürliche Recht mit Gewalt herrschte, einander als ewige Feinde ansahen und mit ständigen Raubzügen und Seeräubereien heimsuchten, (...) da es nicht nötig war, den Krieg zu erklären, weil dieser ja ohne Unterlaß unter ihnen währte; erst später nach der Entstehung der menschlichen Regierungen (sei es der demokratischen, sei es der monarchischen) wurden durch das Recht der menschlichen Völker die Herolde eingeführt, die den Krieg erklären mußten, und man begann die Feindseligkeiten durch Friedensschlüsse zu beenden.[41]

Das ist die Hobbesche Epoche des *bellum omnia contra omnes*, der Vico hiermit ihren späten und eben nicht grundlegenden Ort in der Geschichte des Menschen sowie des Naturrechts angewiesen hat. Wie die Imaginationen, so sind die cose civili nun vollendet. Um Vico gerecht zu werden, und auch angesichts der Unschärfe dieser Konstruktion, die dennoch das ganze System trägt, muß betont werden, daß es Vico nicht um eine Geschichtsmechanik gegangen sein kann, sondern um Stützwerk für ein durch und durch organisches Werden und Vergehen von Geschichte. Und wie die Imaginationen die variable menschliche Natur ausdrücken, so zeigen die cose civili die technischen Vermögen des Menschen. Sie sind zugleich Werkzeug und Sprache. Vico hat die Naturerkenntnis der - im sprachlichen Vermögen lokalisierten - Verwandlung von Affekt zu gesellschaftlicher Natur untergeordnet. Die Erfindungen sind nicht frei, sondern selbstverständlicher Bodensatz der Geschichte. Es gibt kein experimentalistisches Fortschrittspathos. Die Fähigkeit zur Erfindung wird bei Vico vom übergeordneten imaginativ gesellschaftlichen Geschichtsprinzip dirigiert. Und so wie die an den Ackerbau gebundene Scheidungs- und Teilungskraft in leere philosophische Abstraktion einmünden kann, so sind die Wunderwerke der Erfindungskraft ein determiniertes Prinzip. Sie führen nicht in den Tempel Salomos, sondern begleiten die Bewegung der Geschichte.

---

41 NW (112/130)

c. Tropen, Ungeheuer und poetische Verwandlungen

Um über die cose civili auf das Entfaltungsprinzip zurückzukehren, das sein Geschichtsdenken erst möglich macht, soll noch einmal auf die rhetorischen Elemente bei Vico eingegangen werden. Vico zählte Metapher, Metonymie, Synekdoche und Ironie zu den operativen Elementen seiner poetischen Logik. Nicht ein Identitätsprinzip, sondern die konstruktive Kraft der Metapher und ihrer Subformen, der Namensvertauschung, Verallgemeinerung, sowie der bewußten ironischen Inhaltsvertauschung als historisch später Sprachform, gehören für Vico zu den Prinzipien des sprachlichen Vermögens. Nur mit ihnen läßt sich die Monströsität und Ungeheuerlichkeit der mythischen Erzählungen verstehen, die auf phantastische Art höchst irdische Angelegenheiten ausdrücken. Ein Monster ist bei Vico ein illegitimes Kind, dessen Geburt die im religiösen Fanatismus errichteten Klassenschranken durchbricht. Das geflügelte Pferd kann nur ein Segelschiff sein. Die Verkrüppelung nur Attribut der Knechtschaft. Die Schönheit und Stärke der Heroen dagegen nur Ausdruck ihrer Angeberei. Keine mythische Aussage wird um ihrer selbst willen gemacht, sondern steht immer schon im Auftrag der gesellschaftlichen Expansion. So war ja auch der einäugige Polyphem nur Eigner einer Lichtung im Urwald oder Bewohner einer Höhle mit einem runden Loch als Eingang. Alles hat die phantastische Kraft verformt, während der Kosmos nur menschgemäß sein kann aufgrund der anthropomorphen Prämisse der Wahrnehmung. Also kann auch die Metapher keine Kunstform sein, sondern ist ursächlich geistiges Prinzip:

> (...) Folgesätze dieser poetischen Logik sind alle ersten Tropen, deren lichtvollster und, weil lichtvollster, notwendigster und häufigster die Metapher ist, die dann am meisten gerühmt wird, wenn sie nach der hier oben behandelten Metaphysik den empfindungslosen Dingen Sinn und Leidenschaft verleiht: denn die ersten Dichter gaben den Körpern das Sein beseelter Substanzen, die allerdings nur für das empfänglich sind, wofür auch sie es waren, nämlich für Sinn und Leidenschaft [senso e passione], und schufen so aus ihnen die Mythen; so wird jede derartige Metapher zu einem kleinen Mythos [una piccola favoletta].[42]

Mit der Metapher wird die unmittelbare sinnliche Wahrnehmung in Sprache übertragen. In ihr nimmt der erste Verstand Kontakt auf zur objektiven Welt. Sie ist geistige Leistung. Nicht die kausalen Schlüsse, weder Deduktion noch Induktion, sondern stete Veräußerung der körperlichen Empfindung, der Selbstwahrnehmung durch Spiegelung, vergrößert oder verzerrt, ist die Grundlage der geistigen Kräfte. Nicht Mimesis an die Welt, sondern Ausdruck vermittelt Mikro- und Makrokosmos. Mit dumpfen Lauten, Gebärden und Gesten äußert sich der Affekt, der zugleich Zeichen und Wort ist. Laut und Schrift lassen sich nicht voneinander trennen, ihr

---

42 NW (283/404)

Zusammenhang verbürgt den Zusammenhang des geistigen Prinzipes mit der gesellschaftlichen Evolution, deren Gesetze nicht geometrisch sondern rhetorisch sind. Und wie mit seinem Begriff einer poetischen Logik Vico diese als Ganzes umdreht, so kehrt er mit seinem Verständnis von Rhetorik die Ästhetik insgesamt um. Das Erhabene ist primitiv. Der Dichter ist wild. Die Unfähigkeit zu differenzierter Unterscheidung hat die Schönheit der Sprache wie auch die inhaltliche Monströsität des Mythos geschaffen. Auch die Synekdoche, die Verallgemeinerung des Besonderen, kann in einer Variation auf den Syllogismus vom sterbenden Sokrates ein Beispiel geben, wie vom Konkreten zum übergeordneten Ganzen gelangt wird.

> So wurden 'Sterbliche' anfangs eigentlich nur die Menschen genannt, da man nur bei ihnen eine Sterblichkeit empfunden haben muß. 'Haupt' für 'Mensch' oder 'Person', was so häufig ist im gewöhnlichen Latein, weil man im Waldgebüsch von weitem nur das Haupt des Menschen sah; dieses Wort 'Mensch' ist ein abstrakter Ausdruck, der wie in einem philosophischen Gattungsbegriff den Körper und alle Teile des Körpers, den Geist und alle Vermögen des Geistes, das Gemüt und alle Gewohnheiten des Gemüts umfaßt.[43]

Das Sichtbarste oder das schmerzlich Spürbare, der auffälligste und hervorragendste Aspekt gibt den Namen. Da wo ein Gattungsbegriff sich diesen Aspekten überordnet, wird wesentlich das am Menschsein verloren, was ihn in seine Geschichte und an seinen Ort versetzt.

Die Fähigkeit, das konkret Herausragende zu sehen, verarmt mit der Phantasie. Es bleiben die Abstrakta und die logischen Schlüsse. Das im Gebüsch Verborgene am Menschen, der Untergrund von Begriff und Verstehen, wird vergessen und nicht mehr verstanden. Das ist die energische Anklage, die Vicos poetische Logik gegen die traditionellen Logismen führt.

Die Metapher sei der Skandal der Logik, hatte Grassi in einem Aufsatz zu Vico gesagt.[44] Sie ist Vicos Generalschlüssel zur mythischen Epoche. In ihr werden die anthropomorphen Bilder von der Natur transportiert und die gesellschaftlichen Zusammenhänge erschlossen. Die Metaphern sind die unendliche Vervielfältigung des Sprachmöglichen, das Gegenstück zu den Hieroglyphen des geistigen Wörterbuches, in dem die Bausteine der Sprache enthalten sind, und auf das jede echte Symbolbildung sich zurückbinden muß. Das Symbol kommt aus keiner ideellen Ebene, sondern aus einer historischen Situation. Wappen, Prägungen sind selbstsprechend aufgrund des Zusammenhanges mit ihrer Entstehung. Je näher sie den in den Transformationen und Metaphern verwandelten Realien kommen, desto mehr zeigt sich, daß sie zwar selbstgemacht, aber nicht beliebig sind.

---

43 NW (285/407)
44 vgl. S. 115, Anm. 9

Wieder bietet sich am ehesten der Vergleich mit der Psychoanalyse und ihrem Versuch, die entscheidenden Determinanten des geistigen Lebens in einem unbewußten und affektiven Bereich freizulegen. Das Gewinnen einer Sprache, die Fähigkeit, sich mit einer Geschichte zu legitimieren, läßt die gesamtgesellschaftliche Erinnerung und das therapeutische Modell einer Individualanalyse einander nahestehen. Während aber Freuds Assoziationslogik auf einer Triebdynamik aufbaut, die nicht an raumzeitliche Kategorien gebunden ist, wird bei Vico das Affektleben nie von seiner Situation frei. Keine Sublimation, nicht die Zensur eines Lustprinzips ist nötig für die archaische Mentalität, da der vorgegebene Zwang der Imaginationen von selbst über sie hinausführt. Es gibt keine Verdrängung bei Vico, nur Vergessen. Nicht als unbewältigte Vergangenheit ragt Geschichte herein, nur als Defekt, Relikt in der Gestik eines Stummen, einem stotternden Sänger, oder in ontogenetischer Wiederholung der geistigen Prozesse in der Kindheit. In der Wertung kindlichen Verhaltens kann man zu recht an Piaget denken.[45] Doch die Kernstücke moderner Theorie sind für Vico noch kein Thema. Bewältigung der Sexualität, Bedürfnisse des Individuums, die gegen die Gesellschaft stehen, haben für Vico keine Legitimität. Aktaion, als Held inneren Ringens bei Bruno, verfällt bei Vico rechtmäßig dem Wahnsinn. Wie Archetypen stehen die Leitfiguren der Geschichte bereit. Doch keineswegs ist Vico diesen verfallen in einem Lobpreis der Archaik. Auch nicht als unbewältigte Vergangenheit drohen sie mit Wiederkehr. Als Inventar der Geschichte stehen sie bereit, um den drohenden Sturz am Ende der Geschichte aufzufangen.

In der Metapher findet das Erklären, Übertragen und Scheiden der groben sinnlichen Wahrnehmung statt. Sie führt zu Vicos Topik, die in der Neuen Wissenschaft eine eigene Wendung genommen hat. Es ist nicht die aristotelische Dialogkunst, nicht ciceronische Rhetorik und auch nicht mehr mittelalterliche Gedächtniskunst. In der Neuen Wissenschaft ist die Topik die Herstellung des Geschichtsraumes, in dem die Imaginationen und die cose civili enthalten sind, wobei letztlich die Verbindung zwischen Raum und Inhalt von den Sinnen bewirkt wird, die Rationalität und Realität miteinander verbinden. So ergibt sich als Lehrsatz:

> Daß die ersten Gründer der Humanität um eine sinnliche Topik [topica sensibile] bemüht waren, mittels deren sie die sozusagen konkreten Eigenschaften oder poetischen Gattungsbegriffe bildeten.[46]

Die ersten Gründer waren keine Gelehrten, die der Welt eine Theorie abgewinnen wollten, sondern sie gehorchten ihrer natürlichen Anlage, die Welt in lebendigen Bildern zu begreifen und abzubilden. Topik ist aber Inbegriff dieser schöpferischen Leistungen, die nur an bestimmten Orten möglich ist. Die Funktion dieser Topik soll

---

45 vgl. S. 104, Anm. 35
46 NW (346/495)

im dritten Kapitel nachgezogen werden. Der Vico der Neuen Wissenschaft liest Topik als theatralische Architektur, die die Einheit von Handlung und Ort in die Dimension von Gedanke und Geschichte aufnimmt.

Vicos Methode, wenn man sie eine Methode nennen möchte, ist trotzdem primär eine des Wortes. Und zwei volkstümliche Beispiele, wie die Geschichte des Wortes und die realen Geschichtsräume sich überlagern, hat Vico als zwei Perlen seiner Sprachtheorie angeführt. Einmal führt das Nichtwissen um die Schichtung der Sprache ins Verderben, einmal führt die Nutzung dieser Sprachgesetze als List zum Erfolg. Worte entstehen in realen Geschichtssituationen. Diese können, bei ungleichzeitigem Reifestand der Zivilisation, ganz verschiedene Bedeutungen besitzen.

Ein Mißverständnis zwischen Karthagern und heroischen Römern habe nämlich zu konträrer ethischer Beurteilung geführt, an der nicht die Bestialität der Sieger Schuld gehabt hätte, sondern eben die unterschiedliche Geschichtslage. Die Karthager bekamen einen Frieden diktiert, der ihnen Leben, Stadt und Habe ließ, wobei die Karthager als zivilisatorisch Fortgeschrittenere die Stadt als Gebäude verstanden, die Römer aber die *commune di cittadini*, die Gemeinschaft der Bürger.

> Doch weil vom Römer das Wort 'civitas' (Bürgerschaft) verwendet wurde, das 'Gemeinde von Bürgern' bedeutete, wurden sie dann, als ihnen in Ausführung des Gesetzes befohlen ward, die am Ufer des Meeres gelegene Stadt zu verlassen und sich ins Innere des Landes zurückzuziehen, und sie den Gehorsam verweigerten und sich erneut zur Verteidigung bewaffneten, vom Römer zu Rebellen erklärt, und heroischem Kriegsrecht gemäß wurde Karthago nach seiner Einnahme barbarischerweise in Brand gesetzt. Die Karthager beruhigten sich nicht bei dem ihnen von den Römern auferlegten Friedensgesetz, das sie nicht verstanden hatten, als sie es aushandelten, teils durch den afrikanischen Scharfsinn, teils durch den Seehandel, der die Völker aufgeweckter werden läßt. Aber deswegen hielten die Römer jenen Krieg nicht für ungerecht; denn obwohl einige der Ansicht sind, die Römer hätten ungerechte Kriege angefangen seit dem von Numantia, der durch denselben Scipio Africanus beendet wurde, stimmen doch alle darin überein, daß sie solche ihren Anfang nehmen ließen mit jenem, den sie später gegen Korinth unternahmen.[47]

Nicht lexikalische Mißverständnisse der Sprache meint Vico, sondern die qualitative Ebene der Sprache. Nicht nur Philosophie, wie bei den Griechen, sondern auch Seefahrt und südländischer Scharfsinn lassen den historischen Lauf unterschiedlich schnell geraten. Ein Völkerrecht, das ein heroisches Kriegsrecht, die *giurisprudenza eroica*, nicht kenne, richtet sogar Unheil an, da erst die Nichtbeachtung der heroischen Kriegsregeln zur harten und barbarischen Reaktion der Römer geführt hätte.

---

47 NW (619/971)

Doch wie ein Nichtverstehen des Laufes der Völker großes Unheil anrichten kann, findet Vico in einer populären Legende auch ein Beispiel für die Kraft des Wortes. Nicht nur in den alten mythischen Überlieferungen, sondern auch in der wiedergekehrten Barbarei des Mittelalters kehrte die Unfähigkeit wieder, zwischen Wort und Absicht zu unterscheiden. Kaiser Konrad hatte Frauen und Kinder, sowie alles was sie tragen könnten, aus der eroberten Stadt Weinsberg entlassen, um sich allein an den besiegten Männern zu rächen:

> (...) da beluden sich die frommen Frauen Weinsbergs mit ihren Söhnen, Männern, Vätern, und der siegreiche Kaiser, am Stadttor stehend, im Begriff, den Sieg auszukosten (der natürlicherweise übermütig zu machen pflegt), gab seinem Zorn kein Gehör (der furchteinflößend ist bei den Großen und am verheerendsten, wenn er von einem Hindernis erregt wird, das sich ihnen beim Erwerben oder Bewahren ihrer Souveränität in den Weg stellt), sondern, an der Spitze des Heeres, das mit gezücktem Schwert und eingelegter Lanze bereitstand, die Männer von Weinsberg niederzumetzeln, sah er mit an und erduldete es, daß alle unbehelligt an ihm vorbeizogen, die er sämtlich hatte über die Klinge springen lassen wollen. So sehr stand das natürliche Recht der entwickelten menschlichen Vernunft Grotius', Seldens, Pufendorfs natürlicherweise zu allen Zeiten bei allen Völkern in Geltung.[48]

Die Kraft des Wortes ist stärker als der Affekt. Diese Wahrheit, die das rationalistische Naturrecht nicht kennt, das sich aber durch Mythen und Märchen zieht, die jedes Kind neu erlernen und überwinden muß: daß man nämlich durch Wörtlichkeit übertölpelt werden kann. Diese sind Bestätigung und Entlastung für Vicos Konstruktion. Sie arbeitete eben noch nicht mit der Bestialität der Antriebe, die sich seit dem Hobbesschen *homo lupus* bis zur Evolutionstheorie zunehmend herauskristallisierte, sondern mit einem humanistischen Vertrauen in die überlegene Kraft der Sprache.

---

48 NW (620/972)

3. theatrum mundi

Die Frage nach der gesellschaftlichen Natur des Menschen im Zusammenhang seiner Geschichte hat Vicos Neue Wissenschaft zu einem Vorläufer des ganzen Komplexes der künftigen Sozialwissenschaften gemacht. Doch gehört zur Neuen Wissenschaft ein Postulat, das über die theoretische Objektivität der konstruktivistischen Modelle, die sich zum Teil auf Vico berufen, weit hinausreicht.[1] Der Zusammenhang des Menschen mit seiner Geschichte wird bei Vico dramatisiert in einer Übereinstimmung von Ort und Handlung, deren Stimmigkeit nicht so sehr im Argument zu finden ist, sondern in der Dichte des Bildes.

Vico war weder Naturphilosoph noch Naturforscher. Er war zuerst und vor allem Rechtsgelehrter und hatte im Diritto Universale noch in eigenen Sachen die Überlegenheit des Rechtsgelehrten unterstrichen, der durch die Kenntnis von Zusammenhang und Geschichte des Rechtes einer jeden nur philosophischen Weisheit überlegen sein müsse, da er über die Realien der Gesellschaft verfüge. Die größere Reichweite und Verdichtung der Neuen Wissenschaft dann liegt in der anderen Behandlung der Stoffe, der Intensität, mit der Vico sein Geschichtsbild zeichnete.

Die Sprache wächst an den Phantasien und an den über die cose civili vermittelten historischen Taten, gemäß der Doktrin der materia come dottrina, daß der Lehre der Stoff entsprechen müsse. Dieser Stoff muß aber auch eine historische Lokalisierung erlauben, die ihm gemäß ist. Die allen Wissenschaften gemeinsame Entstehungsgeschichte läßt wie die Einheit der Sprache auch noch die Vielzahl und Spaltungen der Wissenschaften als Verwandtschaften begreifen. Und Vico findet in der Metapher vom Baum der Wissenschaft das Bild, mit dem die Neue Wissenschaft die Äste der Erkenntnisformen zurückführen kann auf ihren gemeinsamen Stamm.

> (...) da die Ursprünge aller Dinge von Natur aus roh sein müssen, müssen wir aus all diesen Gründen die poetische Weisheit mit einer jenen Dichtern eigenen rohen Metaphysik beginnen lassen, aus der, wie aus einem Baumstamm, auf einem Ast sich entwickeln die Logik, die Moral, die Lehre von der Ordnung der Familie und die Politik, und zwar alle poetischer Natur; auf einem anderen Ast, und ebenfalls alle poetischer Natur, die Physik, die die Mutter der Kosmographie sowie ferner der Astronomie gewesen sein muß; letztere muß uns ihre beiden Töchter, Chronologie und Geographie als gesicherte darbieten.[2]

Ganz anders als Kant in seiner Einleitung zur Kritik der reinen Vernunft, der von zwei Stämmen menschlicher Erkenntnis spricht, die aus einer unbekannten

---

1 vgl. z.B. T. Luckmann/P. Berger, Die gesellschaftliche Konstruktion der Wirklichkeit, FM 1972
2 NW (254/367)

gemeinsamen Wurzel als Sinnlichkeit und Verstand sichtbar sind,[3] geht Vico auf die Einheit aller poetischer Natur und Wissenschaft unter den Prinzipien der archaischen Einheit von Idee, Sitten und Taten, in der Logik, Moral und Physik wurzeln. Er fährt mit einer Reminiszenz an die Cartesische Klarheit fort:

> Und auf klare und deutliche Weise [con ischiarite e distinte guise] werden wir zeigen, wie die Gründer der heidnischen Humanität mit ihrer natürlichen Theologie die Sprachen erfanden, sich mit der Moral die Heroen erzeugten, sich mit der Lehre von der Ordnung der Familie die Familien schufen, mit der Politik die Städte; wie sie mit ihrer Physik die Prinzipien aller Dinge als göttlich dachten, sich mit der besonderen Physik des Menschen gewissermaßen selbst erzeugten, sich mit ihrer Kosmographie ein ihnen eigenes Weltall ganz aus Göttern erfanden.[4]

In ihrer archaischen Entstehung haben die Wissenschaften ihre Einheit in einem übergeordneten Geschichtsprinzip, das Natur- und Geisteswissenschaft zu einen vermag. Mit großer Leichtigkeit sieht Vico noch über jene neuen Wissenschaften hinweg, die sich seither als dominant erwiesen haben. Man dürfte heute nicht wagen, die gesellschaftliche Eigendynamik der Technologien anzuzweifeln. Doch was man mit Vico fragen kann, ist das bei ihm anvisierte Bewußtsein, daß nämlich die technischen Phantasien und Potentiale sich aus umfänglichen religiösen und anthropologischen Konstanten speisen. Der Wissenschaftsgedanke wird in einen komplexen Zusammenhang gestellt, der sich gleich einer Universalformel abzeichnet, die Vico einem Zitat Varros bei Augustinus entnehmen zu können vorgibt, wo von einer *formula naturae* die Rede sein soll. In Wirklichkeit ist es Vicos eigene Formel. Die Sprache, als das Mittlere und Vermittelnde zwischen Geist und Natur, beginnt beim Körper und wandelt sich zur Idee. Die Vernunft, die aus den Gesetzen der Geschichte entstehen kann, baut auf dieser Gewißheit auf. Diese Formeln der Worte sind universal, weil sie mit den natürlichen Gewißheiten verbunden sind.

> Kurzum: da der Mensch eigentlich nichts anderes ist als Geist, Körper und Sprache, und die Sprache gleichsam in die Mitte gesetzt ist zwischen den Geist und den Körper, begann das Gewisse bezüglich des Gerechten in den stummen Zeiten beim Körper; später als die sogenannten artikulierten Sprachen erfunden waren, ging es über auf die gewissen Ideen, das heißt Formeln in Worten; schließlich, als sich unsere menschliche Vernunft ganz entfaltet hatte, kam es ans Ziel im Wahren der Ideen bezüglich des Gerechten, die mittels der Vernunft bestimmt werden nach den letzten tatsächlichen Umständen. Es ist dies eine hinsichtlich aller besonderen Formeln formlose Natur, die der äußerst gelehrte Varro 'formula naturae' nannte, die durch sich,

---

3 I. Kant, KdrV, Werkausgabe FM 1968, Einleitung, S. 66: "(...) daß es zwei Stämme der menschlichen Erkenntnis gebe, die vielleicht aus einer gemeinschaftlichen aber uns unbekannten Wurzel entspringen, nämlich Sinnlichkeit und Verstand."
4 NW (254/367)

nach Art des Lichts, allen äußersten, winzigsten Teilen der Oberfläche der dunklen Körper der Sachverhalte [i corpi opachi de' fatti], über die sie ausgegossen ist, Form gibt, wie dies alles in den Elementen auseinandergesetzt ist.[5]

Es ist der Schlußsatz zum vierten Buch der Neuen Wissenschaft. Vielleicht verdreht er sich in dem Bedürfnis, den Lauf der Völker, von dem das Buch handelt, zu einer letzten Pointe zu bringen. Die Wahrheit Vicos ist eine politische, keine physikalische. Die Lichtmetapher sprengt das, ob satirisch oder unfreiwillig. Eventuell ließe sich das unvermittelte Nebeneinander noch auflösen, doch was an Vorstellung hier mitschwingt, ist das platonische Element, das Vico trotz seiner Kritik immer wieder aufnahm. Licht bricht ein in einen dunklen Raum. Es ist der Raum der Sprachentstehung, wo fest mit ihren historischem Ort verbundene Sachverhalte zu sehen sind. Wahrheit ist nicht ortlos. Sie ist nicht Idee von außerhalb, sondern entsteht dort, wo der Mensch agiert.

a. Topik

Um den Gedanken der Topik im Spätwerk zu verstehen, lohnt es sich, auf die kleine Frühschrift *De nostri temporis studiorum ratione* zurückzublicken, die Vico um 1709 verfaßt hatte und die noch ganz im Sinne der humanistischen Bildung argumentiert. Dort polemisiert der junge Vico gegen den cartesischen Rationalismus und wendet sich mit Verweis auf die Topik gegen die kritische Methode: Topik als *sensus communis* sei besser als eine reine Verstandestätigkeit in der Lage, mit den Anforderungen der Wirklichkeit umzugehen, die ein vielfältiges Zusammenspiel partieller Wahrheiten ist. Dieser Gemeinsinn stärke eine geistige Jugend, denn der Umgang mit der Wahrscheinlichkeit, dem *verosimile,* übe die Phantasie, das Ingenium und damit die produktive Geisteskraft, während der Kritizismus der Franzosen - Vico meint natürlich Descartes - dem geradezu gefährlich sein kann.

> Das ist nicht unbedenklich: denn bei jungen Leuten ist so früh wie möglich der Allgemeinsinn auszubilden, damit sie nicht im Leben, wenn sie völlig erwachsen sind, auf Absonderlichkeiten und Torheiten verfallen.[6]

Die *insolentia,* Torheit und Überhebung, geht auf ein erstes Wahres, das eine leere philosophische Konstruktion ist, und verliert sich in ihr mit dem abstrakten Wahren:

---

5 NW (666/1045), Rossi weist in einer Fußnote auf Augustinus, De civitate dei IV. 31 und Vicos Entstellung dieses Satzes hin.
6 De nostri temporis studiorum ratione, S. 26/27 (vgl. S. 89/90. Anm. 7 und 8).

> Endlich setzen unsere kritischen Philosophen vor, gegen und über alle sinnlich anschaubaren Bilder ihr erstes Wahres.[7]

Dagegen steht für den Juristen Vico der reale Ort der Wahrheitsfindung, der ihm vertraut war. Die Wahrheiten des Gerichtssaales haben eine andere Qualität als philosophische Spekulation, da es um Recht und Schicksale geht, die Menschen betreffen. Einander widerstreitende Wahrheiten müssen vor einem Tribunal in begrenzter Zeit geprüft werden. An diesem Ort zählt der Redner, der nicht als Forscher, sondern im Auftrag der Gerechtigkeit antritt:

> Denn von den Rednern wird vor allem verlangt, daß sie imstande sind im Drange der Verhandlung, die keine Verzögerung noch Vertagung zuläßt (wie es oft bei unseren Gerichten in Kriminalprozessen, wo der wahre Redner sich zeigt, vorkommt), den Angeklagten, denen nur wenige Stunden für ihre Verteidigung zur Verfügung stehen, augenblicklich Beistand zu leisten [reis, quibus paucae horae ad dicendam caussam sunt praestitute, praesentem ope afferare possint].[8]

In solchen Darstellungen sind die Topoi der Neuen Wissenschaft schon vorgeformt. In der Tradition des Humanismus hat Vico seine Kritik an der mathematisch-naturwissenschaftlichen Methodik formuliert. Es mag unglücklich sein, wie sehr der junge Vico juristische Verstandesschärfe gegen naturwissenschaftliche ausspielen muß, doch mit Verve klagt er die Überlegenheit der Frage nach Recht und Gerechtigkeit über die nach der Richtigkeit ein. Der juristische Prozeß ist Stichwortgeber und Domäne Vicos. Und dieses Forum, auf dem die Rechte errungen und verteidigt werden, wird in der Neuen Wissenschaft in allerlei Verwandlungen wieder auftauchen.

Dort wird die Topik nicht als Technik vorgestellt, sondern als verschränkt mit den cose civili und den Imaginationen. Es geht nicht um das kunstvolle Sprechen und auch nicht um die richtige Definition. Denn die Sprachgründer konnten gar nicht anders, als die Dinge richtig zu benennen, mit denen sie an einem bestimmten Ort und zu einer bestimmten Zeit umzugehen hatten. Die *topica sensibile* war einmal völlig natürliches Tun.

> Nach dem, was bisher kraft dieser poetischen Logik über die Ursprünge der Sprachen gesagt worden ist, widerfährt ihren ersten Schöpfern Gerechtigkeit, wenn man sie in allen späteren Zeiten für Weise gehalten hat, weil sie den Dingen Namen gaben nach ihrer Natur und Eigentümlichkeit [con naturalezza e propietà]; daher sahen wir oben, daß bei den Griechen und den Lateinern 'nomen' und 'natura' daselbe bedeuteten.[9]

---

7 a.a.O.
8 ebenda S. 30/31
9 NW (345/494)

Denn diese ersten Sprachschöpfer definierten keine Gattungsbegriffe, sondern sprachen in Mythen und Fabeln ihre Phantasien aus, die nicht frei waren, sondern den Gesetzen der Geschichte gehorchten. Erst die viel spätere Zeit hält für Weisheit, was den ersten Zeiten der Zivilisierung die Aneignung der natürlichen Welt war, indem sie diese mit ihren Wappen und Symbolen belegte. Das ist die eigentliche schöpferische Leistung der Topik, wie sie in Konkurrenz zur Kritik von Vico stark gemacht wird.

> Denn die Topik ist das Vermögen, das den Geist schöpferisch [ingegnoso] macht, während die Kritik ihn genau [esatto] macht; und in jenen ersten Zeiten mußten alle zum menschlichen Leben notwendigen Dinge erfunden werden, Erfinden aber ist eine Eigenschaft des schöpferischen Geistes [e 'l ritruovare è propietà dell' ingegno].[10]

Daß das Erfinden, *ritruovare*, der ersten Dinge genau dimensioniert ist, wird an diesen Stellen nicht mehr gesagt. Als das tieferliegende Vermögen schöpft es ganz aus der Affektivität. Die kritischen Fähigkeiten des Verstandes hat Vico aus dem Denkvermögen der mythischen Epochen ganz eliminiert. Der Weg vom Getanen zum Gesagten war ein direkter und keine Frage der Richtigkeit. So benötigt das beschriebene geistige Vermögen der Topik nur noch seinen historischen Ort, den Vico stets eindringlich mitgeschildert hat. In ihm bekommen die Topoi ihre Plastizität, den Zusammenhang von Ort und Handlung, in der die Neue Wissenschaft ihre Lebendigkeit und ihren Atem hat. Die Urwälder der Sinnlichkeit, die klaren und reinen Quellen, die heiligen Haine, Lichtungen, Felder, Städte, Asyle dann und gespaltene Städte, schließlich in Bruchstücken eine Welt als *civitas*: das sind die Bühnen von Vicos Weltgeschichte. Auf ihnen werden die Fabeln der mythischen Vorzeit aufgeführt.

Diese geschilderten Szenen wirken in ihrer Geste gelegentlich geradezu opernhaft, und es scheint kein Zufall zu sein, daß Vico Zeitgenosse des aufwendigsten ästhetischen Unternehmens gewesen ist, das aus dem Erneuerungsversuch der griechischen Tragödie entstand. Mit der Oper wurde ein neuer Anlauf gemacht, die antiken Themen der Mythen und ihre Gestaltung als Passion wiederzugewinnen. Singulär ist der Bezug auf Wagner bei F. Flora[11]. Aber völlig verschieden von der romantischen Sehnsucht, mit der der junge Nietzsche die Neugeburt der Tragödie bei Wagner feierte, ist Vico der Realgeschichte und Problematik dieser Inszenierung treu geblieben. Direkte musische Ambitionen hatte Vico allerdings auch nicht. Die mythischen Musikinstrumente, die Leiern und die mythischen Sänger waren ihm nur Metaphern für heroische Gesetze und Gesetzgeber. Und um noch einmal Vico mit Nietzsche zu vergleichen, dann darf man sagen, daß die poetische Wissenschaft Vicos den *mondo civile* keiner romantischen Ästhetisierung geopfert hat. Wenn auch

---

10 NW (347/498)
11 F. Flora, ed., La Scienca Nuova, Milano 1957, S. LX u.a.

theatralisch und spektakulär geschildert, hat Vico immer die Distanz zu der von ihm erzählten Geschichte gewahrt und gefordert.

b. die Schauplätze

> Die Etymologien der einheimischen Sprachen sind Geschichten von Dingen, die von diesen Wörtern nach folgender natürlicher Ordnung der Ideen bezeichnet werden: daß zuerst die Wälder da waren, darauf die bebauten Felder und die Hütten, alsdann die kleinen Häuser und die Bauernhöfe, später die Städte und schließlich die Akademien und die Philosophen.[12]

An dieser schon oben als Transformationsprinzip genannten Stelle gibt Vico den Übergang von den cose civili zu den Schauplätzen. Sie gehört zur Interpretation der Tafel, die den Ursprung von Sprache und Schrift als Element jeder Gesellschaft anzeigen soll. Von der Etymologie der Worte ist es für Vico nicht weit bis zur natürlichen Abfolge der Orte. Wo dieser Zusammenhang nicht herstellbar ist, muß es sich um Fremdworte handeln, die mit der Überlagerung von Gesellschaften und Sprachen im Verkehr der Völker ausgetauscht wurden. Dieser Austausch von Worten kann erst auf einer späten Zivilisationsstufe erfolgt sein, da er ein großes Abstraktionsvermögen erfordert und zudem die Begegnung der Gesellschaften; was im anfänglichen riesigen und undurchdringlichen Urwald Vico für unmöglich hält. Daß die historische Welt und Sprache fest zusammengehören, ist eine der tiefsten Intuitionen Vicos. Entsprechend können sich seine manchmal haarsträubenden etymologischen Ableitungen mit dem aufrichtigen Prinzip legitimieren, den Abstraktionen ihre Bilder zurückzugeben, aus denen sie einmal entstanden sein müssen. In ihnen beginnt das menschliche Vermögen, der Welt eine Sprache abzugewinnen. Die Entstehungsgeschichte der Gesellschaft mit diesen Prinzipien brillant und eindringlich verbunden zu haben, ist eines der großen Verdienste der Neuen Wissenschaft. In diesem Sinne soll nun noch einmal die ewige und ideale Geschichte nachgezogen werden, doch diesmal unter dem Aspekt des Raumes.

Nachdem mit der allgemeinen Sintflut die Uhren der Geschichte auf Null gestellt sind - ausgenommen sind die Hebräer, die für sich bleiben - beginnt der Mensch als Tier von neuem. Sein Ort ist der Urwald, den er als Bestie durchschweift, bis der erste trüb erkennende Blick am Gewitterhimmel eine übermächtige Angst in ihm weckt, die das latente Potential der Imaginationen aktiviert. Nach eigenem Bild, von der Angst unermeßlich vergrößert, werden die Bestien in die Höhlen gescheucht, wo sie als erste sozusagen unfreiwillige Okkupanten bleiben und das frühere unstete

---

12 NW (103/22), vgl. auch S. 131

Umherschweifen, wie auch die *Jagd nach den scheuen und widerspenstigen Frauen*, zugunsten stabiler und eindeutiger Beziehungen aufgeben.

Der erste Ort war der Wald. Er ist der Inbegriff des Naturzustandes. In ihm ist der Mensch sprachlos. Nur affektive Laute und Gesten gelingen ihm, die sein Triebleben ausdrücken. Der erste Gott läßt diese Bestien zugrunde gehen, *fundus fieri*, gibt ihnen einen Grund, der virtuos die semantische Überschneidung von kausalem Grund als Untergang und Begründung von Gesellschaft auf Grund und Boden ins Bild setzt. Die ersten Gründungsorte der fromm und keusch gewordenen Bestien waren an Gebirgsquellen. - Abstraktion und konkreter Ort treffen sich auch hier; die Quelle ist der Inbegriff des Ursprungs - gelegen, wo den Menschen auch zunehmend ihre Menschgestaltigkeit wiedergegeben wurde. Was das Märchen und die Mythen als wunderbare Zauberkraft der Brunnen und Quellen transportiert haben, ist bei Vico natürliche Geschichte:

> (...) doch nachdem sie begonnen hatten, mit ihren Frauen erst in den Höhlen bei den nie versiegenden Quellen (wie wir sogleich sagen werden) und bei den Feldern, die, dem Ackerbau zugeführt, ihnen den Lebensunterhalt gaben, seßhaft zu werden, sollten sie sich aus den Gründen, die wir hier jetzt behandeln, zu der richtigen Körpergröße herunterbilden, die die Menschen jetzt haben.[13]

An diesen frischen und klaren Quellen der beginnenden Zivilisation beginnen als Jäger, als Apoll und Diana, die ersten Familien. Vico malt diese Zeit vielfältig aus. Es ist ein stilles und ehrfürchtiges Leben. So fernab lebt man, daß mangels anderer möglicher Verbindungen die Familienangehörigen einander heiraten müssen. Darin sieht Vico keinen gesellschaftlichen Sprengstoff. Gemessen an der Wahllosigkeit des Naturzustandes, sind inzestuöse Gemeinschaften schon Zivilisationsprodukt. Eine sakrale Atmosphäre umgibt dieses Leben hoch über den Wäldern, in denen die noch nicht durch die Kraft ihrer religiösen Phantasie erweckten Bestien auch weiterhin ihr Unwesen treiben.

Die Vermehrung der Nachkommen macht Ackerbau und Bestattungen nötig. Der Realgrund Nahrung und die Suche nach Auspizien führen gleichermaßen zum Lichten der Haine. Diese verwandeln sich unter den ersten Pflügen - einer cosa civile, die von Vico zugleich als Etymologie für Stadt genommen wurde: *curva*, ein metonymischer Name für Pflug, wird verschliffen zu *urbs,* der Stadt - zu dem Acker, auf dem gelebt und gearbeitet wird; der zu gleicher Zeit Feld, Acker und Altar ist. Mit dem Ackerbau und der neuen Erfahrung der kreisenden Natur der Jahreszeiten werden die Phantasien um Tod und Wiedergeburt geweckt. Der Altar wird hier zur Opferstätte unter den Auspizien des Saturn und der Vesta, und er ist Asyl für friedfertige Bestien ohne Phantasie, die als Sklaven aufgenommen werden.

---

13 NW (368/524)

Sie sind zu Recht Knechte, weil ihr Eigennutz sie ja zur Zivilisation trieb und nicht ihre religiösen Vorstellungen.[14]

Auf den Feldern bildet sich die für Vico repräsentative Familie mit Knechten. Sie gelten als Söhne. Dieses Herrschaftsverhältnis ist bei Vico der Grund für die überlieferte Machtstellung des römischen Hausvaters auch gegen seine Söhne. Kein Triebkonflikt zwischen Vater und leiblichem Sohn, sondern reale Unterdrückung der famoli sind die Bewegkraft der Zivilisation. Das Elend der gott- und rechtlosen famoli, die weder einen eigenen Namen besaßen, noch Anteil an der religiösen Kultur ihrer Heroen hatten, führten weiter zur Spaltung der heroischen Stadt. Denn angesichts der trotz Phantasielosigkeit vorhandenen Lernfähigkeit auch der Knechte ist die aristokratische Oberherrschaft notwendig labil. Aus den Lichtungen waren die heroischen Städte geworden, die schon römische Geschichte schildern. Reale Geschichte und inszenierte Idealgeschichte überschneiden sich. Die Aristokraten und Optimaten Roms hatten kein Interesse, auch nur das Geringste an Macht und Privilegien freiwillig abzugeben,

> denn diese Republiken sind sämtlich darauf angelegt, die Macht der Adligen zu erhalten; und um sie zu erhalten, behalten sie als ewige Eigentümlichkeiten folgende zwei Hauptarten von Wahrung [custodia], deren erste eine Wahrung der Stände und deren zweite eine Wahrung der Grenzen ist. Und aus der Wahrung der Stände erwuchs zunächst die der Verwandtschaften, kraft deren die Römer bis zum Jahre CCCIX Roms die Konnubien der Plebs vorenthielten; alsdann die Wahrung der öffentlichen Ämter, derentwegen die Patrizier der Plebs solange die Bewerbung um das Konsulat verwehrten; weiter die Wahrung der Priesterämter und dadurch schließlich die Wahrung der Gesetze, die alle ersten Völker als heilige Gegenstände betrachteten.[15]

Gleich der römischen Plebs erstarken diese famoli. Die Insignien und Rituale der Herrschaft werden ihnen jedoch vorenthalten. Die Knechte entfliehen ihren schlechten Lebensbedingungen, wandern aus und gründen Kolonien, oder aber sie bleiben und kämpfen um Recht und Eigentum. Es kommt zur Spaltung der Städte, die Vico mit Bezug auf eine homerische Schilderung beschreibt.

> Alsdann zwei Städte. In der einen waren Gesang, Hymenäen und Hochzeit: das ist die Epoche der heroischen Familien aus Nachkommen, die feierlichen Hochzeiten entsprungen sind. In der anderen sah man keins von diesen Dingen: das ist die Epoche der Familien aus heroischen Knechten, die nur natürliche Ehen schlossen, ohne irgendeine von den Feierlichkeiten, mit denen die heroischen Hochzeiten begangen wurden.
> (...)
> Die zweite Stadt wird mit Waffen belagert, und beide Städte tragen voneinander wechselseitig Beute weg; und so wird die Stadt ohne Hochzeit (die die Plebs der

---

14 vgl. auch S. 122 Zit./Anm. 25
15 NW (417/586)

heroischen Städte war) eine andere vollständige und feindliche Stadt. Diese Stelle bestätigt auf wunderbare Weise das, was wir oben erörtert haben: daß die ersten Fremden, die ersten 'hostes' (Feinde), die Plebs der heroischen Völker waren, gegen die, wie wir mehrmals von Aristoteles gehört haben, die Heroen ewige Feindschaft schworen; daher verübten später ganze Städte, weil einander fremd, durch die heroischen Raubzüge ewige Feindseligkeiten gegeneinander, wie oben erörtert worden ist.[16]

Das Bild der heroischen Stadt ist nun gespalten. Über den Kampf der Klassen hinaus schwingt die mythische Dimension vom Kampf des Lichts gegen die Finsternis, von Himmel und Hölle mit. Diesen Kampf selbst hat Vico in vielen feinen Nuancen, wie den plebejischen Gottheiten, der mythischen Übersteigerung der realen Zustände geschildert. Er führt zum Ausgleich, der die archaische Geschichte beendet. Billigkeit, als nicht mehr an die Wörtlichkeit gebundene Wahrheit, löst auch die Bindung an die Orte der Geschichte.

Doch zuerst werden den Knechten Stück um Stück die Auspizien ausgehändigt, ein Moment, in dem Vicos Konstruktion sich überschlägt. Denn diese Knechte sind nicht nur im Orkus der Knechtschaft, sondern auch dem Orkus des Naturzustandes nahe, der dort droht, wo nicht die religiösen Gesetze gelten. Der Krieg um die Privilegien hat nun auch fürsorgliche Aspekte. Das ist eine der vielen Unschärfen, auf die es Vico nicht angekommen ist. Er läßt in der Gestalt des Merkur die aus Protest gegen die aristokratische Oberherrschaft entflohene Plebs zurückrufen.

> Er bringt den empörten Knechten das Gesetz mit dem göttlichen Stab (einem dinghaften Wort [parola reale] für die Auspizien), das ist der Stab, mit dem Merkur die Seelen aus dem Orkus zurückruft, wie Vergil erzählt (er ruft also die Klienten zu geselligem Leben zurück, die, aus dem Schutz der Heroen herausgetreten, wieder begonnen hatten, sich in den gesetzlosen Zustand zu zerstreuen; das ist der Orkus der Dichter, der die Gesamtheit der Menschen verschlang, wie unten erklärt werden wird).[17]

Gegen die an der Flanke der Zivilisation schon wieder lauernde Gefahr der Rückkehr in den Naturzustand, den Orkus der Wildheit und Sittenlosigkeit, finden Herr und Knecht ein neues Auskommen mit einem Gesetz, das den Knechten Eigentumsrechte an der Produktion der Äcker zusichert. Mit dem Zugeständnis jenes *bonitarischen Eigentums,* der Nutznießerschaft, beginnt die Epoche des Handels, welcher auch als gesellschaftliches Versöhnungsmittel fungiert.

> Hier begann der erste Handel [commerzi] der Welt, von dem Merkur seinen Namen hat, der deswegen später für den Gott des Handelsverkehrs gehalten wurde. (...) Und der erste Lohn war, wie es sein mußte, der einfachste und natürlichste, nämlich der an den

---

16 NW (486/685-686)
17 NW (433/604)

Früchten, die auf der Erde gesammelt werden; dieser Lohn, sei es für Arbeit oder Ware, ist noch jetzt üblich im Handelsverkehr zwischen Bauern.[18]

Durch Abgabe der Rechte an der Produktion stabilisierte sich aufs Neue das Leben in den doppelten Städten. Im fortwährenden Lernen und Übernehmen heroischer Bräuche und Privilegien findet diese archaische Klassengesellschaft ihren langsamen Ausgleich und sie bleibt nur in den zunehmend mißverstandenen mythischen Erinnerungen erhalten.

Mit dieser merkurischen Epoche ändern sich wieder die Schauplätze. Wie der Bach zum Meer fließt und dabei breiter und reißender wird, so verlagert sich das immer bunter werdende zivilisatorische Geschehen nun wirklich an die Küsten und auf die Meere, wo die Heroen der neptunischen Epoche ihren Korsarentum nachgehen. Das ist der letzte der heroischen Schauplätze. Für die Zeit, die nun kommt, zumindest für ihre Wahrheiten, hat Vico nicht viel übrig. Der letzte Auftritt ist eine Farce. Die Philosophen treten aufs Forum. Sokrates, der

> aufgrund der Beobachtung, daß die athenischen Bürger beim Erlassen von Gesetzen sich jeweils vereinigten in einer übereinstimmenden Idee eines gleichmäßig unter allen verteilten gemeinsamen Vorteils, begann, die intelligiblen Gattungen, das heißt die abstrakten Allgemeinbegriffe, zu entwerfen mittels der Induktion, die ein Sammeln gleichförmiger Besonderheiten ist, die zusammen eine Gattung dessen bilden werden, worin sie untereinander gleichförmig sind.

Das wird bei Plato zur

> Erforschung der vollkommensten intelligiblen Ideen der geschaffenen Geister (...)

und bei Aristoteles, der eine göttliche Definition des guten Gesetzes abgibt, *aristotile poscia divinamente ci lasciò diffinita la buona legge*, wird schließlich philosophisch erkannt,

> daß es ein von Leidenschaften freier Wille sei, was soviel besagt wie: ein heroischer Wille; er erkannte die königliche Gerechtigkeit, die im Gemüte des Heros ihren Sitz hat und über alle anderen Tugenden gebietet.[19]

Hier ist wenig Respekt vor der geistigen Leistung der Philosophen. Hatte schon Thales im schalen Wasser seine abgestandenen Wahrheiten verlacht bekommen, so fällt hier ein Guß von Spott und Hohn auf diese *vecchi delle nazioni*, die Greise der Völker herab. Sie verstehen nichts mehr von der Herkunft der Gerechtigkeit und der Ideen, die Vico rekonstruiert hat. Man muß sein leises aber vehementes Urteil nicht teilen, doch darf man nicht übersehen, mit welcher bösem Sarkasmus der oft zur

---

18 NW (435/606)
19 NW (663-4/1040-2)

geschichtsphilosophischen Unschuld stilisierte Vico zuschlagen konnte. Als Ort wird der Philosophie der Marktplatz angewiesen.

> Aus all dem ist zu schließen, daß aus dem Marktplatz von Athen solche Prinzipien der Metaphysik, der Logik, der Moral hervorgingen.[20]

Diese sich verabsolutierenden Ideen und Prinzipien sind Geburten einer Spätzeit, die schon dem völligen Vergessen ihrer Herkunft unterliegen und auf dem Markt feilgeboten werden. Der Ort der Philosophie und ihre Gedanken sind demnach von und für Kaufleute, nicht für jemanden, der die Geschichte kennt.

Mit einem Topos schließlich greift Vico über die realen Orte hinaus. Seine Theorie der Zivilisation gibt dieser ihr Gesetz, doch nicht ihren Sinn. Auf der höchsten Stufe der Zivilisation setzt ein Verfall ein, der allenfalls noch - Vico hat sich selbst als Spätling in der Geschichte verstanden - durch Balancemechanismen gegen den Abstieg in einen ricorso geschützt werden kann, wo nicht ein außergeschichtliches Heil in den Zyklus einfällt. In einem möglichen Heilmittel zeigt sich Vico - wie auch Dante und Macchiavell - als Monarchist. Denn zur göttlichen Vorsehung gehört auch die Monarchie.

> Denn sie [die göttliche Vorsehung] sorgt zuerst dafür, daß in diesen Völkern sich selbst einer finde, der wie Augustus, sich erhebe und sich ihnen zum Monarchen mache, auf daß, weil alle Institutionen und alle Gesetze, die für die Freiheit geschaffen worden waren, nicht mehr die Kraft hatten, diese zu regeln und zu zügeln, er selbst alle Institutionen und alle Gesetze in einer Hand halte durch Waffengewalt; und daß andererseits diese Form des monarchischen Staates den Willen der Monarchen, in jener unbegrenzten Herrschaftsmacht, in die Schranken der natürlichen Ordnung zwinge, nämlich dazu, die Völker glücklich und zufrieden mit ihrer Religion und mit ihrer natürlichen Freiheit zu halten, ohne welches allgemeine Zufrieden- und Glücklichsein der Völker die monarchischen Staaten weder dauerhaft noch sicher sind.[21]

Auch eine räumliche Vorstellung ist dem verbunden.

> Denn es ist ein den großen Monarchen eigentümlicher Wunsch, eine einzige Stadt aus der ganzen Welt zu machen, so wie Alexander der Große sagte, die ganze Welt sei für ihn eine Stadt und seine Phalanx deren Zitadelle.[22]

Vico glaubt hier nicht an die despotische Qualität der Herrschaft. Selbst der Monarch untersteht noch einem größeren historischen Auftrag. Wenn auch Alexander scheiterte, das römische Imperium zerfiel: die ganze Welt als *civitas*, als das Eine einer Weltherrschaft, das ist ein möglicher Schluß von Vicos Konstruktion. Fraglich bleibt, ob damit letztlich der Schicksalsgedanke, der von den *corsi* und *ricorsi*

---

20 NW (665/1043)
21 NW (703/1103)
22 NW (654/1023)

getragen wird, in einer Tyrannis aufgehalten werden kann. Geschichtlich gesehen ist Alleinherrschaft Tyrannis. Im Diritto Universale bestand die Geschichte aus fünf Epochen, in deren letzter das Recht an Gott zurückfällt, die Geschichte in ihr übergeordnetes Heil zurückkehrt.[23] In der Neuen Wissenschaft mischt sich so in den imperialen Herrschaftsgedanken die christliche Eschatologie, die zur Begrenzung der ricorsi gehört, und die weiter als der Geschichtslauf reicht. Der Gedanke des gerechten Herrschers ist schon ein mythisches Thema und gehört schließlich ins Zentrum der jüdisch-christlichen Geschichtsvorstellung. Zumindest ein Schatten von dieser mag in diese monarchische Gesinnung Vicos reichen.

Doch zurück zu den realen Orten der Neuen Wissenschaft. Der philosophische Heros war auf den Marktplatz verwiesen und verunglimpft worde. Die theatralischen Produktionen dagegen haben sich besser dem Lauf der idealen Geschichte gefügt, die aus der Nacherzählung und Verhandlung der politischen Stoffe gewachsen waren. Das einstmals strenge Phantasma der griechischen Frühzeit hatte sich in unverbindliche Kunstformen zersplittert und verästelt. Das heroische Welttheater schließt hier. Die neue Komödie des Menander ging mit Privatpersonen statt mit archaischen Masken einher,

> (...) daher durfte der Chor hier nicht mehr auftreten, der eine räsonierende Öffentlichkeit darstellt und über nichts anderes räsoniert als über öffentliche Angelegenheiten.[24]

c. die Akteure

Schon einige der Prinzipien der Neuen Wissenschaft haben sich als verwurzelt im Diritto Universale erwiesen. Auch was die Subjekte von Vicos Geschichte betrifft, findet sich ein Schlüsselsatz, der mit dem Durcheinander von Simulation, Imagination, Fiktion, Wort und Sache im römischen Recht umgeht.

---

23 DU I. CLXXVI./S. 259: Das Zwölftafelgesetz ist das im Titel des Buchteils *De uno universi iuris principio et fine uno* gemeinte Prinzip. Es ist *finis et fons romani iuri*, Anfang und Ende des römischen Rechtes, das Tacitus *finis omnis aequi iuris* und Livius *omnis iuris fons* genannt habe. In DU, *De opera prologuium (38)*/S. 37 verspricht Vico eine wahre *enkyklopedeía*, die eine wahrhaft kreisförmige, vollständige und widerspruchslose Enzyklopädie sei, *vere rotundam, vere universam, vere sine offensione*. In DU II. pars posterior, XXX (33)/S. 671 wird der wundersame Kreislauf gezeigt als Abfolge von Patriarchaten, *patriae potestates*, die zuerst theokratisch regierten, dann mit Klienten, woraus die Optimatenrepubliken entstanden, aus denen wiederum reine Königreiche und freie Republiken; schließlich die reine Königreiche und freie Republiken sich zurückverwandelten in Optimatenrepubliken. Überhaupt wäre das Diritto Universale der erste Einsatzpunkt für die Frage nach Verwandtschaft und Anleihe von Montesquieu und sein *Vom Geist der Gesetze* von 1748.

24 NW (589/911)

> Nun quillt das antike römische Recht von Fiktionen über; weil es in der Tat ein wesentlicher Teil des ganzen römischen Rechtes gewesen ist, begreife ich im römischen Recht auch das Prätorenrecht. So finden sich in vielen Fällen Ungeborene für Geborene [conceptos pro natis], Lebende für Tote, Tote für Lebende; daß einer drei Häupter innehabe; daß Söhne, Sklaven in den Erwerbungen unter der Eltern oder der Herren Person verborgen sein konnte [alios gerere aliorum personas]; daß Zeit, die noch nicht gekommen ist, gegenwärtig gemacht wird, verstrichene Zeit zurückgeholt wird; daß soviele Gesetze personifiziert sind, nackte Namen ohne reale Dinge, nackte Rechte, ohne daß ihnen Güter entsprächen; so viele imaginierte Verkäufe und simulierte Gewalt im Zivilrecht; daß so viele aufgehobene Handlungen und Wiederherstellungen auch im Prätorenrecht zelebriert werden.[25]

Aus Vicos Perspektive, die hinter den Rechtsformeln ihre Entstehung sucht und bereit ist, diese wörtlich zu nehmen, erhält die ganze unerbittliche Rationalität des römischen Rechtsapparates eine andere Färbung. Sie steckt voller Widersprüche, ungereimter Rituale und Fiktionen, so daß Vicos Überzeugung plausibel wird, in den Rechtsschablonen finde sich eine Tiefenschicht. In der Neuen Wissenschaft wird das römische Recht als Abstraktion dessen gesehen, was der griechische Mythos noch konkret und plastisch schildert, nämlich die Zeiten, in denen die Gesellschaft und ihre Rechtsformen entstehen. Die poetische Logik als Mythenlehre trifft auch auf die erste Jurisprudenz zu.

> In Übereinstimmung mit solchen Naturen war die alte Jurisprudenz ganz und gar dichterisch, indem sie Geschehenes als nicht geschehen, nicht Geschehenes als Geschehen, noch nicht Geborene als geboren, lebende als tot, Tote als in ihrer Erbschaft lebendig fingierte; (...) So waren alle Fiktionen maskierte Wahrheiten.[26]

Diese alte und poetische Jurisprudenz entsprach in ihrer Begrifflichkeit der heroischen Natur, die nur in personifizierten Wahrheiten denken konnte. Ein Beispiel Vicos ist die Erbschaft.

> Und sie erdichteten die Erbschaft als Herrin der Grundstücke, und in jedem einzelnen Erbstück erkannten sie sie als ganze wieder: genau wie sie eine Scholle oder Krume des Grundstücks, die sie dem Richter vorzeigten, mit der Formel der Reivindikation 'hunc fundum' (dieses Grundstück) nannten. Und so, wenn sie es auch nicht erkannten, fühlten sie doch auf rohe Weise, daß die Rechte unteilbar waren.[27]

Und auf diese heroische Identität zielt Vico mit einer wilden Etymologie, die dem Personenbegriff einen Unterbau geben soll, um die leeren Masken der Rechtsfiktionen zu beleben, in denen einmal die heroischen Charaktere gesteckt hatten.

---

25 DU I. CLXXXII. (1)/S. 263
26 NW (661/1036)
27 NW (661/1035)

> Denn 'persona' kann nicht nach 'personare', was 'überall widerhallen' bedeutet, so
> heißen, da es in den recht kleinen Theatern der ersten Städte (als wie Horaz sagt, die
> zuschauenden Volksgruppen so klein waren, daß sie gezählt werden konnten) nicht
> nötig war, die Masken zu verwenden, auf daß in ihnen die Stimme dermaßen
> widerhallte, daß sie ein weiträumiges Theater erfüllen konnte; auch läßt das die
> Quantität der Silbe nicht zu, die, als von 'sono' (ich ertöne) kurz sein müßte; vielmehr
> muß es von 'personari' gekommen sein, welches Verb nach unserer Vermutung 'sich
> in Tierfelle kleiden' bedeutet hatte (was allein den Heroen erlaubt war), und es ist bei
> uns das verwandte Wort 'opsonari' (schmausen) geblieben, das zuerst bedeuten mußte
> 'sich vom Fleisch erjagten Wildes ernähren', welches die ersten üppigen Mahlzeiten
> sein mußten, genau wie sie Vergil von seinen Heroen beschreibt. Daher mußten die
> erste üppige Beute solche Felle erlegter Tiere sein, die die Heroen aus den ersten
> Kriegen zurückbrachten, welche sie gegen die wilden Tiere führten, um sich und ihre
> Familien gegen sie zu verteidigen, wie oben erörtert, und die Dichter lassen die
> Heroen sich in solche Felle kleiden, und zwar allen voran, in dasjenige des Löwen,
> den Herkules.[28]

Der im Diritto Universale noch wie eine Frage vorgebrachte Hinweis auf das Durcheinander der Rechtsfiktionen hat in der heroisch-poetischen Geschichte der Neuen Wissenschaft eine Auflösung gefunden. Die Herleitung der *persona* aus der griechischen Theatermaske genügte Vico nicht. Er will das eigentliche Theater der Geschichte rekonstruieren, das in der Tragödie nur nachgespielt wurde. Offenbar - wie so oft die Gegenwart in den rekonstruierenden Geschichtstheorien das Bild von der Vergangenheit färbt - haben ihn naive Berichte aus der Neuen Welt dabei inspiriert. Sekundär ist dabei die etymologische Kunstfertigkeit. Daß er damit ein europäisches Zerrbild über außereuropäische Ethnien kolportiert, wäre zumindest anzumerken. Aber zugleich bleibt Vico in seinem Rahmen von Urgeschichte. Er hat ein klares Bild von der Meute jener Herkulesgestalten, die jeder Ästhetisierung trotzend, die heroische Eigentlichkeit ausmachen.

Doch die gedanklichen Stützen findet Vico im Miteinander von Mythen und archaischem Recht. Die Rechtsformen und -formeln sind dabei die Sedimente jener ersten Maskierungen, in denen die heroische Welt sich konstituierte. Die Frage, ob hinter diesen Masken ein Nichts sein könnte, wie es Nietzsche dann beschwört; daß die Träger der Masken anonym und austauschbar wären, das ist für Vico, der in seiner christlichen Ethik geborgen war, noch nicht beunruhigend. Er wollte Recht, Dichtung, Mythos und Wahrheit zusammengeführt wissen. Die Einheit entschädigte ihn.

> So war das ganze alte römische Recht eine ernsthafte Dichtung, die von den Römern
> auf dem Forum dargestellt wurde, und die alte Jurisprudenz war eine strenge Dichtung.
> Was eben jenes ist, was, sehr gut passend zu unserer Ansicht, Justinian in der Vorrede
> zu den Institutiones 'antiqui iuris fabulas' nennt, welcher Ausdruck von irgendeinem

---

28 NW (660/1034)

> alten Juristen stammen muß, der die hier erörterten Dinge einsah; er aber verwendete
> ihn, um sich über ihn lustig zu machen. Doch auf diese alten Mythen (favole) gehen
> die Prinzipien, wie hier bewiesen wird, der römischen Jurisprudenz zurück; und von
> den Masken, die diese sowohl wahren als auch strengen dramatischen Mythen
> verwendeten und die 'personae' genannt wurden, leiten sich in der Lehre De iure
> personarum (Über das Recht der Personen) die ersten Ursprünge her.[29]

Gegen den Leichtsinn der klassischen römischen Rechtswissenschaft ersinnt Vico jenen zeitlosen Weisen, mit dessen tieferen Einsichten er im Wissen um den Zusammenhang von Recht und Mythos konform geht: eine, wenn man sie nicht ironisch lesen will, jedenfalls unzeitgemäße Weisheit.

Nun bleibt noch der Gang von der phantastisch-dramatischen Priorität der realen Rechtsgeschichte zu den juristischen Fiktionen und intelligiblen Allgemeinbegriffen zu zeigen.

> Aber als die menschlichen Zeiten der demokratischen Republiken gekommen waren,
> begann man in den großen Versammlungen vom Verstand Gebrauch zu machen, und
> von den vom Verstand abstrahierten und allgemeinen Rechtsbegriffen sagte man von
> da an, sie würden 'consistere in intellectu iuris' (in der Vernunft des Rechtes bestehen).
> Weil also die Rechte Modi einer geistigen Substanz sind, deshalb sind sie unteilbar
> und folglich auch ewig, denn die Zerstörung ist nichts anderes als die Trennung der
> Teile.[30]

Keine Ironie ist zu hören, wenn Vico in einer rationalistischen Wendung die Geistigkeit des Rechtsprinzips anfügt. In den menschlichen Zeiten, die er referiert, spricht man so. Nur der vorhergehende Passus, wie die Modalität zu realisieren sei, nimmt den Akzent auf die Frühgeschichte, wie Vico sie gedeutet hat. Im Grunde hat man hier freie Auswahl, ob man Ironie, Widerspruch, oder Spiel mit den Hintergründen, die Vico der Vernunft, der Macht und dem Eigentum gegeben hat, in solchen Formulierungen lesen will. Seine Theorie paßt auch in die abstrakten Sätze. Es ist schließlich geistige Substanz, die den Menschen durch das Labyrinth der Geschichte führt, in paradoxer Wirkung, daß die Angst zur Okkupation von Eigentum, die religiöse Scheu zum Fortschritt führt und als Bodensatz jedes Denkens Erhalten bleibt. Abstrakte Spekulation ist bei Vico nicht lösbar von konkreter Realität. Vielleicht wird der Spielraum einer Theorie damit überzogen, und das Jonglieren mit den Abstraktionen undurchsichtig, aber es sind diese für uns unvereinbaren Elemente, mit denen man in dieser Neuen Wissenschaft besser voran kommt, als mit einem Entweder-Oder von Evolution und Geschichte oder Struktur. Vielleicht läßt sich ja auch über die von J. Chaix-Ruy versuchte Formel hinaus, die

---

29 NW (663/1037)
30 NW (662/1038)

mehr ist als ein Kompromiß, Vicos Sichtweise als *structuralisme evolutiv* verstehen.[31]

Für jeden, der mit Vico in die Konkretionen dieser gesellschaftlichen Evolution hinabgestiegen ist, wird klar, daß das Recht der Gesellschaften ein Destillat aus den in Mythen, Epen und Dramen primär verarbeiteten Erfahrungen von naiver und gewalttätiger Mentalität ist, und sich an der Realgeschichte modifiziert. Vico hat die Rückseite der Ideen belichtet. Seine Zeichnung von früher Geschichte ist zwar fasziniert, doch nicht die eines freudigen Entdeckers. Das Eigentum am Menschen, das *hominium*, das die ersten Ackerbauer kennzeichnet, die Herden von Dienern und Arbeitern, geben der stoischen Metapher vom Hirten ihre düstere Farbe. Die Bukolika, die das *pasci gregatim*, das in Herden Weiden,[32] und ein romantisches Treiben feiern, sind späte Leichtfertigkeit angesichts Vicos archaischer Geschichte.

So wird der Lauf der Geschichte aus dem *abisso della provvedenza divina*, dem Abgrund der göttlichen Vorsehung,[33] von der göttlichen Macht der Phantasie herausgerissen in eine sich durch Polarisierung bewegende Welt. Es gibt nichts Neues in Vicos Neuer Wissenschaft. Es ist Platons dunkle Höhle, in der nicht der Einzelne für einen Moment ans Licht treten kann, sondern die Geschichte aus ihren Abgrund auftauchen will. Es sind Bacons Idole, die diese Geschichte als notwendige Irrtümer antreiben, und es ist Dantes Weg durch die drei Welten, der von Vico in einen historischen Rahmen gespannt worden ist. Und doch hat Vicos Synthese die wesentlichen Themen der Zukunft schon ausgesprochen. Religion, Angst, Sexualität, Gewalt, Herrschaft und Befreiung, Traum und unerbittliche Wirklichkeit, die Schönheit und der Schmerz des Vergänglichen; das enge Geflecht ist es, das sie stimmig macht, wenn sie auch in ihren Einzelheiten einer vergangenen Zeit angehört.

---

31 J. Chaix Ruy, Vico et l´illuminisme athée, Paris 1968, S. 16: "Vico bietet uns einen evolutionären Strukturalismus [structuralisme evolutif] an, der Überschneidungen von sukzessiv aufeinander folgenden Funktionen des Geistes [esprit] beinhaltet."Aber auch S. 107: "Doch der Historizismus verdeckt bei Vico ebenso wie dann bei Croce einen Strukturalismus."
32 NW (675/1058)
33 NW (603/948)

4. Anthropologie und Ethik

Die vorliegenden Kapitel sollten versuchen, eine systematische Linie in der Neuen Wissenschaft freizulegen. Drei Koordinaten bestimmen ihren Rahmen. Die Sequenz der Imaginationen, der cose civili und der realen Orte, innerhalb derer die Anthropologie des Menschen und seiner gesellschaftlichen Natur gegeben wird. Hier soll nun abschließend ein Ausblick auf einige Aspekte gegeben werden, die mitgehören zu Vicos Rekonstruktion einer *arché* der Welt. Dazu gehören auch gerade die von ihm selbst nicht problematisierten Bereiche der Anthropologie und seine eigene Anbindung an die jüdisch-christliche Tradition. Vicos Geschichtsgemälde verliert nichts von seiner Großartigkeit, wenn man ihm das eigene historische Maß anlegt und die Begrenzungen anführt, innerhalb derer es entstanden ist. Ein verbindliches Modell zu werden, war für die Neue Wissenschaft sowieso nicht möglich, zu bizarr und dicht ist sie im Aufbau wie im Inhalt, und in eine zu sehr davon verschiedene Richtung bewegte sich das Interesse der Neuzeit.

Doch wie wir heute aus einer sicheren Distanz über Vico urteilen können, so läßt sich auch umgekehrt die Relativität uns geläufiger Muster von dieser Denkart her angehen. Bei Vico sind Ambivalenzen unaufgelöst, die erst in der Zukunft zum Tragen kamen. Es wurde versucht zu zeigen, wie er der *gemeinschaftlichen Natur der Völker* einen anthropologischen Untergrund gegeben hat, der einem Formalismus und einem Transzendentalismus an Substantialität überlegen ist; und daß er zugleich jedem Vitalismus durch das Primat des historischen Aufbaus der Gesellschaft Einhalt gebieten kann. Das Affektwesen ist aus der geistigen Natur und dem Vernunftbegriff nicht auszuschließen, es muß vermittelt werden. Das Phantasma besitzt bei Vico diese Vermittlungsfähigkeit. Und wenn man so will, ist das *missing link* in Vicos Evolution der Geschichte die Phantasie.

Der Mensch als Tier in Theorie und Praxis ist ein relativ neues Dogma. Die Aristotelische Definition des Menschen als dem von Natur aus zahmen Lebewesen ist gerade zu Beginn der Neuzeit mit dem *homo lupus* gestürzt worden, mit dem eine Ethik des Überlebens sich an die antike des guten Lebens gesetzt hatte. Bei Vico gibt es diesen Menschentypus nur partiell. Die Bestie des Naturzustandes ist ihm bemitleidenswertes Opfer einer der Welt nicht gewachsenen Animalität. Das Böse ist schon deutlich animalisch Böses, das transformiert wird im Läuterungsprozeß der Geschichte. In ihr findet die Zähmung statt.

Wenn heute die strukturale Anthropologie eine Gleichwertigkeit des *wilden Denkens* mit der *induktiven Gesinnung* annimmt, dann kann man sich auf Vico zurückbeziehen, der zwar mit der Steigerung der Komplexität einen Qualitätswandel des Denkens nennt, das aber nur eine Umformung des ehemals phantastischen Vermögens ist, und das als Vernunft mit dem Verlust produktiver Phantasie bezahlen muß. Die Evolution bei Vico ist begrenzt.[1] Ebenso die Elemente der Erkenntnis, die aus der anthropomorphen Wahrnehmung und einem fixen Raster von Imaginationen und cose civili bestehen, über die sie nicht hinauskommen. Die Behandlung der griechischen und römischen Welt, bereichert um ethnologische Versatzstücke, geht auf die Identität von Gesetz und Mythos, um im Mythos das Gesetz und im Gesetz das mythische Bild freizulegen. Was Vico aus jeder strukturalistischen Methodik herausnimmt, ist seine Einsicht von der Problematik der Entstehung der geistigen Welt.

Der Begriff der Anthropologie, der mit der kantischen Erkenntniskritik wohl erst virulent geworden ist, hat als Grundlagenwissenschaft mittlerweile die gesamte Palette von Wissenschaften reproduziert, sich als politische, kulturelle, strukturale usw. Anthropologie untergliedert.[2] Nur der Tenor ist geblieben, daß die Lehre vom Menschen der Lehre von der Welt vorausgehen müsse. Das hat Vico auf vertrackte Weise schon verstanden. Und das dürfte im weitesten Sinne der Punkt sein, der ihn für moderne Wissenschaft als Vorläufer und Gründungsgestalt interessant machte. Philosophische Anthropologie, konstruktivistische und linguistische Theorie führen Vico an. Bezugsmomente gibt es gewiß die Fülle, doch, im Sinne der vorliegenden

---

1 Eine systemische Theorie, wie sie, aus Kybernetik und Informationstheorie entstanden, G. Bateson vertritt, sieht aus völlig anderer Perspektive ähnliche Probleme. "Es ist heute empirisch klar, daß Darwins Evolutionstheorie in ihrer Identifikation der Überlebenseinheit unter natürlicher Selektion einen großen Fehler enthielt. (...) Ich nehme nun an, daß die letzten hundert Jahre empirisch gezeigt haben, daß der 'Fortschritt' eines Organismus oder einer Ansammlung von Organismen, die sich bei ihrer Entwicklung ausschließlich an ihrem eigenen Überleben ausrichten und glauben, das sei der richtige Weg, um ihre adaptiven Züge zu wählen, dahin führt, daß die Umgebung zerstört wird." (G. Bateson, Ökologie des Geistes, FM 1988, S. 579)

2 Idealisiert wird es von C. Lévy-Strauss: "Der Anthropologe ist der Astronom der Sozialwissenschaften: er ist beauftragt, den Sinn von Konfigurationen, die sich nach Größe und Entfernung von denen, in denen der Beobachter lebt, sehr unterscheiden, herauszuarbeiten." (Strukturale Anthropologie 1, FM 1977, S. 406). Bei M. Foucault wiederum wird das Kantische Fragen nach dem Menschen umgedreht: "Und plötzlich hat die Philosophie in dieser Wendung einen neuen Schlaf gefunden. Nicht mehr den des Dogmatismus, sondern den der Anthropologie." (Die Ordnung der Dinge, FM 1991, S. 411). Mit einer nietzscheanischen Wendung sieht er in der Abspaltung einer anthropologischen Reflexion den Verlust der Unmittelbarkeit, die sich als Geschichtstheorie zeigt. Psychoanalyse und Ethnologie als 'Gegenwissenschaften zu den Humanwissenschaften' seien in der Lage diesen Prozeß umzukehren. (S. 45o). Die Konstruktion basiert auf einer *Ortlosigkeit der Sprache* (S. 19), die als Ganzheit hinter der Geschichte stehe. Vor diesen Modellen gewinnt die Auffassung Vicos, der der Sprache ihren Ort in der Evolution zuordnet, ohne sie zu entwerten, einen ganz aktuellen Akzent.

Deutung, von einer leichten Brauchbarkeit der Neuen Wissenschaft kann nicht die Rede sein.

Ein letztes Mal seien hier die Grundbestimmungen dieser Neuen Wissenschaft zusammengefaßt: Die Geschichte läßt den Menschen durch Sünde und Sintflut als Tier beginnen. Das Sintfluttheorem ermöglicht eine globale Synchronisation, die inhaltlich nicht völlig verschieden ist von der Setzung eines neolithischen Paradoxes, mit dem man heute die Anfänge von Ackerbau und Handwerk einsetzen sieht. Vico hatte das - wenn auch mit dem Vorrang der gesellschaftlichen Errungenschaften vor den *technai* - auf geniale Weise erspürt. Er suchte nach der geistigen Verfassung dieses Zivilisationsanfanges und fand eine geistige Angst, der nichts Reales entspricht und die in die ersten Institutionen führt. Mit ihr beginnen Ehe, Bestattung, Knechtschaft und Gesetz. Die Polarisierung von Herr und Knecht führt zu Klassenkampf und nach langem Ringen zum schließlichem Ausgleich. Doch die Humanität der vernünftigen Zeiten, in der die Verstandeskräfte die poetische Phantasie als Lenkkraft abgelöst haben, ist schon bedroht vom Verfall der Sitten und des Geistes. Der historische Weg auf dem Hintergrund der Ewigkeit weist wieder abwärts. Vicos Wissenschaft bietet die Möglichkeit, durch Wissen um die Geschichte diesen Weg zu vermeiden, doch sie hat sich darin nicht eindeutig entschieden.[3]

Die Gegebenheit der technischen Potentiale, die in den cose civili zwar dargestellt, aber nicht als Zivilisationsleistung geachtet werden, ist die große Schwäche von Vicos Geschichtstheorie und auch seiner Mythologie. In Realität, wenn auch mythisch oder magisch aufgeladen, hatten Hausbau, Wasserwirtschaft, Agrartechnik und alle anderen Arbeitsleistungen eine wesentliche Bedeutung für die Entstehung der städtischen Zivilisationen und ihre Selbstdeutung. Die Künste repräsentieren und wiederholen idealisiert zum Teil auch heute noch auf kompakte Art Arbeitsvorgänge. Die Mühe der funktionierenden Arbeitsprozesse, ebenso wie die Mühe des Begriffs, also der subjektiven geistigen Arbeit, kommen bei Vico in jeder Hinsicht zu kurz.

Das Ideal der Naturwissenschaften ist, daß es etwas Neues zu erringen gäbe. Mit Vico kann man wiederum die Zweifel am unendlichen Progreß dieser Wissenschaften ausdrücken. Doch, mit der Entwicklung dieser Naturwissenschaftlichkeit zur auch politisch dominanten Sphäre, mutet uns Vicos topisches System da beengend an, wo unsere wesentlichen Fragen sich befinden. Für ihn war es keine Frage, unter welchen Entbehrungen und Anstrengungen die ersten Geräte, ob Pflug, Schwert oder Schiff, erfunden und entwickelt worden sind; an einem bestimmten Punkt der Zivilisation sind sie einfach gegeben. Unser Phantasiebegriff

---

3 In einem Anhang, der heute üblicherweise als Werkbeschluß in den Ausgaben enthalten ist, den aber Vico selbst in der letzten Fassung von 1744 nicht mehr aufnahm, wird nur Kenntnis, Bewußtsein als Praxis dieser Neuen Wissenschaft gefordert.

dagegen, gerade auch der von technischer Phantasie, geht dagegen deutlich ins Offene und findet eher seinen Vorläufer in dem von Ernst Bloch beerbten Pathos Giordano Brunos: jenen unendlichen Räumen, in denen ebenso wie das Ringen mit der Natur, ein seelischer Prozeß, ein inneres Ringen seine Legitimität erhält. Vico hat innere, seelische Welten nicht derart problematisiert. Und andererseits trifft doch wieder seine Umkehrung des platonischen Anamnesisgedankens, die Phantasie von der vollkommenen Vergangenheit, sich mit dem scharfen Bewußtseinsbegriff, den die Psychoanalyse auf einem antagonistischen Unbewußten errichten konnte. Das Postulat der Geschichte als Ganzheit, determiniert wie das Ideal vom allwirkenden Naturgesetz, konnte mit Vico ein anderes Kapitel aufschlagen, das die mechanischen Konstruktionen, die bis ins 20. Jahrhundert selbst noch die Anfänge des psychologischen Denkens regierten, als Epoche fast schlafwandlerisch übersprang.

Doch sollte man vorsichtig bleiben. Auffällt, daß die Frauen verschwinden. Sie werden aus Angst vor den Numina am Himmel, die die Keuschheit aktivieren, in die Höhlen geschleppt und geheiratet:

> (...) mit dem Strick um den Hals, um die Gewalt anzudeuten, die die Giganten den ersten Frauen antaten; - die Hände mit dem Strick gebunden, der sich später bei allen Völkern zu einem Ring verfeinerte; um die Unterwerfung der Gattinnen unter ihre Ehemänner zu zeigen; - mit schweren Steinen an den Füßen, um die Beständigkeit der Ehen anzudeuten.[4]

Die religiöse Scheu manifestierte sich als gewaltsame Einführung der Ehen. Das einzige, was unter ihnen verschwindet, ist das *infame nefas*, die Ruchlosigkeit der unbeschränkten Sinnlichkeit. Inzest hat sich aufgrund der Einsamkeit der Familien in Vicos Konstruktion sowieso nicht vermeiden lassen, so daß der inzestuöse Ehestand von Jupiter und Juno, sowie von Apoll und Diana, als Verdichtungen des wirklichen Leben einsichtig werden mußten. Die Gleichgültigkeit, mit der Vico diese Thematik behandelt, ist für uns überraschend. Ebenso kann ein Blick auf Bachofens oder dann Freuds Mythologie feststellen, daß bei gleichem Ausgangsmaterial eine nun wirklich romantische oder psychologische Deutung zu völlig anderen Ergebnissen gelangt.

Nur auf eine sehr ungewöhnliche Art kehren die Frauen in Vicos Realgeschichte wieder. In mancher Hinsicht ist Herkules zum Inbegriff des Kulturheros geworden, der in seinen zwölf Arbeiten als Zivilisationsbegründer per se erscheint, der die Wälder rodet, sittliche Reinigungsarbeiten vollbringt, mit den Äpfeln der Hesperiden die heroische Ackerkultur einführt. Vico wird ihm gerecht, doch im Laufe seines ge-

---

4 NW (359/514), vgl auch S. 119

schichtlichen Wirkens verwandelt sich Herkules. Er

> wird im Verlauf der Zeit zum Weib [si effemina] und spinnt unter den Anordnungen Ioles und Omphales.(...) Schließlich verfällt Herkules in Raserei, indem er sich mit dem Blut des Zentauren Nessus färbt - also genau des Ungeheuers der Plebs von zwei einander widersprechenden Naturen, von dem Livius spricht - das heißt, inmitten politischer Raserei teilt er der Plebs die Konnubien mit, befleckt sich mit plebejischem Blut und stirbt daran.[5]

Oder an einer anderen Stelle:

> Diese Schwierigkeit löst sich, nach eben diesen Prinzipien, leicht durch eben jenen Herkules, der später spann, als er Diener der Iole und Omphale geworden war; das bedeutet, daß die Heroen sich verweichlichten und ihre heroischen Rechte an die Plebejer abtraten, die sie selber für Weiber gehalten hatten.[6]

Diese Selbstverständlichkeit, die auch die historische Bedingung der Metaphorik Vicos benennt, ist in seine Mythenlehre deutlich mit eingegangen. Mit der Verweichlichung der Heroen wird ihre Tugend entwertet. Das einfache Klischee steht für die Überwindung der Klassenschranken als tödliche Selbstbefleckung der heroischen Herrschaft. Vico selbst allerdings ist nicht ganz der Gläubiger der heroischen Mentalität geblieben, die er vorgetragen hat. Er kennt auch den Heroismus des Scholaren, und die Qualitäten, die das Zeitalter des gesellschaftlichen Ausgleichs hervorgebracht haben.

> Aber als die Herrschaft von den Adligen aufs Volk übergegangen war, begann man, weil die Plebs ihre ganzen Kräfte, ihren ganzen Reichtum, ihre ganze Macht in die Menge der Kinder setzt, die Zärtlichkeit des Blutes zu fühlen, welche zuvor die Plebejer der heroischen Städte nicht hatten fühlen dürfen, weil sie die Kinder dazu erzeugten, um sie zu Sklaven der Adligen zu machen.[7]
> (...)
> Aufgrund der Humanität der Zeiten (da die demokratischen Regierungen die Kinder lieben) und die Monarchien wollen, daß die Väter von der Kinderliebe in Anspruch genommen seien), also schon das zyklopische Recht der Familienväter über ihre Söhne gefallen war, führten die Kaiser, damit auch jenes über deren Erwerbungen falle, zuerst das militärische Pekulium ein, um die Söhne zum Kriegsdienst zu ermuntern, dann erweiterten sie dieses zum quasimilitärischen Pekulium, um sie zum Dienst am Hof zu ermuntern.[8]

---

5 NW (468-9/657-8)
6 NW (685/1076)
7 NW (633/994)
8 NW (635/996)

Frauen- und Kinderliebe, das *aequum bonum* und das Recht auf offizielle Dienste, das Militär und Hof anbietet, das ist Beschreibung einer humanen Zeit, um zugleich aber auch hier nicht zu unterschlagen, daß diese verwaltet wird. So sehr Vico auch hier in einem Schematismus von männlich und weiblich gedacht hat, so wenig läßt er sich letztlich von der jeweiligen Seite vereinnahmen. Im Blick auf das Ganze der Geschichte, in der das mythische Leben so fern und fremd ist, daß man es kaum nachvollziehen kann, und das großstädtische Treiben so voll Dekadenz und Verfall gerät, daß aus Humanität leicht Tollheit entstehen kann, bleibt Vico immer in Distanz. Die Zeugenschaft die er für die Mythen und die Geschichte beansprucht, ist jedoch unabhängig von seiner historischen Konstruktion der Familie. Die Funktionalisierung der Frauen war dabei wesentliches Moment. Ein anderes ist die Bildung von Familien mit Knechten, die zum Namen und Besitz der Familie gezählt wurden.

Den Mythos von Ödipus hat Vico nicht in die Neue Wissenschaft aufgenommen. Dieser hätte für ihn am ehesten eine vulkanische Dimension gehabt: Ein durch seinen Hinkfuß als plebejische Gestalt kenntlicher Aufrührer, der nicht nach seiner leiblichen Mutter strebte, sondern nach der Herrschaft. Vatermord - der Unterschied von leiblichen Söhnen und zur Familie gehörigen Knechte war ihm so wichtig, daß er ihm einen ganzen Abschnitt widmete, in dem er Jean Bodins Staatslehre damit widerlegt, daß jener nur Familien aus leiblichen Nachkommen kannte - ist bei Vico politischer Mord.[9] Nicht genealogische Verhältnisse, sondern Herrschaft und Knechtschaft sind Bewegkraft der Geschichte. Damit wird auch die Verknüpfung von Schuld und Verdrängung als sublimationsfähigem Kulturgrund umgangen. Vico scheut sich nicht, von Sexualität zu sprechen, doch ist sie stets schon im Auftrag der politisch-religiösen Antriebe der Geschichte.[10] Der Prozeß der Zivilisation ist keiner der *Verdrängung*, sondern der eines *Vergessens*. Nicht unbewältigte Triebkräfte, sondern der Verlust der phantastischen Kräfte im Zivilisationsprozeß sind die Negation der Kultur.

Nur als Nebenthema wurde Aktaion genannt, der sich gegen die religiös motivierte Schamhaftigkeit seiner Epoche vergeht. Er nennt, im völligen Widerspruch zu Vicos Konstruktion, die seelischen Komplikationen, die der Widerstreit

---

9 NW (646/1009)ff. und (391/553)ff.
10 V. Hösle spricht in der Einleitung seiner Vicoübersetzung von 'unbewußter Selbstzensur' (ebenda S. CXXXIV) und 'Desexualisierung' der Mythen (S. CCXXVII). Vico hat die Mythen juridisch aufgelöst, in unpersönlicher Weise und damit auch für heutiges Denken zentrale Momente ausgeblendet. Doch als gesellschaftlicher Faktor ist Sexualität in der Neuen Wissenschaft erkannt und enthalten.

der Antriebe bewirken kann. Sein Mythos

> berichtet uns von der furchteinflößenden Religion der Quellen, denen das ständige Beiwort 'heilig' blieb; nämlich derjenigen von Aktaion, der Diana nackt sah (die lebende Quelle), von der Göttin mit Wasser bespritzt wurde (was heißen will, daß die Göttin eine schreckliche Furcht vor ihr sich seiner bemächtigen ließ), zum Hirschen wurde (dem scheuesten der Tiere) und von den eigenen Hunden zerfleischt wurde (von den eigenen Gewissensbissen wegen der Verletzung der Religion).[11]

Dieser Aktaion wird aus abergläubischer Furcht wahnsinnig und fällt aus der Geschichte aus. Sein Gewissenskonflikt führt nicht zur Steigerung. Er bestraft sich selbst, was in Vicos Mythographie der Rechtsverhältnisse ungewöhnlich ist. Auf der Ebene der mythischen Geschichte führt nur die Befolgung der phantastischen Gesetze weiter.

Auch der Mythos von Medusa lohnt noch eine Betrachtung. Bekannt ist die psychoanalytische Ausdeutung als kindlich angstbesetzte Wahrnehmung der weiblichen Scham. Vico dagegen hatte sie als Aspekt der drakonischen Gesetzgebung unter der Imagination der Minerva eingeordnet. Wegen der, wenn auch mit Schlangen, geflügelten Schläfen ist sie der heroischen Charakteristik zugeordnet. Die Schlangen ums Haupt weisen sie der Epoche des Ackerbaus zu, der Blick drückt die Härte der Gesetze aus. Daß diese heroischen Attribute nun gerade durch Weiblichkeit dargestellt werden können, ist angesichts der Konstruktion der Familie bei Vico widersinnig, doch bleibt Vicos Aufnahme ein herausragendes Beispiel, wie es ihm gelingt, die Bedrohlichkeit und Düsterkeit einer Epoche einzufangen.

> Die Schlangen, die sich auf dem an den Schläfen geflügelten Haupt Medusas vereinigt finden, sind das familiäre Obereigentum, das die Väter im Zustand der Familien hatten und aus dem dann das politische Obereigentum hervorging. Dieses Haupt wurde an den Schild des Perseus geheftet, der derselbe ist wie der, mit dem Minerva bewaffnet ist, und der unter den Waffen, das heißt in den bewaffneten Versammlungen der ersten Völker, unter denen wir auch das römische fanden, die schrecklichen Strafen verhängt, die die Betrachter versteinern. Eine dieser Schlangen war, wie wir oben gesagt haben, Drakon, von dem es hieß, er schreibe seine Gesetze mit Blut, denn mit ihm hatte sich jenes Athen bewaffnet (wie ja Minerva Athena hieß) zu der Zeit, da es im Besitz der Optimaten war, wie oben ebenfalls gesagt worden ist; und der Drache bei den Chinesen, die noch in Hieroglyphen schreiben, ist, wie man oben ebenfalls gesehen hat, das Sinnbild der politischen Gewalt.[12]

---

11 NW (372/528)
12 NW (440/616)

Medusa als phantastisch verzerrte Figuration der Epoche der Minerva, wurde dann in der Epoche der neptunischen Korsaren der Kopf abgeschlagen. Das heißt, die Gesetze werden humanisiert. Eine Stelle aus dem Diritto Universale, die mit dem Thema auf eine reiche und versonnene Art spielt, war unter dem Zwang der Geschichtskonstruktion in der Neuen Wissenschaft für Vico nicht mehr möglich.

> In der Epoche, die zu der mit Strafgesetzen ausgestatteten Optimatenrepublik gehört, ist der Charakter der Medusa entstanden, die von einem Meeresungeheuer geboren wird. Dieses ist ein Schiff, das Bewohner fremder Länder [transmarinos] entlädt, die nachher ins Volk aufgenommen werden. Die Gattinnen der Plebejer sind sehr schön und mit goldgleichem Haar, ebenso die Ernten, die der goldene Zweig sind, den Vergil besingt. Von ihrer Gestalt und am meisten von ihrem goldenen Haar ergriffen, wohnt Neptun ihr [Medusa] im Tempel der Minerva bei; das heißt die Väter, die nicht mehr auf den Bergen, sondern am Meer lebten, entführten die Frauen der Plebejer auf die Burgen und mit ihnen die Ernten, die sie den Plebejern geraubt hatten. So entstand Pegasus: die Patrizier der jüngeren Stämme sind von plebejischen Frauen entstanden. Dieser Pegasus öffnete später auf dem Berg Parnaß die hippokrenische Quelle: denn im Zeitalter der jüngeren Stämme sind die menschlichen Künste entstanden. Und Pegasus ist geflügelt: weil die Optimaten die Reitkunst einführten, und die Wappen der Patrizier, die Flügel waren, wie oben gesagt. Minerva, von daher verärgert, verwandelte der Medusa Locken, die am meisten ihrem Liebhaber gefielen, in Schlangen: das ist der Verstand [mens] des weisen Optimaten, der die Patrizier durch Strafgesetze, weil sie durch Trägheit korrumpiert waren, zum Ackerbau führte. Und er sorgte dafür, daß alle, die Medusa erblickten, in Steine verwandelt wurden: damit, durch Furcht vor der Strafe, diese abgeschreckt würden, Frauen der Plebejer nachzustellen und die Ernten zu rauben.[13]

Einiger Geschichtsprinzipien ist sich Vico schon im Diritto Universale sicher. Die Mythen werden so arrangiert, daß sie Geschichte durch Geschichten erzählen. Und die ist kaum zu fassen, so viele Elemente müssen zusammengefügt werden. Mit der Ankunft umherirrender Seefahrer beginnt das Zeitalter der jüngeren Stämme. Die Allegorie, die Ackerbau und goldenes Haar zusammenhält, läßt sich für Vico nicht trennen. Eine Urform des Raubes der Sabinerinnen verwandelt die plebejische Schönheit zum furchtbaren Drachen zwischen Recht und Rache, deren Einführung nicht ohne den weisen alten Mann auskommt, der bei Vico gelegentlich der Geschichte vorwärtshilft. Die Anordnung solcher Mythen wird dann in der Neuen Wissenschaft sehr viel straffer, das spielende Ineinander durch eine Redaktion überlagert, die eine mögliche Mehrdeutigkeit der mythischen Überlieferungen in das Geschichtsprinzip einspannt. Gerade angesichts der Systematik der Neuen Wissenschaft sollte man sich auch dessen bewußt sein, daß sie über Jahrzehnte

---

13 DU II. pars posterior XXVII. (29)/S. 643

entstanden ist, und derart am Umgang mit den Stoffen ihre Prinzipien langsam seligiert hat.

Ein weiterer Kulturheros, der Vicos Primat der Rechtsgeschichte deutlich verrät und zugleich die menschlichen Künste, die Pegasus traditionell verkörpert, auf Vicos Maß führt, ist Orpheus. Ihm galt die Faszination der Renaissance und die Gründungsphantasie der Oper. Vico gewinnt dem andere Töne ab. Er sei ein *chronologisches Ungeheuer, eine weite Höhle aus tausend Ungeheuern.*

> Die rauhen chronologischen Stürme werden uns aufgeheitert werden durch die Entdeckung der poetischen Charaktere, deren einer Orpheus war, unter dem Aspekt eines theologischen Dichters betrachtet, der mit den Mythen in ihrer ersten Bedeutung die Humanität Griechenlands zuerst begründete und dann befestigte. Dieser Charakter trat am deutlichsten hervor in den heroischen Auseinandersetzungen mit den Plebejern der griechischen Städte; daher zeichneten sich in diesem theologischen Zeitalter die theologischen Dichter aus, wie Orpheus selbst.[14]

Jemand der Tiere bändigt und Steine aufeinanderhäuft durch die Kraft seines Gesangs, spielt auf der Leier der Gesetzgebung. Orpheus ist schlicht ein heroischer Gesetzgeber, der durch die Metapher der Musik falsch verstanden und viel zu spät in eine Epoche der schönen Künste datiert worden ist. Nicht Musik und Harmonie als Gegenideal zur herkuleischen Zivilisation, wie es Bacons Interpretation ergibt,[15] sondern politische Ordnung ist Vicos Kriterium.

Und so darf man Vicos Mythologeme auch in ihrer Einschränkung sehen, die nicht ein Richtig-Falsch einführen möchten, sondern den Preis der strengen Geschichtsordnung nennen. Man muß Vico nicht den Reichtum der Phantasie gegen die Gewalttätigkeit der Gesetze vorwerfen. Vicos Denken ist nicht ohne weiteres übernehmbar, doch wo man es in seinen Begrenzungen sieht, kommt man der Problematik der Neuen Wissenschaft näher, die in einer letzten zu erörternden Komplikation ihren Gipfel hat.

Man wird kaum je erfahren, ob Vico in seinem Herzen nun ein Ketzer war, oder ob der Ausschluß der biblischen Überlieferung aus seiner Mythologie in denkerischer Unschuld stattfand. Für uns gehört die Bibel zum hinterfragbaren Material der abendländischen Kulturgeschichte. Für Vico war sie verbindlicher Hintergrund. Doch finden sich im Diritto Universale einige Spekulationen, die auf die hebräische Tradition abzielen. Das mosaische Gottesverständnis war ihm identisch mit dem

---

14 NW (151/81)
15 Bei F. Bacon ist es die Versöhnung von Gesellschafts- und Naturwissenschaft, die in der Orpheusmythologie geschildert wird: "Zum einen besänftigt er die unterirdischen Mächte, zum anderen zieht er wilde Tiere und Bäume an. Die erste Art kann am besten auf die Naturphilosophie, naturalis philosophiae, die zweite auf Ethik und Politik, moralis et civilis philosophiae, bezogen werden." (Weisheit der Alten, FM 1990, S. 35)

platonischen Sein. Der Dekalog wäre allerdings ein allem überlegenes Gesetzesbuch, weil er nicht nur schlechte Handlungen, sondern auch schlechte Absichten verurteile, er sei von daher *ius naturae perfectissimae*. Auch Moses wäre jedoch ein *poeta* gewesen.[16]

Offenbar hat die Spekulation erst mit ihrer Zuspitzung auf die tragischen ricorsi und ihre heidnisch-magische Kombinatorik eine anfängliche Offenheit emendiert. Argument ist nun, daß die Hebräer durch ihr Divinationsverbot einen Sonderstatus haben. Für den heutigen Leser schärft der Ausschluß eher den Blick. Und es fällt nicht schwer, Vicos Instrumentarium auch an der Bibel zu benutzen. Die Paradiesgeschichte kann als heroische Streitigkeit um Eigentum gesehen werden, der Feuergott der Israeliten als dem Jupiter vergleichbar; gerade die plebejische Venus mit der Taube legt nahe, die christliche Liebesreligion unter dem Aspekt der Empörung im römischen Reich zu betrachten. Die Hebräer und das Christentum bleiben jedoch definitiv außerhalb des Blickfeldes der Neuen Wissenschaft.

Dabei ist gerade der altjüdische Auszug aus Ägypten der abendländische Geschichtsgedanke schlechthin, ebenso die christliche Eschatologie. Bei Vico sind die Hebräer Konstrukt eines Refugiums vor der Geschichte und Schutz vor den Konsequenzen der Anthropologie seiner Neuen Wissenschaft. Die Unendlichkeit und Offenheit, ein Topos der Wüste, der das Eine und Leere hätte aufnehmen können, fehlt bei Vico. Die israelitische Tradition, die mit dem Auszug einer kleinen Gruppe von geknechteten Familien beginnt; die einem abstrakten Lichtgott folgt, anstatt vor ihm zu fliehen, die mit Versagungen und Schuldsystemen operiert - sie wird nur durch den Ausblick auf ein geschichtliches Ziel legitimiert. Und führt man den Gedanken einer kreisenden Geschichte auf ihre mythische Epoche zurück, so läßt sich ebenfalls der Gedanke einer offenen Geschichte auf ein Urbild des Unterwegsseins zurückführen. Es sind die beiden Möglichkeiten von Geschichte, die sich im Grunde bis in die Interpretationen der Astrophysik fortgepflanzt haben, die entweder ein expandierendes und wieder kontrahierendes Universum annimmt oder eine unendlich sich fortsetzende Ausdehnung des Kosmos: beide sind gleichermaßen unvorstellbar, wenn man nicht die irdischen Konkreta zu Hilfe nimmt.

Vico hat solche Fragen nicht gestellt. Im Raum seiner archaischen Welt, zwischen Sintflut und katholischer Gnadenlehre, hat er selbst genügend Distanz zu seinen Spekulationen gehalten, um nicht in ihren Komplikationen zu straucheln. So ist seine Darstellung der in den Abgrund gefahrenen Geschichte auch mehr die Stimme des Mahners geblieben, die mit den Wegen seiner göttlichen Providenz nicht identisch ist. Und auch das größte Finale einer Apokalypse gehört nicht zum Thema der

---

16 DU II. pars prior III.(1)/S. 355; DU II. pars posterior X.(5)/S. 447 und XII.(14)/S. 35

ricorsi. Das Äußerste, was Vicos Wissenschaft kennt, ist die Rückkehr ins geistige Tierreich, das sich inmitten der Zivilisation bilden kann,

> daß, da ja diese Völker es sich in bestialischer Art zur Gewohnheit gemacht hatten, an nichts anderes zu denken, als jeder Einzelne an seine besonderen eigenen Vorteile, und sich dem Äußersten der Verwöhntheit, oder besser gesagt des Eigensinns ergeben hatten, nach Art wilder Tiere (...), sie, aufgrund all dessen, mit erbittertsten Parteikämpfen und verzweifelten Bürgerkriegen die Städte zu Wäldern, die Wälder zu Zufluchtsstätten der Menschen machen sollten [vadano a fare selve delle città, e delle selve covili d'uomini]; und auf diese Weise sollten, im Verlaufe langer Jahrhunderte der Barbarei, die boshaften Spitzfindigkeiten bösartiger Geister allmählich verrosten, die sie mit der Barbarei der Reflexion zu schrecklicheren Tieren gemacht hatten, als sie es während der Barbarei der Sinne gewesen waren.[17]

Gegen diese düstere Prophezeiung steht Vicos Neue Wissenschaft selbst. Ihr Aufklärungsgedanke kennt nicht den unendlichen Progreß der Humanität, macht sich weder zum Komplizen der Geschichte in einer Geschichtsphilosophie, noch verfällt sie jener Agonie, die im verzweifelten Heroismus Nietzsches beginnt und mit Heidegger ihren Abgrund gefunden hat. Fraglich bleibt gewiß, wie eine Neue Wissenschaft in ihrer barocken Manier sich jemals hätte durchsetzen können. Ihr Reichtum ist gebunden an eine Konstruktion, die in dem Maße unwirklich wurde, in dem die naturwissenschaftlich aufklärende Neuzeit sich durchsetzte. Und bei all dem, was uns heute mit Vico und seiner Gesellschaftstheorie verbindet, bleibt er eine Stimme aus einer bestimmten Zeit des Übergangs, mit Widersprüchen, die uns heute grotesk erscheinen. Hätte sich eine Stimme wie die Vicos jedoch durchsetzen können, dann ließe sich das vielleicht am ehesten mit Blick auf das Frontispiz - am besten auf das frühere - vorstellen. Nach einer Lektüre der Neuen Wissenschaft wäre die Metaphysik schon längst von ihrem wackligen Thron abgestiegen, um sich ins Leben zu begeben. Das Ende dieser Metaphysik, von Nietzsche noch mit Artistik und dem Leiden an Wagner gefordert, führte in Heideggers erfrorene Sprache, dem versteinerten Denken und der Affirmation jenes Willens zur Macht, der Nietzsche bei allem Hohn doch quälte. Vicos frühere Antwort an die Metaphysik wäre gewesen, daß sie sich nicht zu fürchten brauche. Im Grunde ist es ihr eigenes Licht, das sie im Auge trägt, und ihre Abgründe im Herzen. Und indem sie nun diese Welt als die ihre erkennt und durchwandert, wird sie bescheiden sein, und - vielleicht würde Vico das noch zugestehen - mag sein, daß sie ihrer eigentlichen Morgenröte doch noch entgegensieht.

---

17 NW (704/1106)

Literatur

Theodor W. Adorno, Noten zur Literatur, Schriften Bd. 11, Frankfurt/M. 1973

Jean Le Rond d'Alembert, Denis Diderot u.a.. Enzyklopädie, Auswahl Frankfurt/M. 1989

Erich Auerbach, Sprachliche Beiträge zur Erklärung der Scienza Nuova von G.B. Vico. Gesammelte Aufsätze zur romanischen Philologie, Bern 1967

Augustinus, Der Gottesstaat, Stuttgart 1965

Francis Bacon, Weisheit der Alten, Frankfurt/M. 1990
ders., Neues Organum der Wissenschaften, Darmstadt 1981

Johannes J. Bachofen, Das Mutterrecht, Frankfurt/M. 1975

Gregory Bateson, Ökologie des Geistes, Frankfurt/M. 1988

Walter Benjamin, Illuminationen, Frankfurt/M. 1977

Isajah Berlin, Vico and Herder, London 1976

Ernst Bloch, Gesamtausgabe Frankfurt/M. 1972
ders., Leipziger Vorlesungen Frankfurt/M. 1985
ders., Briefe 1903-1975, Frankfurt/M. 1985

Hans Blumenberg, Arbeit am Mythos, Frankfurt/M. 1979

André Breton, Die Manifeste des Surrealismus, Reinbek 1986

Giordano Bruno, Heroische Leidenschaften, Hamburg 1989

Hans G. Bütow, Philosophie und Denken Ernst Blochs, Berlin 1963

Peter Burke, Vico, Berlin 1987
ders., Die Renaissance in Italien, Berlin 1988

Ernst Cassirer, Philosophie der symbolischen Formen, Berlin 1923

Jean Chaix-Ruy, Vico et l´illuminisme athée, Paris 1968

Benedetto Croce, La filosofia di Giambattista Vico, Bari 1980 (1911), dt. Erich Auerbach, Tübingen 1928

René Descartes, Regulae, Hamburg 1973
ders., Meditationen, Hamburg 1959

Eduard v. Diersburg, Ernst Bloch vor dem Gesetz der Tradition, Hamburg 1967

Albert Einstein, Aus meinen späten Jahren, Frankfurt/M. 1986

Guido Fassò, I "quattro autori" del Vico, Milano 1949
ders., Vico e Grozio, Napoli 1971

Ferdinand Fellmann, Das Vico-Axiom, Der Mensch macht die Geschichte, Freiburg 1976

Michel Foucault, Die Ordnung der Dinge, Frankfurt/M. 1991

Sigmund Freud, Vorlesungen zur Einführung in die Psychoanalyse, Werke XI, Frankfurt/M. 1966 (1940f.)
ders., Neue Vorlesungen, Bd. XV
ders., Abriß der Psychoanalyse, Bd. XVII

Erich Fromm, Sigmund Freuds Psychoanalyse - Größe und Grenzen, München 1981
ders., Anatomie der menschlichen Destruktivität, Reinbek 1977

Galileo Galilei, Unterredungen über zwei neue Wissenszweige, Darmstadt 1973

Eugenio Garin, Storia della filosofia italiana, Torino 1966/78
ders., Rinascite e rivoluzioni Roma 1975

Ernesto Grassi, Vico and Joyce, ed. D.Ph. Verene, NY 1987
ders., Die Macht der Phantasie, München 1986

Jürgen Habermas, Theorie-Praxis, Neuwied 1967

Georg W. F. Hegel, Phänomenologie des Geistes, Werke Bd. 3, Frankfurt/M. 1970

Martin Heidegger, Sein und Zeit, Tübingen 1986
ders., Was ist Metaphysik, Frankfurt/M. 1969

Klaus Heinrich, Anthropomorphé, Frankfurt/M. 1986

Thomas Hobbes, Leviathan, Frankfurt/M. 1980

Hans H. Holz, Logos spermatikos, Darmstadt 1975

Max Horkheimer, Anfänge der bürgerlichen Geschichtsphilosophie, Gesammelte Werke Bd. 1, Frankfurt/M. 1986

Hans Jonas, Das Prinzip Verantwortung, Frankfurt/M. 1984

Immanuel Kant, Träume eines Geistersehers. Werkausgabe Bd.2, Frankfurt/M. 1968
ders., Kritik der reinen Vernunft, Bd. 3/4,

Johannes Kepler, Neue Astronomie, Oldenburg 1990

Karl Kerényi, Die Mythologie der Griechen, Frankfurt/M. 1992

Arthur Köstler, Die Schlafwandler, Frankfurt/M. 1980

Donald Kunze, Thought and Place, New York 1987

Gottfried W. Leibniz, Nouveaux Essays, Paris 1966

Georg Lukaçs, Geschichte und Klassenbewußtsein, Darmstadt 1968

Claude Lévi-Strauss, Das wilde Denken, Frankfurt/M. 1989
ders., Strukturale Anthropologie I, Frankfurt/M. 1977

Karl Löwith, Weltgeschichte und Heilsgeschehen, Sämtliche Schriften Bd. 2, Stuttgart 1981
ders., Vicos Grundsatz: Verum et factum convertuntur Bd. 9
ders., Denker in dürftiger Zeit, Bd.8

Thomas Luckmann/Peter Berger, Die gesellschaftliche Konstruktion der
   Wirklichkeit, Frankfurt/M. 1972

Lucrez, De rerum natura, Welt aus Atomen, Stuttgart 1973

Herbert Marcuse, Triebstruktur und Gesellschaft, Frankfurt/M. 1965

Silvia Markun, Ernst Bloch, Hamburg 1977

Marcel Mauss/Henry Hubert, Entwurf zu einer allgemeinen Theorie der Magie, in
   M. Mauss, Soziologie und Anthropologie 1, Frankfurt/M. 1978

Jaques Monod, Zufall und Notwendigkeit, München 1969

Montesquieu, Vom Geist der Gesetze, Stuttgart 1980

Friedrich Nietzsche, Werke in zwei Bänden, München 1990

Stefan Otto, Giambattista Vico, Stuttgart 1989

S. Otto/Helmut Viechtbauer, Sachkommentar zu G.B. Vicos Liber Metaphysicus,
   München 1985

Plato, Phaidros Sämtliche Werke Bd. 4, Hamburg 1957
ders., Die Gesetze, Bd. 6

Jean Piaget, Das moralische Urteil beim Kinde, Frankfurt/M. 1973

Leon Pompa, Vico, A Study of the 'New Science', Cambridge 1975

Ilya Prigogyne/Isabelle Stenger, La Nouvelle Alliance, Paris 1979

Helmut Reinecke, Materie und Revolution, Kronberg 1974

Paolo Rossi, Le sterminate antiquità, Pisa 1969

Burghardt Schmidt, Hrg., Es muß nicht immer Marmor sein, Berlin 1975

Oswald Spengler, Der Untergang des Abendlandes, München 1986

Spinoza, Die Ethik, Stuttgart 1977

Giorgio Tagliacozzo, ed., Vico, Past and Present, Atlantic Highlands 1981
ders., Vico and Marx, Atlantik Highlands 1983

Friedrich Überweg, Geschichte der Philosophie, Darmstadt 1957

Donald Ph. Verene, Vicos Wissenschaft der Imagination, München 1987

Giambattista Vico, Opere, Napoli 1858, (Nachdruck Berlin DDR 1970)
ders., Opere, Bari 1911-41
ders., Opere Bd. 1, Le orazioni inaugurali, Napoli 1982
ders., Opere filosofiche, ed N. Badaloni, Firenze 1971
ders., Diritto Universale, ed. N. Badaloni Firenze 1974
ders., La Scienza Nuova, ed. F. Flora, Milano 1957
ders., La Scienza Nuova, ed. P. Rossi, Milano 1977
ders., Die Neue Wissenschaft, ed. V.Hösle/Ch. Jerman, Hamburg 1990, mit einer
   ausführlichen Einleitung von V. Hösle
ders., De nostri temporis studiorum ratione, dt., Vom Wesen und Weg der
   geistigen Bildung, lat./dt. Godesberg 1935 (trad. W.F. Otto)
ders., Liber Metaphysicus, lat./dt., St. Otto, München 1983/84

Carl F.v. Weizsäcker, Aufbau der Physik, München 1985

Uwe Wesel, Der Mythos vom Matriarchat, Frankfurt/M. 1980

Wilhelm Windelband/H. Heimsoeth, Lehrbuch der Geschichte der Philosophie, Tübingen 1976

Wilhelm Worringer, Abstraktion und Einfühlung, München 1917
ders., Formprobleme der Gotik, München 1910
ders., Die Kunst Ägyptens, 1927

Francis A. Yates, Theatre of the World, London 1969

If you have any concerns about our products,
you can contact us on
ProductSafety@springernature.com

In case Publisher is established outside the EU,
the EU authorized representative is:
**Springer Nature Customer Service Center GmbH
Europaplatz 3, 69115 Heidelberg, Germany**

Printed by Libri Plureos GmbH
in Hamburg, Germany